西方经济学圣经译丛（超值白金版）
晏智杰◎主编

The National System of Political Economy

政治经济学的国民体系

[德]弗里德里希·李斯特◎著
邱伟立◎译

华夏出版社
HUAXIA PUBLISHING HOUSE

《西方经济学圣经译丛》序

翻译出版西方经济学名著,如以1882年上海美华书馆印行《富国策》[英国经济学家 H. 福西特(1833~1884)《政治经济学指南》(1863年)中译本]为开端,迄今为止已有一百多年历史。回顾这段不算很长然而曲折的历程,不难看出它同中国社会百多年来的巨大深刻的变迁密切相关,它在一定程度上是中国思想界特别是经济思想界潮流和走向的某种折射和反映。单就中华人民共和国成立以来对西方经济学名著的翻译出版来说,窃以为明显呈现出各有特点的两个阶段。改革开放以前几十年间,翻译出版西方经济学著作不仅数量较少,而且其宗旨在于提供批判的对象和资料。对于出现这种局面的不可避免发生及其长短是非,人们的看法和评价可能不尽一致,但此种局面不能再原封不动地维持下去已是大多数人的共识。改革开放以来,对西方经济学著作的翻译出版进入到一个新阶段,短短二十多年间,翻译出版数量之巨,品种之多,速度之快,影响之广,均前所未有,呈现出一派生机勃勃的繁荣景象。这是中国社会改革发展的需要,也是历史的进步,主流无疑是好的;但也难免有选材不够精当和译文质量欠佳之嫌。

华夏出版社推出这套新的《西方经济学圣经译丛》,可谓正逢其时。在全面建设小康社会的新时期,随着社会主义市场经济体制改革的深入,随着中国经济学队伍的建设和壮大,我们需要更多更准确更深入地了解西方经济学;而以往几十年翻译出版西方经济学所积累的经验教训,也正在变成宝贵的财富,使我们将翻译出版西方经济学名著这项事业,得以在过去已有成就的基础上,百尺竿头,更进一步。我们会以实践为标准,比以往更恰当地把握选材范围和对象,尽可能全面准确地反映西方经济学的优秀成果,将各历史时期最有代表性和影响力的著作纳入视野；我们对译文质量会以人所共知的"信、达、雅"相要求，尽力向读者推出上乘之译作。我们还会认真听取广大读者和学者的任何批评和建议，在分批推出过程中不断加以改进和提高。

在西方经济学迄今的发展中，涌现了数量不少的重要著作，其中亚当·斯密《国富论》（初版于1776年）、马歇尔《经济学原理》（初版于1890年）和凯恩斯《就业、利息和货币通论》（1936年），是公认的三部划时代著作。《国富论》为古典经济自由主义奠定了基础；《经济学原理》作为新古典经济学的代表作，为经济自由主义做了总结；《就业、利息和货币通论》则标志着经济自由主义的终结和现代国家干预主义的开端，故将它们同时首批推出。其他名著将陆续问世。

晏智杰
北京大学经济学院
2004年11月15日

目　录

英译者序 ·· 1
作者传略 ·· 3
著者自序节录 ·· 11

第一部分　历　史

第1章　意大利人 ··· 3
第2章　汉萨商人 ··· 10
第3章　荷兰人 ··· 22
第4章　英国人 ··· 28
第5章　西班牙人与葡萄牙人 ································· 45
第6章　法国人 ··· 53
第7章　德国人 ··· 59
第8章　俄国人 ··· 70
第9章　美国人 ··· 73
第10章　历史的教训 ·· 82

第二部分　理　论

第11章　政治和世界主义经济学 ······························ 91

第12章　生产能力理论与价值理论 ······················ 101
第13章　国家商业活动的划分和国家生产能力的联合 ········ 113
第14章　私人经济与国民经济 ························ 122
第15章　民族主义与国家经济 ························ 130
第16章　大众经济与国家财政管理，政治经济学
　　　　与国民经济学 ···························· 144
第17章　制造能力与国家的个人、社会和政治的能力 ······ 146
第18章　制造能力与国家的自然生产能力 ·············· 155
第19章　制造能力与国家工具能力（物质资本）········· 166
第20章　制造能力与农业利益 ························ 174
第21章　制造能力与商业 ···························· 191
第22章　制造能力与航海——海军力量与殖民地的开拓 ··· 198
第23章　制造能力与流通工具 ························ 201
第24章　制造能力与事业的稳定性和延续性原则 ········· 217
第25章　制造能力与生产和消费的激励 ················ 223
第26章　作为建立与保护国内制造能力主要手段的关税制度 ··· 227
第27章　关税制度与流行经济学派 ···················· 233

第三部分　学　派

第28章　意大利的国民经济学家 ······················ 243
第29章　工业体系（流行学派误称为"重商主义"）······· 249
第30章　重农或农业体系 ···························· 254
第31章　交换价值理论体系（流行学派误称为"工业体系"）
　　　　——亚当·斯密 ···························· 257
第32章　交换价值体系（续）
　　　　——让·巴普蒂斯特·萨伊及其学派 ·········· 261

第四部分 国民经济政治学

第33章 英国的海岛优势与大陆强国——美国和法国 ……… 271
第34章 英国的海岛优势与德国商业联盟 …………………… 288
第35章 大陆政治学 ………………………………………………… 304
第36章 德国关税同盟的商业政策 ………………………………… 315

附 录 ……………………………………………………………………… 323

英译者序

大约五年前,当弗里德里希·李斯特(Friedrich List)的一系列著作在德国发表并大量发行的时候,《泰晤士报》驻柏林记者对这些著作在拥护保护性商业政策的那个国家产生的有力影响进行了评论。

正是李斯特经济学理论的实际影响得到了证实,首先吸引了我对李斯特著作的注意。我在认真阅读了这些著作之后,便产生了翻译这部论著的想法,目的是为英国读者提供一个机会,自行判断作者论断的正确性和论证的合理性。

该书由四部分组成——历史、理论、学派和国民经济政治学。它是在1844年前完成的,尤其是第四部分描述的大部分政治情形与商业政策现在已不复存在,记住这点至关重要。当时大不列颠《谷物法》、《航海法》以及普遍的保护主义关税制度仍未废除;德国的制造工业尚处于初始阶段,德国各邦相对适度的关税制度仍然允许英国为它们提供它们需要的绝大部分制成品。

因此,乍一看,把一部与四十年前事态有关的论著摆放在当今的读者面前似乎是不合时宜的。然而,李斯特阐述的这些原理的主要特征既适合一个时期,同时又适合另一个时期;人们将发现,它们拥有两个特别有力的主张可供参考。

首先,有个很好的理由令人相信,它们直接导致了世界上两个最伟大的国家——德国和美国的商业政策的产生;其次,它们为那些保护主义者的教义提供了明确的科学基础,虽然这些教义只被我们讲英语的殖民地执行,被这个国家不少务实的人和一些商业经济学者所坚持,但时至今日,英国的学者只是部分地和不完整地阐述过这些教义。

人们将看到,李斯特理论的基本思想就是农产品和原材料的自由进口，同时给予同外国竞争的本国制造工业有效的而不是过度的保护（通过关税手段）。根据他的观点，对本国农业生产和原料生产给予行之有效的支持，是维护受到保护的制造工业在本国繁荣和昌盛的前提条件。因此，他所提倡的制度，一方面既有别于英国单方实行的自由贸易中的无条件自由进口的制度，另一方面又不同于俾斯麦首相现在明显赞同的对食品、原材料以及制成品进口征收保护性关税的制度。

事实上，李斯特在他所认为的真正的"*政治*"经济学与亚当·斯密及其追随者（英国的和外国的）所倡导的"*世界主义*"经济学之间划定了明晰的界限，他把"国家"政策当作"世界贸易"政策的对立面而极力加以辩护，尽管自从英国采取"世界贸易"政策以来已经过去将近四十年了，但并没有任何一个其他文明国家实际上接受这一政策。

在同他所认为的世界主义理论的有害谬论进行斗争的过程中，李斯特偶尔严厉地抨击当时英国的商业优势。但他不但不是英国的敌人，而且是一个英国制度的忠实崇拜者和这个国家同德国联盟的热烈拥护者。"英国和德国，"他写道："在东部地区问题上有着共同的政治利益，通过阴谋诡计反对德国关税同盟，反对它取得的商业和经济的进步，英国为了次要的贸易利益正在牺牲最高的政治目标，而且将来也必定对它这种目光短浅的店主政策追悔莫及。"他还给英国和普鲁士政府写了一篇简短犀利的文章——《论大不列颠和德国联盟的价值及其必要性》。

在翻译这部论著的过程中，我的目的是尽量翔实地再现原著。我既没有试图节略我的作者的繁琐之处，也没有改变他的风格，译文中用斜体或大写字母强调的段落，原文同样如此。那些准备接受李斯特部分或全部论断的人，在我们的国家可能很多，而我则更喜欢用李斯特自己的方式对其理论和论证进行论述，不加篡改和修饰；那些反对他的教义的人，或许仍然对这位德国关税同盟的知识的创立者和普及者在向世界表达他的观点时所运用的确切形式感兴趣。

劳埃德　1885 年

作者传略①

  弗里德里希·李斯特于1789年8月6日生于符腾堡的鲁特林根市,其父是制革匠,同时担任多个公职,虽不富有但深受尊重。弗里德里希从小就表现出了对父亲职业的反感,决心为自己的事业而奋斗。

  他先后在布劳伯恩、尤尔姆和图宾根等地的书记员办公室供职。他以优异成绩通过了政府组织的几个考试,尔后进入符腾堡政府市民服务部工作。他的仕途一帆风顺,到1816年就升任到了大臣副秘书长的职位。冯·万根黑姆大臣好像一开始就很欣赏他的才能,热诚欢迎这位多才的助手帮助他推广他的改革计划。

  计划之一是在图宾根大学设立政治经济学教授职位,这一举措促使李斯特出版了一本充满智慧且内容丰富的小册子,毫无顾忌地对符腾堡的管理制度提出了批评,指出一些与新学科有关的、极具培育重要性的知识分支几乎全被忽略了。事实上,这本小册子与其说是一篇文章,倒不如说是一个宣言,也可以被看作是李斯特首次向官僚主义和官僚作风公开宣战的宣言,他为之献出了自己的毕生精力。

  冯·万根黑姆非常欣赏这本小册子,遂任命作者为该大学应用管理学教授,并鼓励他坚持州政府改革、地方代议制政府和新闻自由的主张。

  令人不快的是,大臣对他所付出的努力的赞许,非但没有给李斯特带来任何好处,反而是致命的。那个时代不适宜提出改革计划,

---

① 节选自斯图尔特的弗里德里希·李斯特传记:《祖国的先锋和献身者》(1877年)。

那些达官贵族和官僚不能正确地区分改革与革命，而改革计划也引起了国王的警觉，大臣被迫辞职了。

然而，出版这本小册子绝不是李斯特唯一一次攻击强势的官僚保守主义体制。在拿破仑战争接近尾声的1815年，德国外交家们似乎赞许对民族工业利益置之不理。欧洲大陆长期采取的封锁政策，是一项有利于德国国内贸易的强有力保护制度，对德国的一些小的省区而言尤其如此。但是，随着封锁的解除，当德国口岸以低关税向外国制造商开放的时候，德国国内各省区之间的贸易却仍然受到沿各省区边境设立的境内海关的严格限制。这一状况自然引起了人们的普遍不满，这是合情合理的，因此，一个争取废除境内关税的联合会成立了。李斯特接受了该联合会主席一职，但他因此即遭到了政府的谴责并被免去了公职。鲁特林根市的追随他的市民们对他充满信心，又推选他为符腾堡的国家立法大会代表，但是，由于他对那些当权派犯下了不可饶恕的罪行，因此这次选举因遭到大臣的否决而被取消了。

可是他毫不气馁，李斯特不遗余力，极力鼓动取消这些境内关税，鼓动成立德国各省区的商业联盟，从中他预见，德国政治联盟最终也将效仿商业联盟。他不但在媒体上以信函、文章和小册子的形式大肆提倡这些做法，而且在那个旅行既困难又昂贵的时代，为使主要政客们和商界领袖们知道他的观点，他到处旅行，去了柏林、慕尼黑、维也纳和其他德国省府。然而，他的行为和观点在当时并未产生任何实效。他发现，那些商会的头头们一如既往地胆小怕事，而大臣们则一如既往地嫉妒任何"未经授权"的出于政治目的的鼓动。

此后不久的1822年，他再次当选为符腾堡立法大会的家乡代表。但是，一场拥护商业联盟和其他改革需要并主要由他参与组织的声势浩大的请愿活动遭到了国王和大臣们的强烈反对，李斯特不但被排斥在了大会之外，而且还被定罪被判入狱十个月，在一个要塞服苦役并支付全部诉讼费。

为逃避严厉判决的执行，他逃到了斯特拉斯堡。但是，他刚停留不久，当局就应符腾堡政府的要求命令他离开那座城市。他从斯特拉斯堡去了巴登,但是他再次受到了同样的侮辱。从巴登他又去了巴黎,在那里受到了拉法耶特将军的热烈欢迎,拉法耶特将军还邀请他到美国去访问。但是,他非但没有马上接受邀请,而且还出于对祖国的挚爱,反而又回到了符腾堡并请求国王宽恕。他的请求未被理睬。他再次被捕并囚禁在了阿斯尔堡的国家要塞。他被监禁数月后获释,条件是他必须声明放弃符腾堡国籍,立即离开这个国家。于是他又去了斯特拉斯堡,同时再次受到了对他充满仇恨、志在复仇的符腾堡国王的跟踪。应国王的要求,法国政府也不许他继续在法国领土上滞留。他决定彻底离开欧洲一段时间,到美国避难。在美国他再次受到了拉法耶特将军的热烈欢迎,通过将军的介绍,他同好多人士建立了友谊,如杰克逊总统、亨利·克莱、詹姆斯·麦迪逊、爱德华·列文斯通等有影响的美国政治家。

为了维持生计,他购买并开发了一小片土地,但他的尝试未获成功。随后,他开办了德语报纸《阿德勒》。当时英国和美国之间的关税的争论正如火如荼,于是,李斯特的朋友们建议他在自办报纸上就这一议题撰写系列通俗文章。他就此先后发表了十二封致时任宾夕法尼亚"制造业促进联合会"的会长因格索尔先生的信。在这些信中,他全力攻击亚当·斯密提倡的世界自由贸易制度,强烈要求采取基于保护国内工业的与此相反的政策,并用从美国现行经济条件中得出的例证说明他这一道理所寓含的真谛。

该联合会随后以"新政治经济学体系概要"为题再次出版了这些信(费城,1827年)。联合会通过了一系列决议,断言李斯特通过论证已经奠定了一个新颖合理的政治经济学体系的基础,给美国发出了一个信号。该联合会要求李斯特做两项文字工作:一是对其理论进行科学阐述;二是撰写通俗论文供公立学校使用。联合会承诺每样订阅五十册,并建议其他州的立法机构也这样做。

《阿德勒》报取得的成功,连同他有幸在宾夕法尼亚发现了一个具有开采价值的新煤矿,使李斯特达到了富足的程度。但是,尽管他在本国曾经历过国王和统治阶级的忘恩负义,但他对祖国仍然魂牵梦绕。从1828年到1829年,他在许多论文和文章中多次强调建立贯穿德国全境的国家铁路系统。推广他这一新设想的渴望增强了他重访欧洲的愿望。

因此,熟悉李斯特观点的杰克逊总统派他出使巴黎,希望借此机会促进法国和美国之间的商贸往来,遂于1830年任命他为美国驻汉堡领事。但是,那些六年前曾以判刑和流放对待李斯特政治改革建议的陈旧的风气并未死亡。在那些一味顺从的德国官方媒体的眼中,李斯特仍然是一个"革命英雄",美国公使冯·伯尔仁不得不遗憾地告诉他,汉堡上院拒绝批准这一任命,因为他的祖国符腾堡禁止他回去访问,于是他又回到了巴黎。在巴黎,美国代表里沃斯把他介绍给了几位有影响的朋友。那时比利时刚刚获得独立,一个实现其计划的更加有利的前景似乎展现在了他的眼前:建立德国国家铁路系统,以及通过比利时增强德国和美国之间的商业交往。他后来又回到了美国作短暂逗留,不久即以美国驻莱比锡领事的身份回到了欧洲,这个身份可以促使萨克森政府和人民接受其铁路系统的主张,他取得了巨大的成功,不久他就满意地看到,为在德国修建几条铁路,数家有实力的公司得以成立。在莱比锡期间,他做了两项工作:一项是在1834年出版了《国家大百科全书》;另一项是在1835年办成了《铁路杂志》。它们对德国舆论均产生了广泛的影响。

在哈—卡铁路(哈尔—卡塞尔,Halle to Cassel)的勘测图初稿中,设计线路避开了几个城镇:诺姆堡(Naumburg)、威玛尔(Weimar)、高萨(Gotha)、额尔福特(Erfurt)、爱森纳希(Eisenach)。李斯特指出了这一设计在战略和商业两个方面存在的不周之处,并通过在报纸上发表文章或者向德国一些小法院提出抗议,成功地保证了三个城镇受益于铁路交通。为感谢他在这件事情上付出的艰辛和努力,高萨公爵向李斯特表示谢意,并授予了他耶拿大学名誉博士的学位,高度称赞他彻底地把三个属地威玛尔、高萨和梅纽根(Meiningen)从"致命的危险"中拯救了出来,同时奖励他一份丰厚的奖品:一百个金路易。对他的评价是:"所以好像每个被拯救的地区估计它们的获救正好值三十三点三三个金路易。"

1837年,他在去巴黎的途中顺访了比利时。在那里,他受到了盛情款待并找到了在阿斯堡一起蹲过监狱的老相识科尔布(Kolb)博士。通过科尔布博士的影响并在他人的劝说下,李斯特永久接受了著名杂志《报告汇总》的一项文字工作,该杂志马上腾出了大量篇幅来讨论影响德国实际利益的问题,尤其是关于关税和《商业法》,以及德国与奥地利之间商业关系的话题。李斯特充分利用了这个绝妙的机会,通过撰写一系列文章大力传播自己的主张,其中有些文章主要针对德国和比利时同美国之间的商贸关系。他还于1839年在巴黎的《宪法》杂志专栏中发表了他的观点。

整个欧洲掀起的呼吁取消英国《谷物法》的鼓动运动,同样给他提供了阐述支持国家保护政策的观点并建议德国予以采纳的机会。

在强调一定要待英国的制造业能力得以完全建立之后方能限制谷物进口这一观点所产生的不利影响时,李斯特主张,一个国家的制造业能力的成功建立和维持只有靠原材料的自由进口和合理保护本国工业才能抵御外国产品的进口。

《谷物法》取消后可能产生的结果之一是,人们预料这一措施将导致德国废除对外国制成品征收保护性关税的制度。但是,按照李斯特的说法,只有当一个国家发展到了一定阶段,它才能在其他方面不受任何损害的前提下经受住与外国制造业进行的竞争,它才能安全放弃对本国制造业的保护,并开始实行全面自由贸易政策。这其实是李斯特理论的中心思想。在经济政策方面,他反对亚当·斯密和萨伊提出的世界主义理论;而在政治和国家政策方面,他则反对他们提出的全球自由贸易理论。他在许多文章中都坚持了这些观点,尤其是在"论自由贸易与保护"和"论民族制造业的本质与价值"两篇文章中。在他这些文章发表之前,这些问题并没有在德国公开讨论过,因此理所当然地,首先唤起公众对这些问题产生广泛兴趣的功劳应归于他。

离开莱比锡后,奥格斯堡成了李斯特及其家人的永久居住地。他就是在这里完成了他的《政治经济学的国民体系》的第一部分,并于1841年发表。第二部分计划包括"未来政策",第三部分包括"政治制度对国家财富和力量的影响"。就在李斯特著作即将出版之际,普鲁士代表德国关税同盟于1841年3月2日同英国订立了一个商贸条约。李斯特强烈反对该条约,他对条约的谴责不但激起了官方报纸的愤怒,辱骂他是"德国走狗",而且还使他再次陷于了同

"当局"的冲突之中。在1842年7月13日致阿伯尔登阁下的信中，英国大使维斯特摩尔兰德阁下对李斯特的著作表示不满，把他描述成了"一个受雇于德国制造商的才华出众的作者"。因为英国反《谷物法》联盟曾付钱给演讲者和鼓动者，因为英国政府曾付钱给鲍林博士（Dr. Bowring）让他在德国、法国和瑞士进行游说鼓动，鼓励那里的人们支持英国的商贸利益，因此维斯特摩尔兰德阁下这种关于李斯特也是一个受雇代言人的假设就不足为怪了，但却是无中生有和毫无根据的。不管李斯特在这方面提供的服务价值有多大，它们至少都是无偿的。

就像人们可能早已预料的那样，李斯特的《政治经济学的国民体系》一出版即遭到了猛烈攻击。但是，对这本书的需求量非常之大，以至于在短短数月内再版三次，并被译成了法文、匈牙利文等在国外出版。对这本书的主要异议集中在它提出的制度不符合全世界的利益而只符合德国的利益上。在这一点上，李斯特从未试图隐瞒。他公开宣称的目的是将德国从英国强大的制造业优势中解放出来。在这方面，就连最反对他的人也承认他的建议是最切实可行的。但是，李斯特从来不提倡禁止政策。他宣称："任何一个决定放弃进口绝对自由政策的国家必须从适当征收关税开始，直至最后实行它曾经决定的保护制度为止。"他还说，"任何完全排斥外国竞争的关税制度都是有害的"，但是"只能允许外国制造业的生产提供部分国内的消费品"。"在本国保持国家工业的基础，必须永远是国家政策坚定不移的目标"。

1844年他出版了《政治经济学的国民体系》的第四部分（政治学）。在这一部分中，在诠释了坎宁（Canning）、哈斯肯森（Huskisson）、拉保施赫（Labouchere）和朴特雷特·汤姆森（Poutlet Thompson）等人提出的谈判和经济措施以及分析了他称之为"狡猾恶意的英国商贸政策"之后，李斯特主张，在德国建立非常高效的河流、运河、铁路运输系统，实行统一管理，成立德国舰队，在全球范围内统一德国国旗，在海外设立殖民地，国家对移民实行监督，在海外设立高效的领事馆，建立德国蒸汽轮船定期航线，同美国、荷兰和其他国家进行谈判并订立有利的商贸条约。

英国媒体在批判其著作时使用的污蔑性的咒骂,使李斯特的国人得出了这样的结论:他这次"正中要害",因而扩大了其著作的影响。

1843年,除了继续从事原来的一些文字工作之外,他又接受了《海关报告》的编辑工作,并继续在《报告汇总》和其他报纸上发表关于经济和商贸问题的文章,尤其是关于德国铁路系统的进展情况。他造访了匈牙利,受到了热烈欢迎。考苏特公开称他是"一个为各国真正国民经济利益而精心指导过这些国家的人"。他受到了波希米亚纺织联合会、莱比锡制造商大会、莱茵制铁业制造商联合会等公共团体的奖励。在遭受他人指责的痛苦中,他也遇到了令他兴奋的事情,亲眼目睹了德国关税同盟于1844年9月1日同比利时订立了一个条约,他曾长期真诚地不遗余力地为之奔波,在报刊杂志上发表文章,并亲自访问布鲁塞尔。他说,通过这个条约,"使得关税同盟能够拥有足够的便利条件从事外贸,如同把荷兰和德国北部的全部港口都纳入了其管辖范围之内"。最后,在拜见符腾堡国王时,他得到了对他以前遭到的不公待遇的迟来的承认:"我尊敬的李斯特先生,我对你并不怀有任何恶意,二十四年前我们没有学会像今天这样相互理解,多么遗憾啊!"

这时,无休止夜以继日的劳作严重地损害了他的身体健康。他时常剧烈头痛,苦不堪言,体质越来越虚弱,但他仍坚持带病工作。英国《谷物法》即将废除,李斯特担心这一措施恐怕会使英国进一步损害德国的制造业。他不顾自己每况愈下的健康状况,急忙奔往伦敦,希望实地了解清楚当地舆论和这一即将发生的变化对德国工业利益可能产生的影响。他受到了一些曾经反对过其政策的人的盛情接待,其中就有理查德·戈伯登。后者开玩笑地问他:"你竟然过来改变自己?"然而,李斯特的这次访问却使他比以往任何时候都更加坚信,英国确保自己在整个大陆制造业优势的决心越加迫切,德国就越有必要采取相应的措施保护自己免受冲击。

从英国回来后,尽管得到了妻子和家人的精心照顾,但他的身体还是出现了一些令人警觉的异常症状。他的身体已经垮掉,怀着恢复健康的一线希望,他去了一趟蒂罗尔,但为时已晚。他在库夫斯坦卧床数日后，独自一人于 1846 年 11 月 30 日离开了住处。他再也没有回来。人们在他房间里找到了他写给老朋友科尔布博士的一封令人沮丧的信。人们展开了搜寻，结果在刚下过的雪层下发现了他的遗体。种种迹象表明，毫无疑问，因一时心理失衡，他亲手结束了自己的生命。库夫斯坦公墓中的一座墓碑成了他最后的安息之地。

  德国和海外熟悉他的人对他的去世深表哀痛。为表彰他为促进德国统一、增强德国实力和福祉所做的无私的和不懈的努力，人们进行了募捐，给失去了亲人的家人送去了丰富的抚恤金。巴伐利亚路易斯国王和曾经轻视并虐待了自己的才华横溢的爱国之子的祖国符腾堡摄政王属于第一批认捐者。他曾经的许多政治对头也都加入了纪念他的活动行列，甚至提出要求"为这个高尚的爱国者立一尊纪念像是德国人民义不容辞的责任"，这一呼吁得到了响应，人们在他的故乡鲁特林根为他立了一尊雕像。

  李斯特提出的商贸政策大部分被他的祖国所采纳了。从此以后，国内关税消失了，在德国商业联盟的领导下，德国的制造业和贸易得到了长足发展，德国采取了许多强有力的措施建立殖民地，德意志帝国的国旗悬挂在了德国的航船上，德意志帝国统一了德国人民。尽管这些伟大目标的实现需要后人们的不断努力，但是一些功劳应该归功于一个长期以来首先为之辩护的人，他为此牺牲了自己的健康、财富直至生命。

  李斯特的才华表现在，他是一个见解独到的思想家，一个才华出众的勤奋笔耕的作家，一个态度认真不知疲倦的政治鼓动者。毫无疑问，他的整个政治鼓动生涯更是出于本能而非为国家服务。他的事业是政治先锋出力不讨好的任务——一个不被允许目睹自己预言得以实现的倡导者。他预言自己的国家未来会更加美好，但那些最初本该帮助他使预言早日实现的人却对这个预言表示怀疑和不满。

著者自序节录

从我开始对盛行一时的政治经济学理论的真实性表示怀疑并努力探寻（在我看来）其错误和根本原因以来，已经过去三十三年了。我的本职（教授）给予了我从事这项任务的动机，而我命中注定要面对的反对意见则强烈促使我把这项任务进行到底。

与我生活在同时代的德国人记得，德国人的幸福水平不断下降，1818年已经到了非常糟糕的地步。通过学习研究这些政治经济学著作，我作好了充分准备。如他人一样，我尽量使自己全面充分地了解他人对这个主题的看法以及之前已有的文献。但是，我不满足于按这门科学的现有形式教育年轻人；我希望教育他们哪种经济政策能够促进德国人的幸福、文化和力量。流行理论反复灌输的是自由贸易原则。当我考虑到法国取消各省间的关税以及三个王国统一在大不列颠政府名下时产生的结果时，在我看来该原则既符合常识又已被经验所证实。但是，拿破仑大陆制度产生的绝妙效果以及取消该制度造成的破坏性后果，是最近发生的两件引人注目的重大事件，对此我不能置之不理。在我看来，这些结果同我以往的观察好像直接矛盾。在试图搞清这个矛盾发生的基础是什么的过程中，*理论确实正确，但是只有当各国都像各省一样共同遵循自由贸易原则时，这个理论才确实正确*。这个观点打动了我，它促使我考虑*国家*的本质。我觉察到，流行理论并没有考虑*各国*，而只是笼统地考虑问题，一方面考虑全人类，或另一方面考虑单一国家。我清楚地看到两个同样高度文明的国家，要在自由竞争下双方都获得利益，只有当两国的工业发展处于大体同等水平时，才能实现。如果任何一个国家不幸在工业、商业和航海业方面还落后于其他国家，那么，即使它已经拥有发展这些事业的精神与物质手段，但也必须首先加强自身的力量,才能适合与比它先进的国家进行自由竞争。总之,我发现了*世界主义经济学*与*政治经济学*两者之间存在的区别。我认为德国必须取消国内关税,通过对外国人实行统一的商贸政策,才能经过努力达到其他国家凭借商贸政策而实现的商业和工业的发展水平。

1819年,整个德国涌现出了许多有关新政治制度的策略和规划。统治者和臣民、贵族和平民、政府官员和学者全都参与其中。德国就像一个遭受过战争毁坏的家园,以前的家庭主人回来后准备重新进行修整。有些人想修旧如旧,小到每个细节;而有些人则想重新规划,全部使用现代家具;还有一些人则兼顾常识与经验,希望走中间路线,这样可能使对过去的要求和现在的需要和谐一致。观点上的矛盾和冲突处处可见,到处都是旨在促进爱国目标的团体。国家的《宪法》本身就是新颁布和仓促拟就的,多数开明的有思想的外交家都认为这仅仅是一个胚胎,期望从中培育出更加完美的未来。《宪法》的一个条款(第十九条)特意为建立*国家商贸制度*敞开了一扇门。在我看来,该条款奠定了我国工商业今后赖以繁荣的基础,由此产生了成立德国商人和制造商联盟的想法,旨在取消德国国内关税,在全国采取统一的商贸政策。这个联盟最初怎样生根发芽,又是如何引导高尚和开明的巴伐利亚和符腾堡统治者采取一致行动,以及后来怎样建成了德国关税同盟,都是众所周知的。

作为德国商业联盟的顾问,我处境艰难,举步维艰。所有受过科学教育的政府雇员,所有报纸编辑,所有政治经济学的学者,他们都受过世界主义学派的教育,他们都认为任何一种保护性税制在理论上都令人生厌。他们得到了英国利益以及那些在德国口岸和商业城市经营英国商品的商人的援助。众所周知,英国政府用"秘密服务金"这个手段有力地控制着国外舆论,只要有利于其商贸利益,英国都愿花血本,从不吝啬。由来自汉堡和不来梅、莱比锡和法兰克福的新闻记者和知名学者组成的新闻大军出现在了该领域,他们谴责德国制造商的统一保护性税制为"不合理的愿望",对其顾问恶语相加,肆意漫骂,恶意诋毁,例如,指责他对科学权威倡导的政治经济学基本原理一无所知,或者指责他智力不全无法理解这些原理。流行理论和德国学者们的见解站在他们一边这一事实,使这些为英国利益而摇旗呐喊的鼓噪者们的工作变得得心应手。

这场交锋并非势均力敌。一方有一套阐述透彻、前后一致的理论体系，一个组织严密的学派，一个在每一个立法机构和学术团体中都有拥护者的强势党派，还有首要的强大动力——金钱；而另一方则穷困且毫无实力，内部分裂，意见分歧，绝对缺乏理论基础。

在我不得不进行的日常争论的过程中，我认识到了*价值理论与生产力理论*之间的区别，以及隐藏在其中的流行学派从*资本*这一名词中引申出来的错误的论证方法。我学会了如何理解*制造业力量与农业力量*之间的差异，因而我发现了该学派荒谬论证的根据，那就是它把那些只适用于农产品自由贸易的理由作为依据，证明制成品自由贸易的正确性。我开始更加彻底地认识到分工原则，意识到了这个原则在多大程度上适应*整个国家*。后来，我访问了奥地利、德国北部、匈牙利、瑞士、法国和英国，试图在各地通过观察这些国家的实际情况和从这些国家的一些著作中寻求指导。后来我又访问了美国，这次我撇开了所有书本，它们只会使我误入歧途。在那片现代化的土地上，人们可以读到的政治经济学方面的最好的书就是现实生活。在那里我看到了荒野之邦如何变成了富强之都，欧洲需要数百年才能取得的进步，在那里展现在了我的眼前，即从单一的狩猎条件发展到了家畜饲养，再发展到农业，进而又发展到了制造业和商业。在那里，人们可以看到地租如何由一文不值变成了重要的收入来源。在那里，一个朴素的农民实际上比旧世界那些学者更懂得如何改善农业和提高地租，他们想方设法争取把制造商和发明家吸引到他们周围。再也没有其他地方的人比那儿的人更懂得运输工具的重要性、更懂得运输工具对人民精神生活与物质生活产生的重要影响了。

我认认真真、勤勤恳恳地研读了那本现实生活的教科书，并把它同我以前的研究、经验和思考作了对比。

（如我所期望的那样）我提出了一个尽管可能仍有缺陷的学说，但这个结果并不是建立在空洞的世界主义基础之上的，而是以事物的本质、历史教训和国家需要为依据的。它提供了使理论与实际相一致的手段，让每个受过教育的人能够理解政治经济学。过去由于学术上夸大其词，由于充斥着各种各样的矛盾，由于用词异常不当，政治经济学这门科学曾经迷惑了人类的正常意识。

我想指出，**民族主义**是我的理论体系的一个识别特征。我的理论体系的整个架构均基于**民族主义**的本质，**民族主义**是个人主义与全人类主义两者之间的中间利益。我曾一度犹豫不决，是否不该把我的体系称之为政治经济学的*自然*体系，但一位朋友的一番话阻止了我这样做，他说，如果用此作为书的题名，那么某些肤浅的读者难免会认为我的书仅仅是重农主义的复苏。

流行学派曾质问我是否想恢复（所谓的）"重商"主义。但是读过这本书的人都会看到，我的理论只采纳了那个备受诋毁的重商主义体系中的有价值的部分，而摒弃了其谬误之处；我在提倡那些有价值的部分的时候采用的依据也与（所谓的）重商主义学派完全不同，是以历史与本质为依据的；我首次驳斥了那些来源于世界主义学派一再竭力主张的论点，同时对那些以空洞的世界主义、双关语的使用以及不合逻辑的论证为依据的一系列推论也进行了首次批驳。

如果我在驳斥流行学派的创立者及其整个学派的观点和著作时所使用的言辞有时显得过于激烈的话，那么我这样做并非出于我个人的傲慢。我认为，我所驳斥的一些观点有害于公众幸福，因而有必要对这些观点进行合理抨击。而且知名学者的错误所造成的危害比声望稍低的学者的错误产生的危害更大，因此他们应该受到更加严厉的驳斥。

关于一些对我坦率而有思想的批评，我（针对关于要点重复方面的批评）想作一些解释。凡是研究过政治经济学的人都知道，在这门科学里，所有不同的论点总是以各种方式相互交织在一起的。把同一个东西重复十遍远远胜过听任某一观点含混不清。我没有仿照时下盛行的风气大量引证，但是我所读到的著作要多于我所引证的不止百倍。

写这篇序言的时候我自谦地意识到，在我的著作中可能会发现许多错误；不仅如此，如果让我自己再重写一遍的话，或许可能写得更好。我的这一想法使我备受鼓励。不过尽管如此，读者仍可以从我的书中找到许多新颖正确的东西，并且这本书有可能使我的祖国——德国——受益匪浅。

第一部分
历　史

第1章 意大利人

在欧洲文艺复兴时期,在商业和工业方面,没有任何一个国家能够像意大利那样处于那么有利的地位。野蛮没能完全摧毁古罗马的文化和文明。尽管耕种方式无技可言,但得天独厚的自然地理条件、宜人的气候仍然为众多的人口提供了丰富的食物。不可或缺的艺术与工业,如同古罗马内政制度一样毫发无损。沿海繁荣的渔业为海员提供了充足的给养,意大利漫长海岸线及发达的航运业,充分弥补了内陆运输的不足。意大利与希腊、小亚细亚和埃及接壤,与这些国家进行海上贸易往来,为意大利获得东方国家的产品提供了便利和保障。以前这类贸易尽管规模很小,且需经俄国与北方各国进行,但凭借这种商贸往来,意大利获得了希腊从古代文明中保存下来的知识体系、艺术和制造业。

从鄂图大帝解放了意大利各城邦以来,它们就提供了一个被历史先后反复验证过的证据,即自由与制造业两者必定相随相伴,形影不离,尽管一方的存在常常先于另一方。哪里的商业和工业繁荣,人们就可以断定,哪里的自由就即将到来;如果哪里已高举自由之旗,那么同样可以确信,哪里的工业将迟早得以建立。一个人一旦获得了物质的或精神的财富,那他必将坚持不懈,把自己的所得传给后人;或者一旦他得到了自由,那他必将不遗余力地努力改善自己的物质和知识条件。世界上再也没有比这更顺理成章的事情了。

自从古老的自由之邦分崩离析以来,意大利城市再次向世人展示了自由、富裕的社会景象。在相互影响下,城邦和封地呈现出了一派繁荣景象,十字军东征推动了繁荣进程。十字军的士兵、装备和军需品的运输,不仅惠及意大利的航海业,而且还为它提供了动因和机遇,使它获得了与东方国家进行贸易的商业优势,引进了许多新工业、发明和植物,享受到了新的乐趣。另一方面,出于同一原因,封建贵族的压迫被削弱,最终并以各种方式被消灭了,使城市和农村的土地耕种享有更大的自由。

在威尼斯和热那亚之后,佛罗伦萨因制造业与货币兑换业发达而尤为引人注目。早在十二、十三世纪,它的丝织业和毛织业就已十分发达;这些行业的行会参与政府事务,在它们的影响下共和国得以建立。单单毛织业就拥有两百个加工厂,年产毛织品八万匹,所用原料从西班牙进口。除此之外,每年还从西班牙、比利时、法国和德国进口价值三十万金盾的布料,在佛罗伦萨生产成品,然后再出口到地中海东部各国。佛罗伦萨为全意大利的金融中心,拥有八十家银行机构。① 政府岁入高达三十万金盾(合我们现在的货币一千五百万法郎),大大高于同一时期那不勒斯和亚拉冈王国岁入的总和,也远远高于伊丽莎白女王时期的大不列颠和爱尔兰的岁入总和。②

由此我们可以看出,十二、十三世纪的意大利已经拥有了国家经济繁荣所需要的一切因素,在商业和工业方面,遥遥领先其他国家,其农业和制造业的模式纷纷被其他国家所效仿,并成了这些国家的发展动力;它的道路和运河质量在欧洲首屈一指。文明世界受惠于并感激意大利的银行制度、航海罗盘、改良的造船工艺、汇兑制度,以及它所建立的实用的商业习惯、制定的商业法和许多其他的市政、政治制度。迄今为止,它的商业、海运和海军力量在南部海域都是最为重要的。它拥有全世界的贸易,因为除了部分不太重要的贸易是在北部海域进行外,其贸易的主体主要集中在地中海与黑海海域。它为各国供应制成品、奢侈品和热带产品,这些国家则为它提供原材料。不过,意大利仅仅因为缺少一样东西,使它无法

---

① 德·乐克娄斯:《佛罗伦萨及其周边地区》,第 23、26、32、103、213 页。
② 皮齐奥:《意大利政治经济学史》。

达到当今英国的水平；也因为它缺少这样东西，使它与各种繁荣擦肩而过，这种东西就是它缺乏 *国家的统一* 以及由此迸发的力量。意大利各个城市和统治力量并不是作为一个整体的成员而各司其职和发挥作用的，而是像独立国家之间那样，动辄兵戎相见、大动干戈、自相残杀和相互蹂躏。它们一方面与外国交战，另一方面，民主、贵族和独裁之间的内部冲突接连不断，接二连三地把各个共和国推翻。内部冲突对国家繁荣具有极强的破坏力，外来势力的入侵，国内宗教势力及其致命影响，均激化和加剧了这些内部冲突，导致原本就分裂的意大利被分割成了相互敌对的两部分。

从意大利沿海各邦的历史中，我们可以更清楚地了解意大利是如何自毁江山和风云不再的。我们先看看阿马斐的强盛时期（Amalfi，从八世纪到十一世纪），① 它的船舶在各个海域畅通无阻，意大利和地中海东部沿岸各国用阿马斐的货币作为流通货币。它掌握着最实用的海事法准则，这些法则在地中海各国口岸都有效力。在十二世纪，它的海军力量被比萨所摧毁，而后比萨在热那亚的强攻之下土崩瓦解。热那亚经历了百年冲突之后，被迫向威尼斯屈服。

威尼斯本身的覆没，似乎并不是这种狭隘政策的直接结果。不但继续维持甚至不断扩大和强化在希腊、小亚细亚、爱琴海以及埃及一带的既得优势，间或在好望角航道与葡萄牙进行竞争的同时有效地遏制土耳其在陆上的扩张和海上的劫掠，这一切对于一个意大利海军力量的联盟而言，并非是一项艰巨的任务。

然而，实际的情况却是，威尼斯不但只能依靠其自身的资源，而且它，在自己的兄弟之邦以及强大的欧洲邻国的外部攻击下，最终也气息奄奄、日薄西山了。

可以证明，对于一个组织严密的意大利军事联盟而言，保卫意大利独立，抵御强权入侵，并不是一项艰巨的任务。实际上，意大

---

① 阿马斐在繁荣时期有五万多居民，航海罗盘的发明者弗拉威奥·圭奥（Flavio Guio）是阿马斐城的居民。在比萨夺得阿马斐那年（1135年或1137年），那本后来对德国的自由和活力造成了很大破坏的法典——《学说汇纂》——被发现了。

利曾于1526年试图结成这样一个联盟,但那只是危急关头的一种临时性的权宜之计。这个联盟的领导人以及成员国的虚情假意和背信弃义,是米兰被征服和托斯卡那共和国瓦解的主要原因。这个时期标志着意大利的工业和商业崩溃之日的开始。①

不论在历史的早期还是晚期,威尼斯的目标始终都是自成独立一国的。只要它只同意大利的一些小邦或衰老的希腊打交道,那么它想要在地中海与黑海沿岸各国中保持制造业和商业的优势都是轻而易举的。但是,一旦统一富有活力的国家出现在政治舞台上,那么威尼斯只是一个城市,它的贵族政治只不过是地方性的这一现实就显露无遗了。是的,它曾经征服过几个岛屿甚至一些辽阔的省份,但它只把它们当做占领地加以统治,因此(根据所有历史学家的证明)每次的征服都削弱了而不是增强了它自身的力量。

同一时期,共和国国内曾赖以壮大的那种精神逐渐消失了。充满活力、热爱自由的民主精神造就了爱国、英勇的贵族阶级,贵族阶级曾经成就了一番伟大的事业——威尼斯的强大与繁荣,只有得到民主活力自由的支持,只有这种活力在贵族阶级的爱国、智慧与英雄精神的指导下,威尼斯的强大与繁荣才能得以延续和加强。但是,贵族阶级逐渐变成了专横的寡头统治,人民的自由与活力相应地遭到了摧残,强大与繁荣赖以存在的根基消失了,尽管其表面上的强势仍然可以支撑一段时间。②

"一个国家一旦陷入了被奴役的状态,"孟德斯鸠说:③"就会努

---

① 因此,可以说查尔斯五世是意大利商业和工业的破坏者,如同他也是荷兰和西班牙商业和工业的破坏者一样。他首先提出了贵族拥有专权,认为贵族经商和从事制造业丢人现眼,这一观点对国家工业了产生了破坏性的影响。在他之前,相反的观点占上风。当麦迪西人统治了这一地区之后,他们一直从事着商业活动。
② "当贵族们不去为祖国浴血奋战、不去用胜利为国家争得荣耀、不去用征服使国家变得强大,而只知道享受荣誉和分享赋税时,人们不禁要问:为什么众多的威尼斯市民不能给全共和国做主?"(达儒:《威尼斯史》,第四卷,第8章)。
③ 《法的精神》,第192页。

力保持现有的东西,而不是争取获得更多;相反,一个自由国家则会努力获取更多而不是维持既得利益。"他还可能会对这个正确观察作这样的补充,即如果任何人只安于现状,不思进取,那他必将追悔莫及;而一个国家如果不进一步发展,那么其国力必将逐渐衰退,直至灭亡。威尼斯人不但不力争扩大商业范围,发现新东西,甚至连从他人的发现中获益的想法也没有。由于新航线的发现,威尼斯人可能被从同东印度群岛的贸易之中排挤出去,但他们事先却并没有预料到,直到事到临头才如梦初醒。对世界上其他国家已经看到的他们不相信;当他们开始看到形势的变化产生的有害结果时,他们仍然一意孤行,继续维持原有的通商航线,而不是设法争取加入新的航线以分享一些利益。有些事情只有凭借勤奋刻苦,发挥聪明才智,因势利导,才能获得,而他们却妄想靠玩弄手段、施展雕虫小技来达到目的。当他们最终丧失了全部所有,东、西印度群岛的财富源源不断地流入到加的斯和里斯本而不是他们自己的口岸时,他们就像傻瓜或挥霍者那样,把注意力转向了炼金术。①

在共和国成长与繁荣的时期,"金簿"题名制度曾被公认为是对商业、工业或为市民服务及为国服役等方面具有卓越成就的表彰。当时,这种荣誉也曾对外国人,例如对从佛罗伦萨移民过来的著名丝绸织造商。② 但是自从荣誉与国家俸禄变成了贵族阶级家族的世袭权利以后,这个记录簿就相当于摆设了。后来,当人们认为有必要赋予奄奄一息的贵族政治以新的活力的时候,人们又重新启用了这个金簿。但是,在金簿上获得题名的主要资格不再是以前的那种对国家的贡献,而是根据拥有财富的多少或出身是否高贵,结果金簿题名再也没有什么荣誉可言了,以致在重新启用后的一个世纪之

---

① 马克布拉萨迪诺是一个不折不扣的骗子,他声称擅长炼金术,大受威尼斯贵族欢迎,被当成了救世主(达儒:《威尼斯史》,第三卷,第19章)。
② 就像荷兰和英国那样,威尼斯利用各种机会吸引外国制造业和资金。由于受到了鲁卡的暴君卡斯特鲁齐奥的迫害,大量的丝绸织造商从鲁卡迁移到了威尼斯。在十三世纪,鲁卡的丝绒和锦缎织造业已经相当发达(达儒:《威尼斯历史》,第一卷,第247~256页)。

内，金簿上几乎没有增加任何新的名字。

如果我们请教历史，追问该共和国及其商业衰败的原因到底是什么，那么历史会这样回答：主要原因是软弱无能的贵族阶级的愚蠢、疏忽和懦弱，以及被奴役人民的冷漠。即使绕行好望角的新航道没有被发现，威尼斯的商业和制造业也必定要衰败。

人们发现，威尼斯衰败的原因如同意大利其他共和国衰败的原因一样，都是缺乏国家统一，外国强势力量的控制，国内教会的统治，以及一些更加强大、更加统一的其他欧洲国家的不断崛起。

如果我们仔细考察一下威尼斯的商业政策就能看出，现代商业兼制造业的国家的商业政策仅仅是拷贝了威尼斯的商业政策，只不过是涉及面有所扩大（即全国性的）而已。在任何情况下，通过航海法与关税政策，任何一国的船舶业和制造业都能够得到保护，以防受到外国船舶业和制造业的不利影响，因而任何一项从其他国家进口原材料而再向这些国家出口制成品的政策都是明智的。这一准则得到了其他国家的有力的坚持。①

最近有人在为绝对的、无条件的贸易自由进行辩护，认为保护政策是威尼斯衰败的原因。这个断言缺乏真实性，错误百出。如果我们用不带任何偏见的眼光重新审视一下威尼斯的历史，我们就会发现，对它而言，就像后来一些大王国的情形那样，在不同时期，国际贸易的自由与限制对于国家的富强有时有利，而有时有害。无限制的自由贸易在这个共和国的成立初期是有利的，否则它怎么会从一个小小的渔村不断壮大进而发展成为一个商业强国呢？并且当它达到了某一富强阶段时，保护政策也同样对它有利，因为借助这一政策，它获得了制造业和商业的优势。但是，当其制造业和商业力量获得优势之后，保护政策就开始对它造成损害了，因为保护政策排除了它与其他国家的所有竞争，从而滋生了国民的懒惰习性。因此，不是采取保护政策本身，而是当采取该政策的理由已不复存在的时候如果仍然继续坚持这个政策，那么这才是真正对威尼斯有害的。

---

① 西斯蒙第（Sismondi）：《意大利共和国的历史》，第一部，第285页。

因此，我们刚刚谈到的这个论断有这样一个重大错误，即它几乎没有考虑到那些世袭君主制大国的兴起。威尼斯虽然称霸一些省份和岛屿，但它一直仅仅是意大利的一座城市，而当它上升为制造业和商业的强国时，它仅仅同其他意大利城市进行竞争；只有当所有具有统一力量的国家尚未同其开展竞争时，它的限制性商业政策才会对它有利。但是，一旦这些大国开始同它进行竞争时，这时它只有通过使自己成为统一的意大利的统领，把整个意大利纳入到自己国家的商业制度范围内，才能维持自己的优势。没有任何一种明智的商业政策可以让单个城市的商业优势超越所有统一的国家而长盛不衰。

从威尼斯这个例子（在一定程度上可用以反对当今的保护性商业政策）中，我们恰恰可以推断，单个城市或一个小国与大国进行竞争时，不可能成功地建立或保持保护性政策；同样，任何凭借保护政策取得了制造业和商业优势的国家（在获得这个地位后），都能够有效地转而采取自由贸易的政策。

在上述争论以及其他以国际贸易自由为主题的讨论中，我们看到了一种错误的看法，这种看法是众多错误产生的根源，也即"自由"一词的被误用。人们谈论贸易自由时，用如同谈论宗教自由或市政自由一样的语气，因此，爱好和拥护自由的人们就都感到自己有义务保护各种形式的自由。因此，"自由贸易"就变得相当流行，以至于都未对国内贸易自由与国际间的贸易自由加以必要的区分，尽管事实上这两者的本质与运作截然不同。因为国内贸易方面的限制只有在极个别的情况下才能与公民的个人自由不相抵触；而在国际贸易方面，最大限度的个人自由却可以与高度的保护政策休戚相关。不过，最大限度的国际贸易自由的确极有可能使国家遭受奴役，我们在以后谈到波兰的情况时会加以说明。关于这话题，孟德斯鸠言之有理："商业从来不会受到比在自由国家更多的限制，也从来不会受到比在专制政体下更少的限制。"①

---

① 《法的精神》，第十卷，第 12 章。

第 2 章 汉萨商人

曾经在意大利产生了广泛影响的工业、商业和自由精神，一路北上，跨越阿尔卑斯山脉，贯穿整个德国全境，最后来到了北海沿岸，在那里生根发芽，建立了新的王权。亨利一世是意大利各城市的解放者，他促进了新城市的建立，促进了部分古罗马属地上和部分皇家领地上的那些老城市的扩张。

如同后来的法国和英国国王一样，亨利一世和他的继任者都把城市看做是制约贵族政治的最强有力的砝码、国家财政的最丰富的来源以及新的国防基地。因为与意大利各城市之间的商业往来，因为与意大利的工业进行竞争以及这些城市本身的自由制度，因而使这些城市不久就实现了高度的繁荣与文明。各城市的人们和平共处的生活造就了艺术与制造业方面的不断进取精神，产生了通过获得财富、成就事业而博取盛名的愿望。另一方面，物质财富的拥有鼓励人们不懈地努力以提升城市的文化水平、改善城市的政治条件。

虽然新生的自由和繁荣的工业力量增强了德国北部沿海城市的实力，但由于经常遭受陆上与海上盗贼的袭击，因此不久这些城市就感到有必要建立更加密切的双边联盟，以加强保护城市和增强防御能力。为此，汉堡和律贝克两城市遂于1241年结盟，到那个世纪末，该联盟接纳了所有波罗的海与北海沿岸、奥得河、易北河、威悉河以及莱茵河沿岸所有具有重要意义的城市（共有八十五个城市）。该联合体取名为"汉萨"，在德国低地方言中，意为联合体的意思。

因为很快就意识到了各地工业可以从团结力量中获取巨大利益，所以汉萨同盟不失时机地开发并制定了一套商业政策，在一定程度上取得了史无前例的商业繁荣。并由于认识到任何力量想要获得并保持广泛的海上贸易，就必须拥有保护手段，于是这些城市建立了强大的海军军队。后来它们还认识到，任何国家海军力量的强与弱，均与商船和海上渔业规模的大小成正比，因此它们颁布了法令，规定汉萨同盟的货物只能由汉萨货船承运，同时还建立了规模庞大的海上渔业船队。英国的《航海法》拷贝了汉萨同盟的《航海法》，如同后者模仿了威尼斯的《航海法》一样。①

在这方面，英国仅仅以那些获得海上优势的先行者们为榜样就获得了巨大成就。之前，英国议会曾制定的一个《航海法》被认为是一项重大新举措。不过亚当·斯密在评论这个条例②时，似乎并不知晓或不愿谈及。其实早在此前的几个世纪，英国就曾试图采取类似限制措施。英国议会于1461年的提议被亨利六世拒绝了，詹姆士一世类似的提议也遭到了议会的拒绝。③ 其实早在这两个提议之前（即在1381年），理查德二世就采取过类似的限制措施，尽管实施后不久就被证明无效而遭废弃。显然，当时这个国家推行这类法令的时机尚不成熟。航海法令，如同其他保护本国工业的措施一样，已经牢牢地植根于这些认为自己具备了发展成为未来工商业大国条件的国家的心中，以至于美国在它获得完全独立以前，经詹姆士·麦迪逊就提议，要对外国船运加以限制。毫无疑问，其收效显著，绝不亚于英国于一百五十年前从美国那里获得的那样（就像在以后的章节中所要讲到的那样）。

北欧各国对与汉萨商人进行贸易有望带来的好处印象深刻，因为贸易不但为它们提供了解决国内剩余产品的有效途径，换取比国

---

① 安德森：《商业起源》，第一部分，第46页。
② 《国富论》，第四卷，第2章。
③ 休谟：《英国史》，第四部分，第21章。

内产品质量更好的外国产品，而且还可以通过征收进出口关税①不断充实国库，使原本涣散懒惰、不守本分和放荡不羁的臣民养成勤奋刻苦的好习惯。不论何时汉萨商人在其国土上设立代理处，它们都认为是好运，并想方设法为汉萨商人提供各种优惠和便利的条件以吸引他们前来。英国国王在这方面的表现尤为突出，超过了任何其他国家。

英国的贸易（休谟说）以前完全控制在外国人尤其是"东方人"②的手中，亨利三世为他们成立了公司，让他们享受优惠，免除他们所有其他外商须受的限制以及应纳的进口税。那时，因为英国人毫无经商经验可言，所以从爱德华二世起，汉萨商人就以"天秤商人"的名义垄断了整个王国的全部外贸。因为他们只用自己的船只从事贸易，所以那时英国的航运处境非常可怜。③

一些德国商人即那些来自科隆的商人与英国有着长期的商贸往来，后来应英国国王之邀，于1250年在伦敦设立了一个名为"天秤"的代理处。这个代理处在成立之初在促进英国文化与工业发展方面发挥了积极影响，但后来引起了英国人的妒忌，并演变成了冲突的导火索，这场冲突之激烈以及旷日持久之程度，以至于长达三百七十五年，直到该代理处关闭为止。

---

① 那时，英国国王的收入主要来源于关税，也即出口税大于进口税的差额。出口自由以及对制造业产品征收进口税，预示着先进的工业国的英明的国家治理。北方各国政府当时的文化和治理水平相仿，就像当今的萨伯里姆港。引人关注的是，萨尔坦最近才订立了商业协议，规定对原材料和成品出口征收不高于14%的关税，对进口不高于5%。相应地，这种把税收当做其主要财政来源的制度开始运作并持续了很长的一段时间。那些支持或者为这一制度鼓噪的政客或学者们应该前往土耳其，在那里，他们可能真的会站在时代的潮头。

② 在英国，汉萨商人刚开始时被称为"东方人"或东方商人，以区分那些西方商人或比利时人和荷兰人。从"easterling"这个词中衍生出了"先令"或"英镑先令"，"sterling"是"easterling"这个单词的缩写形式，因为以前在英国流通的所有货币均来自汉萨同盟。

③ 休谟：《英国史》，第35章。

英国从前与汉萨同盟之间的关系，正与后来波兰与荷兰之间以及德国与英国之间的关系相类似：英国为汉萨同盟提供羊毛、锡、皮革、奶油、其他矿产品和农产品，然后换回制成品；汉萨商人将从英国和北欧各国取得的原料品运到它们设在布鲁日的办事处（成立于1252年），在那里用来交换比利时产的布匹和其他制成品以及来自意大利的东方产品和制成品，然后运回北海沿岸各国。

汉萨商人在俄国诺夫戈罗德的第三个代理处（1272年设立）为俄国人提供毛皮、亚麻、大麻和其他原料，然后换取制成品。在挪威卑尔根的第四个代理处（同样于1272年设立），主要从事渔业以及鲸油和渔产品贸易。①

在任何时期，各个国家的经验都教导我们：只要国家处于野蛮状态，那么自由的、不受限制的贸易就能使这些国家获益匪浅，这样，就可以为解决猎场、牧场、森林及农产品的所有原料找到有效途径，就可以换回更好的衣料、机器、各种用具以及贵金属——主要的流通媒介，因此，这些国家刚开始对自由贸易总是持赞同态度的。但是经验同样表明，就是这些国家，随着它们在文化和工业方面的不断进步，它们对这种贸易制度就另眼相看或越来越不喜欢了，认为这个制度最终将不利于它们继续进步，成了它们前进道路上的一块绊脚石。英国人与汉萨商人之间的商贸关系就处于这种状态。在汉萨商人的"天秤"代理处设立将近百年之际，爱德华三世就产生了这样的看法，即一个国家可以做一些比出口羊毛和进口毛织品更有用、更有利的事情。于是他通过给予各种优惠条件，努力吸引法兰德斯的织工，但是一旦来到英国的织工人数达到了一定规模，他就颁布禁令，禁止穿用任何外国布料织成的衣服。②

这位国王的明智之举得到了其他国家那些推行愚蠢政策的统治者的大力支持——一种商业史上的常见的巧合。假如说法兰德斯和布拉班特的早期统治者不遗余力地使本国工业实现了繁荣的话，那么，可以认为，后来的统治者的所作所为造成了本国商业和制造业

---

① 萨托利斯：《汉萨同盟史》。
② 《爱德华三世》，第5章。

阶层的不满情绪，迫使这些阶层的人们移居海外。①

1413年英国毛纺织业早已取得的巨大进步，使休谟在谈到这一时期时是这样写道的："这时（英国人）对外国商人非常嫉妒，外国商人的商业行为受到许多限制，例如，规定他们出售进口商品的所得必须全部用于购买英国产品。"②

爱德华四世时期，这种对外国商人的妒忌达到了顶峰，进口外国毛织品和许多其他商品都受到绝对的禁止。③

尽管后来汉萨商人迫使这位国王取消了这项禁令，使他们原来享有的特权得以恢复，但看起来这一措施还是极大地促进了英国的毛织业的发展。休谟在谈及亨利七世时注意到了这个现象。亨利七世即位的时间比爱德华四世晚半个世纪。

> 过去，贵族家中奴仆众多，现在，工业和艺术的进步有效地限制了这种恶习，其效力远远大于法律的强制作用。这时，贵族们为了附庸时髦，改而选择了一种符合时代精神的攀比方法：彼此之间已不再炫耀拥有多少仆人以及仆人是否强壮剽悍，而是用精美的房屋、高贵的马车以及精美奢华的家中摆设相互

---

① 德·威特：《荷兰利益》，第45页。
② 休谟：《英国史》，第25章。
③ 《爱德华四世》，第4章，该法令的序言个性鲜明，我们在此禁不住要逐字逐句加以引用："有鉴于在本届议会期间，居住在伦敦以及其他城市、城镇、自治城市、这片疆域之上和威尔士国内乡村中的那些男女技工的不断抱怨，由于一些原来国王的敌人以及那些外籍居民靠他们的秘诀和职业以及勤劳的双手生产了大量的廉价商品和工艺品，加上外国商人从大海的彼岸运到英国和威尔士的可以随时出售的大量商品，充斥了英国和威尔士的国内市场，严重冲击了这两个国家技工原来赖以生存的职业，并且这些技工到处欺骗，全然不顾英国人的职业和利益，使得所有原来居住在这片疆土的每个人普遍变得贫穷，受到了伤害，财产和生活水平的增长受到了限制。在这种情况下，英国和威尔士技工再也无法像从前那样靠自己的秘诀和职业生存下去了，他们中的一些人，包括雇主、雇工、其他仆人和从属者都已经无所事事了。他们生活潦倒，懒散懈怠，贫穷破落，在此之前各种不便接踵而至，假如不为他们着想并及时提供良药予以补救，那他们将一蹶不振（求上帝保佑）。"

攀比。因为老百姓再也不能恶习不改和游手好闲了，再也不能靠服侍主人生存了，因此，他们被迫学习一些手艺，使自己变得对社会有益。政府再度通过法律，防止已铸造和尚未铸成货币的贵金属出口。但是众所周知，这些措施难收实效，于是国王就再度对外国商人规定了义务，即他们必须将他们出售进口商品的全部所得用于购买英国产品。①

亨利八世时代，由于众多外国制造商居住在伦敦，致使当地各种食品的价格大幅上涨，这充分表明，国内制造业的发展使本国农业产业受益匪浅。

但是国王对造成这一现象的起因和发挥的作用判断有误，他听信英国人对外国制造商有失公道的抱怨，英国人认为这些制造商在技能、勤奋和节俭等方面都超越了自己。枢密院下令将一万五千名比利时制造商驱逐出境，认为"他们使一切食品价格上涨，使英国有发生饥荒的危险"。为把祸端斩草除根，通过了一系列法律，限制个人消费，规范服装式样，规定粮食价格与工资标准。这种政策自然而然地受到了汉萨商人的强烈支持，以前当英国国王的政策对他们有利时，他们就向国王表示友好，同样，他们今天故伎又重演，向这位国王表示友好，他们把自己的战船交给国王随意支配。当时的情形如同现在英国人对葡萄牙国王所表示的友好那样。在这位国王整个执政期间，汉萨商人同英国的贸易非常活跃，他们既拥有船只又占有资本，懂得如何对那些不完全了解自己利益的人民和政府施加其影响，他们的聪明程度并不比当今的英国人差，只是他们所依据的论点基础与我们同时期的商业垄断者的相去甚远。汉萨商人的主张基于按照实际条约和长期的贸易关系向其他一切国家提供成品；而当今的英国人主张的基础却仅仅是一种理论，是他们自己的一个海关官员创造出来的理论。这位理论家以自命科学的名义，要求获取汉萨商人凭实际条约与正义获得的权利。

爱德华六世在位期间，枢密院寻求并找到了取消"天秤商人"

---

① 休谟，第16章。

特权的借口。汉萨商人对于这一创新举措表示强烈抗议,但枢密院一再坚持初衷不改,这一举措不久就给国家带来了最有利的后果。英国商人由于是本国居民,在纺织品、羊毛以及其他物品的采购方面,比外国商人具有更加明显的优势。在此之前,他们一直都未能清楚地看到这种优势,始终不敢同如此富有的汉萨商人的公司进行竞争。但自从所有外国商人面对同样的商业限制以后,英国人的进取心就受到了鼓舞,进取精神传遍了整个王国。①

正像今天的英国占有德国和美国市场一样,汉萨商人曾独占英国市场长达三个世纪之久,但这次他们被完全从这个市场中赶了出去。数年后,由于德国皇帝的不断抗议,② 玛丽女王恢复了他们先前曾经享受过的全部特权。但是,这次他们的兴奋只是短暂的,因为汉萨商人不但强烈希望维持他们的既得特权,而且希望不断扩大,所以在伊丽莎白女王执政初期,他们对于在爱德华六世与玛丽女王统治时期他们曾经受到过的不公正待遇提出了强烈抗议。伊丽莎白女王谨慎地回复说她无权改变任何事情,但将乐于保护他们继续拥有已有的特权和豁免权。然而,对于这个答复他们并不满意。过了一段时间,汉萨商人的贸易继续下滑,这对英国商人极为有利,此时,英国商人有了展示自己才能的机会,他们控制了本国的全部出口贸易,他们的努力非常成功。英国商人分为两类,即"主产品经营商与冒险商",前者在某个固定地点从事经营活动,后者则在外国各城市或各州通过出售毛织品和英国其他产品发财。这激起了汉萨商人的强烈忌妒,他们千方百计地设法让其他国家讨厌英国商人。1597年8月1日,他们终于获得了一道法令,禁止在德意志帝国境内同英国商人进行任何商贸活动。为报复德国,英女王很快作出反应,她(于1598年1月13日)下令,扣留六十艘与西班牙进行非法交易的汉萨商船。她采取这一措施的初衷,只是希望在释放这些商船的时候可以获得汉萨商人的进一步谅解。但当她听说汉萨商人正为此事在律贝克召开大会商议对策以制约英国的出口贸易时,她

---

① 休谟,第35章;又见黑沃德爵士:《爱德华的一生及其统治》。
② 休谟,第37章。

即下令没收了全部的船只以及连同所载的货物,然后又释放了其中的两艘船,把它们遣送到了律贝克,同时给大会捎去口信,说她很蔑视汉萨同盟采取的一切行动和措施。①

现在,伊丽莎白这样对待这些汉萨商人,而他们曾经把船舶借给她的父亲,借给许多英国国王用于作战;他们曾受到许多欧洲君主的讨好逢迎;几个世纪以来,他们曾经把丹麦和瑞典的国王当成他们的臣属一样对待,随心所欲,时而把他们请为座上客,时而又下逐客令;他们曾经开拓并开化波罗的海东南沿海地带,使所有海域免遭海盗侵袭;不久以前,他们还用武力迫使英国一位国王承认他们的特权;英王曾不止一次地以王冕作抵押为他们贷款;他们对英国还曾一度傲慢无礼,溺毙了一百名英国渔民,只因为他们靠近了他们的渔场。汉萨商人这时实际上仍然拥有足够的力量对英国女王的这种行动进行报复,但是他们早期的那种勇敢气质与进取精神以及自由与合作所激发的力量,已经荡然无存了。他们逐渐变得软弱无能,不得不四处游说,乞求欧洲各国,希望获得进口特权,但他们处处都受到冷嘲热讽,这一同盟终于于1630年解体了。

除了一些我们随后将要提到的内因外,还有许多外因导致了他们的失败。丹麦与瑞典受这个同盟控制为时已久,它们为了寻求独立,报仇雪恨,在该同盟商业道路上设置了种种障碍。俄国沙皇把特权给了一家英国公司。条顿骑士团(Teutonic Knights)几世纪以来就一直是这个同盟的伙伴,也是(原本是)它的后代,这时也由盛变衰,最后瓦解了。荷兰和英国把它们从所有的市场中驱逐了出去,并在各国朝廷上处处排挤它们。最后,经好望角到东印度群岛的航线的发现,对它们非常不利。

汉萨同盟的成员国,当它们繁荣强盛时期,从来不认为同德意志帝国结盟值得考虑,现在它们到了有求于人的时候,就去找德国议会,指出英国每年出口的二十万匹毛织品大部分都出口到了德国,唯一可使汉萨同盟恢复昔日在英国的特权的办法,就是德国必须禁止进口英国毛织品。据安德森说,德国议会即使没有起草类似的法

---

① 坎朴贝尔:《商船队长的生活》,第一卷,第386页。

令，但的确认真考虑过这个提议，但这位学者断言，正是当时英国驻德大使吉耳平的精心策划，才使该动议未获通过。汉萨同盟正式解散一百五十年之后，汉萨各城市对于这个同盟的昔日的强大已经淡忘了，贾斯特斯·莫塞尔（在他著作的某几节里）曾说，当他访问这些城市并向当地商人讲述他们的前辈们的强盛时期时，很少有人信他。例如汉堡，曾经是令各地海盗闻风丧胆之地，它在镇压海盗促进文明方面做出的贡献在基督教国家众人皆知，而这时却一蹶不振到这样的地步，以致须靠年年向阿尔及尔海盗进贡才能确保船舶安全。后来海上优势落到了荷兰人手里，他们采取了另一种政策对付海盗。当汉萨同盟称霸海上时，把海盗看成是文明世界的敌人，尽可能地加以消灭；相反地，荷兰人则把巴巴里沿岸（埃及以西的北非沿海地带曾是海盗活动的中心。——中译者）一带的海盗船看成是有用的同伙，通过这些人的活动，在和平时期可以破坏其他国家的海上贸易，从而给他们带来好处。安德森引用了德·威特说过的一句支持这个政策的简括按语："即使从敌人那里也不一定不能获得利益。"建议虽然简短，但他的国人却非常理解并积极遵照执行。英国人置基督教体面于不顾，纵容北非沿岸一带的海盗行为，直到法国人剿灭了这批海盗并为文明做出了巨大贡献为止。①

这些汉萨城市的商业并不是*国家*性的，它既没有以内部生产力量的均衡优势与充分发展作为基础，也没有足够的政治力量加以支持。这个同盟的各成员之间的结合极其松散，它们彼此之间为统治地位和自身利益争来斗去（或者按照瑞士人或美国人的说法是区域精神、各州利益精神），这种争夺占据主流，其力量超越了整个同盟中的爱国精神；要是有这种精神，整个同盟的共同福祉可以先于各个城市的利益而得到考虑。于是猜忌四起，背叛变节行为屡见不鲜。科隆就使英国对这个同盟的敌视变得对自己有利，汉堡也试图利用丹麦与律贝克之间发生的冲突而对自己有利。

汉萨各城市的商业并不是以商人所属地的生产与消费、农业与

---

① 我们的作者似乎忘记了或者非常不公地忽略了英国在艾克姆斯勋爵率领下的远征。

制造业为基础的；它们在各方面都忽视了对本属地的农业的支持，而它们的商业活动却极大地促进了外国的农业的发展。它们发现，在比利时采购成品比在自己国家建厂生产更方便。它们鼓励并促进了波兰的农业、英国的牧羊业、瑞典的冶铁业和比利时的制造业的发展。数百年来，它们奉行现代理论经济学家推荐并希望各国采用的准则，它们"只在最便宜的市场购买"。但一旦那些它们向其采购原材料或出售产品的国家把它们从其市场中赶出去时，结果不管是自己的农业还是制造业都没有得到充分的发展，也无法利用自己的商业剩余资本，结果这些资本流入了荷兰和英国，增强了它们敌人的工业、财富和力量。这有力地证明，如果让纯私营工业自我发展，并不一定会促进国家的繁荣和国力的增强。这些城市只顾追求物质财富，却完全忽视了促进自己的政治利益。在强盛时期，它们好像完全不属于德意志帝国。这些城市处处受到皇亲国戚的奉承，拥有海上主权，这一切让其国土之上自私傲慢的国民有些飘飘然。假如它们在海上力量强盛时期，能够联合德意志北部各城市，成立一个强有力的下院，与帝国中的贵族势力相抗衡，并利用帝国力量实现国家的统一——把从敦刻尔克到里加的整个沿海地带统一在一个国家之下——借此赢得和保持德国在制造业、商业与海上力量等方面的强大地位，这该有多好啊！但事实上，当治海权旁落他手之后，它们已经没有什么影响力足以让德国议会把它们的商业当做国家大事了；与此相反，德国贵族却不择手段，对这些谦卑的市民大加镇压。它们的内陆城市被逐渐纳入到了不同王侯的绝对控制之下，它们的沿海城市也因而断绝了与内地的联系。

英国避免了所有这些错误，没有重蹈覆辙。英国的商业运输和国外贸易都是建立在国内农业和工业的稳固基础之上的，它的国内贸易与国外贸易成适当比例地发展，个人自由的发展对国家团结或国家权力没有造成任何损害。在这里，皇冠、贵族和人民的利益以最令人满意的方式得到了巩固，实现了联合。

如果这些史实得到了充分考虑，那么人们是否可以这样认为：如果英国人不采取和坚持自己的商业政策，那么他们的制造能力绝对不会得到广泛的提高，不会实现如此广泛的商业活动，也不会获得如此强大的海军力量。我们的回答是：不。关于英国人所以能获得现在的商业优势和力量，并不是由于他们的商业政策，而与这个政策毫无关系的说法，在我们看来是本世纪流行的最为荒谬的论断。

假如英国人对一切放任自流，也就是如古尔奈老人所说的"放手不管，任其自由"，那么可能会出现这样的局面：天秤商人仍在伦敦经商，比利时仍在为英国人织布，英格兰仍是汉萨商人的牧场，就像葡萄牙成了英国的葡萄园以后，由于一个狡诈的外交官的精明机智，直到今日情形依然如故。的确，假如没有商业政策，英国就永远不可能实现当今拥有的高度市政自由与个人自由，因为这种自由是工业与财富的产物。

从这种历史角度来考虑，亚当·斯密怎不尝试从头到尾关注汉萨同盟与英国之间进行的工商业抗衡史呢？然而，亚当·斯密著作中的某些部分清楚地表明，他对于汉萨同盟衰落的前因后果并不是不了解的。"一个商人，"他说："并不一定是某一国的公民，在哪里经商在很大程度上对他来说无关紧要，只要他稍感不快，他就会把他的全部资本连同资本支持着的全部工业，从一个国家转移到另一个国家。只要资本尚未使用，没有像以前那样在一个国家的土地上变成建筑物或长期用于土地改造，那就不能说其中的任何部分的资本属于任何某一国家。据说汉萨大多数城市曾经拥有大量的财富，但除了十三、十四世纪一些模糊不清的历史以外，没有留下任何真凭实据，甚至人们都弄不清楚一些城市究竟位于何处，那些用拉丁文字命名的城市究竟属于哪些欧洲城市。"[①]

亚当·斯密对于汉萨同盟衰落的次要原因洞察深刻，却没有感到它是自己应该探究的主要原因，这是多么奇怪啊！要是只为了这个目的，那就没有必要明确那些衰败城市的旧址，或者模糊不清的编年史中的拉丁文城市名字到底属于哪些城市了，他的同胞安德森、麦克弗森、金和休谟可能会为他提供必要的解释。

一位造诣如此深厚的观察者，怎么会又是什么原因导致他很快放弃了一项结果既有趣又丰富的调查呢？除了这个原因我们看不到

---

① 亚当·斯密：《国富论》，第三卷，第4章。

别的原因,即调查得出的结论可能不会支持他的绝对自由贸易原则。他肯定将面对这个事实,即英国人与汉萨商人的自由贸易往来,使英国农业脱离了野蛮状态,而英国采取的以汉萨商人、比利时人和荷兰人为代价的保护性贸易政策,却帮助英国获得了制造业优势,并在此基础上借助于它的《航海法》,最终获得了商业优势。

看来亚当·斯密不愿知道或承认这些事实,因为这些都属于萨伊所观察到的那类令人不快的事实,它们将被证明与他的体系完全相反。

第3章 荷兰人

从居民特性与风俗、血统与语言，连同它们的政治联系与地理位置方面看，荷兰、法兰德斯和布拉本特都是日耳曼帝国的组成部分。查理曼大帝对这些国家周边地区的频繁造访和经常居住，对这些地区的文明产生了深远影响，其影响程度远远大于对德国偏僻地区的影响。此外，法兰德斯与布拉班特的自然条件得天独厚，特别适宜农业和制造业，就像荷兰特别适宜畜牧业和商业一样。

覆盖面广而条件优越的海运与内河航运业，极大地促进了这些沿海地区国内贸易的发展。即使在早期，这些国家中的水路运输方式就对改善农业和促进城镇发展方面产生了有利影响，并消除了阻碍它们进步和开凿人工运河的不利因素。法兰德斯的统治者先于其他德国统治者认识到了公共安全、良好道路、制造业和城市繁荣的价值，因而促进了法兰德斯的繁荣。得益于该地区得天独厚的地理优势，它全力以赴、不遗余力地剿灭盗贼和野兽。随后，城乡之间商业往来变得活跃，畜牧业尤其是养羊业得到了发展，大麻、亚麻的种植面积扩大了，这一切的到来非常自然；哪里生产的原材料丰富，财产安全和交易安全得到保障，哪里生产这些原材料所需的劳动力与技能很快就会找到。同时，法兰德斯的统治者没有坐失良机，坐等国内羊毛纺织工为他们增辉，因为历史告诉我们，他们不失时机地从国外引进了大批纺织技工。

受到汉萨同盟与荷兰之间相互贸易的支持，如同威尼斯由于工业与航运业的发达而成为南欧的商业中心那样，法兰德斯不久也就因为其毛纺织业的发展而成了北欧的商业中心。商船运输、汉萨同盟与荷兰之间的相互贸易,连同法兰德斯的制造业贸易,构成了一个巨大的整体,一种真正的国家工业。这时法兰德斯制造业优势尚未遇到竞争,因此就其当时情形而言,人们认为并无必要采取商业限制政策。在此情况下,自由贸易可使制造业充分发展,法兰德斯的主政者们懂得这一点,无需拜读亚当·斯密的大作。当英国国王要求罗伯特三世伯爵把苏格兰人从法兰德斯市场驱逐出去的时候,这位伯爵的回答体现了现代流行理论的态度:"法兰德斯一向认为自己是各国的自由市场,背离这个原则与其利益不符。"

法兰德斯是北欧的主要制造业地区,而布鲁日则是北欧的主要市场,这种局面维持了几个世纪,之后,它们的制造业和商业转交到了邻近的布拉班特的手中,因为法兰德斯的统治者再也不愿继续给予它们昌盛时期的优惠条件了。于是,在北欧,安特卫普成了主要商业中心,卢万则成了主要制造城市。由于情况发生了变化,于是布拉班特的农业不久就呈现出了一派繁荣景象。从早期的以实物交税到改用货币交税的这种变化,尤其是对封建制度的限制,对布拉班特极为有利。

与此同时,荷兰人作为汉萨同盟的对手,在统一力量的领导下逐渐出现在了历史舞台上,为他们日后成为海上霸主奠定了基础。大自然无论失意时还是得意时都赋予了荷兰这个小国好处。荷兰人在与海洋侵袭的长期斗争中,造就了他们刻苦耐劳与冒险的精神;对他们来说,经过千辛万苦获得并保护下来的土地是他们极力珍惜和呵护的财富。受自然条件所限,荷兰人只能从事航运业、渔业以及肉类、干酪和奶油的生产,为满足他们对谷类、木材、燃料和衣料等方面的需求,他们被迫从事水上运输贸易以出口乳制品和发展渔业。

这就是为什么汉萨商人后来逐渐被荷兰人从同东北各国的贸易中排挤出去的主要原因。荷兰人需要比汉萨商人进口更多的农产品和木材,后者主要从与其城市毗邻的地区获取这些物品。比利时的制造业区靠近荷兰,附近的莱茵河流域辽阔、土壤肥沃、葡萄园遍布,通航能力极强,可以一直通到瑞士山区,这一切都对荷兰极为有利。

沿海国家的商业与繁荣取决于拥有具有通航能力的河流的大小,可以认为这是一个通则。① 如果我们看看意大利的版图,就会从波河河谷的广阔而富饶土地中找到为什么威尼斯商业大大超过热那亚或比萨的自然原因。荷兰商业的主要来源是莱茵河及其支流灌溉的流域,因为该流域远比易北河及威悉河灌溉的流域土壤肥沃,所以荷兰商业必将超越汉萨各城市。除了上面提到的一些优势外,还应该加上一件幸事——彼特·鲍克尔斯发明了一种最先进的鲱鱼腌制法,这种用最好的捕捞法捕捞出来的鱼外加"鲍克尔"(以发明人的名字命名)的腌鱼法,并不外传,久久地掌握在荷兰人的手中,他们懂得如何用此法腌制质量上乘的鲱鱼,超过了其他从事海洋捕捞的同行,保证了自己的市场占有率和有利价格。② 安德森说,在荷兰发明了这种腌制鱼的方法以后的数百年间,英格兰和苏格兰鱼商在与荷兰人竞争时,虽然享有大量的出口补贴,尽管价格更低,但他们的鲱鱼在外国市场上仍然找不到买主。如果我们还记得在宗教改革前各国对海产品的消费量有多大,那么我们就会被这样一个事实所折服:当汉萨航运业开始衰落之时,荷兰人依然每年建造两千艘新船。

比利时与巴达维亚统一在勃艮第王室的统治之下以后,这些国家在一定程度上从国家统一中获得了巨大利益,我们在探究荷兰同德国北部城市竞争中海上贸易为什么能够取得成功时,必须重视这一情形。在查理五世统治下,荷兰联合王国势力强大,能力超群,只要它真正理解这些力量的本质,懂得如何引导和利用这些力量,那么它就能保证它在陆地上和海上称霸世界,这些势力和能力所能发挥的作用,远比地上的所有金矿和教皇的全部恩惠与优待更加有效。

假如查理五世把西班牙王冠像一个人扔掉一块要把他拽下悬崖的石头那样的话,那么荷兰人民与德国人民的命运将会多么迥然不同啊!作为荷兰联合王国的统治者、日耳曼的皇帝、宗教改革的领

---

① 高品质道路的修建,甚至最近新铺的铁路,实际证实了这个通则。
② 最近有人说,荷兰鲱鱼之所以质量上乘,除了上面提到的与众不同的制作方法外,即用"鲍克尔"法腌制之外,出口时它们还用橡木桶装。

袖，查理五世具备了所有必须具备的物质和精神条件，可以建立最强大的工业和商业帝国，建立史无前例的最强大的军事与海军力量——一个可以把从敦刻尔克到里加的航运业统一在一个旗帜之下的海上力量。

只需一个理念，只需运用一个人的意志，就能使德国达到世界上最富裕、最强大帝国的地位，使它的制造业和商业势力扩大到全球的各个角落，并可能维持几个世纪长盛不衰。

查理五世及其性情乖戾的儿子所推行的政策恰恰与此相反。他们把自己放在了狂妄党派领袖的位置上，把使荷兰*西班牙化*作为他们的主要目标。这个政策的结果已载入史册。荷兰北部的省份，由于各种先天的优越条件使其无比强大，获得了独立；而南部省份的工业、艺术和商业，则毁于执政者之手，只有那些成功地转移到他国的工业、艺术和商业才避免了灭顶之灾。这时，阿姆斯特丹已取代了安特卫普，成为了世界的商业中心。由于布拉班特骚乱，荷兰各城市早就已经吸纳了大批比利时的毛纺工，现已无足够空间接纳全部比利时的难民了，结果他们中的大多数不得不移民到了英国和撒克森。

在荷兰，争取自由的斗争造就了荷兰人的海上英雄精神，对于这种精神而言，什么都不显得很难或太冒险；与此相反，狂热盲信精神衰弱了西班牙人的每一根神经。荷兰主要靠私掠西班牙尤其是劫掠运载财宝的西班牙船队而使自己富有。通过这种方式，它与伊比利亚半岛和比利时进行了大量的非法贸易。葡萄牙与西班牙结盟以后，荷兰占领了葡萄牙在东印度群岛的最重要的殖民地，而且还获得了巴西领土的一部分。到了十七世纪上半叶，荷兰在制造业、拥有殖民地数量和航海业方面超过了英国，正与当今英国在这些方面超过法国一样。但是随着英国革命的爆发，局势发生了巨大变化。在荷兰，自由精神已经演变成了一种公民精神，正像在所有纯粹重商贵族政体统治下的一样，一切一度进展得非常顺利，只要拥有生命和体魄，繁荣昌盛，保持物质优势，那么荷兰人就会向世人展示他们能够成就一番事业。但是，他们没有看到更为深远的政治才能。他们没有意识到，只有建立在强大的民族主义基础之上，得到伟大的民族精神的支持，他们已经获得的霸主地位才能得以维持。另一方面，一些国家的民族精神通过君主政治虽然已经有了长足的发展，但它们的工业和商业却仍然落后，荷兰这样一个小小的国家居然在制造业、商业、渔业和海军力量等方面超越了它们，成了它们的主人，为此它们感到自己受到了奇耻大辱。在英国，除了这种抵触情绪外，还有新生的共和国的勃勃朝气。《航海法》是英国这个正在崛起的新霸主向荷兰这个没落的霸主下的一封挑战书，如果爆发冲突，那么英国民族精神的力量显然要远远大于荷兰，结果也毫无疑问。

英国的例子被法国效仿了。科尔伯特估计，当时海上运输贸易使用的全部两万艘船中，约有一万六千艘属于荷兰人，这一数字与这样一个小国完全不相称。波旁王朝继承西班牙王位后，使得法国的贸易扩展到了伊比利亚半岛（对荷兰极为不利），也同样扩展到了地中外沿岸各国。与此同时，法国对本国制造业、海运业和渔业采取的保护措施，严重地损害了荷兰的工业和商业的利益。

英国从荷兰的手中获得了荷兰同北欧各国贸易的大部分，获得了与西班牙本国及其殖民地进行的非法贸易，获得了同东、西印度群岛贸易的大部分及其渔业。但对它最严重的打击却是由1703年通过的《麦修恩条约》造成的。从此以后，荷兰对葡萄牙、葡萄牙殖民地以及东印度群岛的贸易受到了致命的打击。

当荷兰开始失去大部分国外贸易的时候，以前汉萨城市及威尼斯曾经经历的同样结果发生了：这时，在荷兰已无用武之地的物质和精神资本，以移民或贷款的形式转移到了其他国家，这些国家从荷兰手里获取了荷兰昔日曾经一度拥有的崇高地位。

假如荷兰当初能与比利时、莱茵河流域地区和德国北部地区结盟，共同组成一个领土完整的国家，那么英法两国就难以凭借战争和商业政策，如此轻而易举地削弱它的海军力量，削弱它的国外贸易和国内工业的能力。这样一个国家可以建立起自己的商业制度，然后同其他国家的商业制度进行竞争。即使由于其他国家制造业的发展而使自己的制造业遭受损失，那么它自己的国内资源，借助于在海外拓展殖民地，也完全有可能充分地弥补它由此造成的损失。荷兰的衰败是因为它这样一片狭长的海岸地带，仅仅居住着少数日耳曼渔民、海员、商人和制酪者，但却居然不自量力，妄图把自己建成一个强国，同时把自己身后的内陆地区（它其实只是其中的一部分）看做是国外领土，并在实际行动中表现了出来。

　　荷兰这个例子如同比利时、汉萨城市、意大利各共和国的例子一样告诫我们，如果它所处的公共环境不利，如果个人的大部分生产能力是从政体的政治制度和国家力量中获得的话，那么纯粹的私营工业不足以维持整个地区乃至整个国家的商业、工业和财富。比利时的农业产业在奥地利统治时期再度实现了繁荣。当它与法国联合后，它的制造业恢复到了以前发达程度时的水平。在同大国的竞争中，荷兰单凭自己的实力永远不能建立和维持独立的商业制度，但是，通过（1815年）大和平之后同比利时结盟，它的国内资源、人口和领土就有了很大的增长和扩张，使它进入了大国之列，并且拥有了各种各样的巨大的生产力量。我们看到荷兰也建立了保护制度，在这个制度的影响下，农业、制造业和商业都取得了长足的进步。这个联盟现已解体（解体的原因已超出了本书的研究范围），荷兰的保护制度因而也失去了赖以存在的基础；而在比利时，这样的基础依然得以保留。

　　荷兰的殖民地和对德运输贸易使它得以继续存在，但是以后的一场大规模海战，使它轻而易举地失去了它的殖民地。德国关税同盟越是认清自己的利益之所在，以及越是要行使自己的权力，那就会越来越清楚地认识到把荷兰纳入关税同盟的必要性。

第4章 英国人

在描述汉萨同盟时，我们曾经说明外国贸易是如何促进了英国的农业和养羊业的发展，以及在随后的一个时期内，英国政府是如何通过接收那些逃避本国迫害的外国技工，外加培育性的措施和手段，使英国的羊毛业逐渐实现繁荣的；还有作为制造业不断进步以及伊丽莎白女王采取英明和强力措施的直接结果，英国是如何把以前被外国人垄断的全部国外贸易顺利地转入本国商人之手的。

上述第2章谈到了英国国民经济的发展，在继续本意的讨论之前，让我们试着先简单评论一下英国工业的起源。

英国工业和商业强盛的来源和起源，必须要追溯到养羊业和毛纺织业的发展。

在汉萨商人初次出现在英国土地上之前，英国农业落后，技能低下，它的养羊业可有可无，无关紧要。由于冬季牲畜饲料短缺，结果一到秋季大量牲畜就遭到捕杀，导致牲畜存栏数和肥料严重不足。如同在所有未开化的土地上一样——如从前的德国和直到现在仍未开发的美国——养猪业是肉类的主要供应源，原因显而易见，猪无需照料，可以自己寻食，可以在荒地上和山林中觅得丰富的食物，只需保存适当数量的怀孕母猪越冬，次年春季一定会产下数量可观的猪仔。

但是随着国外贸易的增长，养猪业逐渐萎缩了，而养羊业却占了较大的比重，且农业和养牛业也迅猛发展。

休谟在其《英国史》① 中对十四世纪初叶的英国农业条件进行了一番有趣的描述:

"1327年,斯宾塞勋爵对他的六十三处地产进行了统计,共有两万八千只羊、一千头公牛、一千二百头母牛、五百六十匹马和两千头猪,每处地产平均饲养着四百五十只羊、三十五头牛、九匹马和三十二头猪。"

从这番陈述中我们可以观察到,即使在早期,英国羊的数量就远远超过了其他全部家畜的总和。当欧洲大陆各国的贵族们尚不知晓如何更好地利用他们的大部分土地,而只是用于放养成群的麋鹿的时候,当他们还不懂得还有什么更体面的职业,而只是采取种种敌对行为骚扰周边的城镇和它们的商业活动的时候,英国贵族已经从养羊业中获得了巨大好处,即使在早期,他们对工业以及改进农业生产方面均产生了浓厚的兴趣。

那时,如同匈牙利最近的情形一样,羊的数量急速增加,以至于许多地产以拥有一万只到两万四千只羊而加以炫耀。在这种情况下,发展势头必将这样:在伊丽莎白女王采取措施的保护下,在以前英国国王统治时期就已经取得巨大进步的毛织业应该迅速达到非常高的繁荣程度。②

我们在第2章中曾提及,在汉萨同盟提交给德国议会请求采取报复措施的请愿书中,它们估计英国每年的布匹出口达二十万匹。而在詹姆士一世时代,英国布匹出口总值已高达两百万镑,但是在1354年,羊毛出口总值只有二十万七千镑,而所有其他商品的出口量还不到一万六千四百镑。回到刚刚提到的那个君主时代,大量英国生产的织品,通常经过简单加工后先出口比利时,再在那里染色加工;由于詹姆士一世和查理一世采取了保护和鼓励措施,英国纺织品的加工工艺得到了改善,从此以后,几乎不再进口国外精纺织

---

① 休谟:《英国史》,第二卷,第143页。
② 毫无疑问,禁止羊毛出口,且不用说对沿海羊毛市场采取的限制措施,是令人烦恼的和不公平的。是的,这些措施的采取促进了英国工业,却抑制了弗来明的工业。

品,仅仅出口染过色的和精加工的织品。

为全面正确评价英国商业政策结果的重要性,必须这样观察,在现代麻布、棉布、丝绸和冶铁业获得大力发展以前,纺织品是英国同欧洲各国尤其是同北欧各国、地中海东部沿岸各国以及东、西印度群岛贸易中最主要的交换物。当时的情形究竟到了什么程度,我们可以从一个毋庸置疑的事实中推断出来,在詹姆士一世时代,英国毛织品出口量占到英国出口总额的十分之九。①

纺织业的发展使英国将汉萨同盟逐出了俄罗斯、瑞典、挪威和丹麦市场,使它自己成了同地中海东部沿岸各国以及同东、西印度群岛之间贸易中的最大的受益者。正是这一工业促进了采煤业的发展,进而全面地促进了沿海贸易和渔业的发展,这二者是海军力量的基础,它们的发展使得著名的《航海法》得以通过成为可能,最终真正奠定了英国海上优势的基础。正是围绕着羊毛工业,英国的其他制造业才得以成长,就像围绕着一个基本主干一样。所以说,羊毛业是英国工业、商业和海军力量强大的基础。

与此同时,英国其他制造业一点也没有被忽视。

早在伊丽莎白统治时期,英国就已经全面禁止进口金属制品、皮革制品以及许多其他制成品,大力鼓励德国矿工与金属行业的工人移民到英国。从前,英国所用的船只不是从汉萨商人那里购买,就是在波罗的海口岸定做,但现在它一方面通过限制,另一方面通过鼓励,千方百计地促进了国内造船业的发展。

英国从波罗的海的口岸采购造船所需的木材,这样,英国向这些地区的出口贸易又得到了巨大的推动。

捕鲱鱼术是从荷兰人那里学得的,捕鲸鱼术是从比斯开湾沿岸一带的居民那里学到的,现在,奖赏政策激励了这两种渔业的发展。詹姆士一世尤其对造船业和渔业有强烈的兴趣,他不断地劝告臣民多吃鱼,尽管我们可能对此举一笑置之,但是我们必须这样说才算对他公正,他清楚地意识到了英国将来的强大依靠的是什么。此外,被腓力二世和路易十四从比利时和法国驱赶出来的新教徒技工大量

---

① 休谟(1603年);马克福赫森:《商业史》(1651年)。

移民到了英国，极大地提高了英国的工业技术水平，增加了制造业的资本。英国精纺毛织品业，还有帽子、麻布、玻璃、纸张、丝绸、钟表以及一些金属加工业等制作工艺的改进，靠的全是这些人。英国懂得如何通过禁止输入和高关税手段来促进这些工业的发展。

这个岛国从欧洲大陆各国借来了特有工业的技术，在关税制度的保护下，把这些技术根植于英国的土壤中。威尼斯不得不把玻璃制造工艺（从许多奢侈品贸易中）让了出来，同时，波斯也不得不放弃了地毯纺织与染色工艺。

一旦拥有了某个工业，英国就对其加倍呵护并高度重视，连续几个世纪持之以恒，就像对待一棵需要呵护的小树那样对待这种工业。任何一种工业，只要依靠勤勉、技能和节俭，就必将按时获利。这就是说，在任何一个早已取得农业和文明进步的国家，通过对年轻的制造业加以适当的保护，不论发展之初产品是如何地不完善、价格有多高，但通过实践、经验和国内竞争，就能很快地在各个方面赶上外国竞争对手的老产品。不论是谁，如果还不了解某种工业的成功依赖于其他工业的成功，或者还不了解一个国家的生产力的发展依赖于国家的高度重视，以及后人应该继续前人留下的发展工业的足迹并代代相传；如果谁还这样无知，那么在他大胆构筑自己的理论体系，或者在他斗胆向手握国家生死大权、肩负振兴国家重任的执政者进言献策之前，先请他拜读一下英国工业史吧！

在乔治一世统治时期，英国的政治家们早就认清了国家赖以强大的根据之所在。1721年英国议会开幕时，这位国王受内阁委托这样说："很明显，出口制成品和进口外国原材料，对提高公共福利贡献最大。"①

这是英国几个世纪商业政策的主导原则，如同以前曾经是威尼斯共和国商业政策的主导原则那样，它在今天（1841年）如同在伊

---

① 参见尤斯塔利兹的《商业理论》，第18章。因此我们可以看出，乔治一世并不只想出口商品和仅仅进口硬币，这被认为是所谓的"重商制度"的基本原则，这在任何情况下都是荒谬的。他所期望的是出口制成品和进口原材料。

丽莎白时代那样同样有效,其所产生的效果展现在世人眼前。理论家始终坚持这样的看法,即认为英国获得的财富以及实力的强大,靠的不是它的商业政策,其实即使没有这样的政策,结果也会如此。他们也许会这样说,树木已经长大成材,枝繁叶茂,硕果累累,这一切依靠的不是它们刚刚被栽下时支撑它们的那些棍棒和篱笆,*即使没有这些*,结果也会同样如此。

英国历史并非没有提供关于一个国家的一般政治政策与政治经济学之间存在的密切关系的结论性证据。很显然,英国制造业的兴起和发展,促进了人口增长,扩大了对咸鱼与煤的需求,从而极大地带动了用于渔业与沿海贸易的商船业务的发展。以前,渔业与沿海贸易牢牢地控制在了荷兰人的手中。现在,在高关税和津贴制度的激励下,英国人致力于发展渔业贸易,通过《航海法》,不但可以确保英国海员得到海上运煤业务,而且还可以保证他们控制所有海上的运输贸易。英国商船的增多,相应地增强了海军力量,使英国具备了向荷兰舰队发起挑战的能力。《航海法》通过后不久,英国和荷兰之间就爆发了一场海战,使荷兰人同英吉利海峡以外地区的各国贸易都遭受重创,几乎陷入了停滞状态。荷兰在北海与波罗的海的航运业几乎被英国全部霸占,休谟估计因此而落入英国舰队之手的荷兰船只达一千六百艘。达夫南特在其《公共收入报告》中使我们确信,在英国《航海法》通过后的二十八年间,英国的航运贸易比以前翻了一番。①

在《航海法》最为重要的结果中,以下这些特别值得一提:

第一,英国同所有北欧国家、德国和比利时的贸易(出口制成品,进口原材料)扩大了,根据安德森的描述,在1603年以前,英国几乎完全被荷兰人排除在了同这些国家的贸易之外。

第二,广泛扩大了同西班牙与葡萄牙以及其西印度群岛殖民地之间的非法贸易。

第三,英国的鲱鱼和鲸鱼捕捞业进步巨大,这在以前几乎全被荷兰人垄断。

---

① 休谟,第五卷,第39页。

第四，征服了在西印度群岛中最为重要的殖民地——牙买加（1655年），据此控制了西印度群岛的糖业贸易。

第五，与葡萄牙签署《麦修恩条约》（1703年），我们已经在本书讨论西班牙与葡萄牙的章节中进行了全面阐述。该条约把荷兰和德国从同葡萄牙及其殖民地之间的重要贸易中彻底排挤了出去：葡萄牙在政治上完全依赖英国，而英国则通过它同葡萄牙贸易中获得的金银，取得了同中国与东印度群岛大规模扩大其贸易往来的手段，从而为建立强大的印度帝国打下了基础，并把荷兰从最重要的贸易基地中撵了出去。

最后列举的两个结果彼此之间关系密切，英国图谋把这两个国家——葡萄牙和印度——当做使自己不断强大的工具，其间所用的技巧特别值得注意。西班牙和葡萄牙除了贵金属以外，基本上再也没有其他东西了，而东方的需要，除布料外，主要需要贵金属。但是，东方国家在交易过程中主要提供的制成品只有棉织品和丝织品，这不符合我们前面提到的英国政府的原则，即出口制成品和进口原材料。在这种情况下，英国会采取什么行动呢？它会满足于从同葡萄牙进行的棉织品贸易中，以及从同印度进行的棉织品和丝织品贸易中获利吗？绝对不会。英国的执政者们看得比这还远。

假如他们批准印度的棉织品和丝织品自由进入到英国，那么英国的棉织业和丝织业必定很快就会陷入停顿。印度不但有廉价的劳动力与便宜的原材料等优势，而且还有数百年的经验、技能和实践，在自由竞争制度下，这些优势条件必将产生积极的影响。

但英国并不情愿为了在亚洲立足而使自己的制造业屈从于亚洲，它的努力目标是商业优势，认为在相互之间存在自由贸易关系的两个国家中，出售制成品的一国占有优势，而只能出售农产品的另一国处于劣势。英国早已在北美殖民地贯彻了这些原则，它甚至不允许这些殖民地打造一颗马掌钉，更有甚者，不允许那里打造的马掌钉出口到英国。这样一个国家，怎么会指望它放弃自己未来赖以强大的基础——制成品市场，而拱手相让给像印度这样一个人口众多、朴实勤劳、其古老的制造体系经验丰富而几近完美的民族呢？

因此，英国禁止进口自己工厂经营的商品：印度的棉织品与丝织品。① 这一禁令是绝对的和强制的。一根线英国也不允许用。它一根也不用这些物美价廉的织物，而更愿消费自己的那些质次价高的纺织品。然而，它却非常乐于用印度低廉的精美织物供应大陆各国，情愿把全部廉价利润让给它们，而它自己则分文不取。

英国的行为是不是痴人之举？要是根据亚当·斯密和萨伊的"价值理论"判断，确实如此。因为根据他们的理论，英国理应从那些它能买到价廉物美的地方购买必需品。用高成本为自己制造那些可从其他地方买得到的商品，同时把好处让给大陆各国，简直是犯傻。

按照我们的理论，情形则恰恰与此相反。我们称这个理论为"生产能力理论"，英国执政者在未对该理论基础进行认真分析的情况下，在贯彻*进口产品和出口织物*原则的实践中就采用了该理论。

英国执政者不在乎获取便宜不耐用的制成品，而在乎获取昂贵但却经久耐用的*制造能力*。

他们如愿以偿，实现了这个目标。今天，英国能生产价值七千万英镑的棉织品和丝织品，② 用本国制成品供应所有欧洲国家和整个世界，包括印度在内。其国内产量价值超过了它以前同印度制成品贸易价值的五十到一百倍。

假如一个世纪以来它一直购买印度生产的廉价制成品，那么它会有何收获呢？

那些购买了它的廉价商品的国家又得到了什么呢？英国获得了力量，难以估量的力量，而其他国家却适得其反。

面对这些确凿证据、经历史证实的结果，亚当·斯密对《航海法》的评价却如此歪曲事实，这只能用一个原则加以评价，关于这一点我们将在另一章里运用同一个原则，对这位知名学者关于商业限制的荒谬结论进行解释。这些事实有悖于他关于非限制自由贸易的得意见解。因此，对他而言，有必要通过把《航海法》的效果分成政治目的和经济目的，消除有可能产生的违背其原则的反对意见。

---

① 安德森，1721年。
② 安德森，1721年。

他坚持说,尽管《航海法》在政治上很有必要也极为有利,但在经济上却非常不利并贻害无穷。事情的本质和经验都难以证明这样的划分的合理性,我们将在本专著中解释清楚。

萨伊,尽管美国经验也许使他加深了认识,但是他也是这样,一旦自由贸易与保护贸易原则相抵触的情况出现了,那么他比他的前辈的表现还过分。他计算了法国渔业津贴给每个海员造成的负担,以此证明这些津贴是多么浪费和多么无利可图。

限制航海的目的是横亘在非限制自由贸易拥护者眼前的一块巨大的绊脚石,尤其是如果这些人是口岸城市商业社会的成员,那么他们只想悄悄地绕过去。

事情的真相是这样的。航海限制和其他各种贸易限制一样,受同一规律的制约。只要国家的农业与制造业欠发达,在文明发展初期阶段,航海自由与外国人经营的运输贸易就总是有用的并总是受到欢迎的。但是,由于这些国家缺乏资金,经验丰富的海员短缺,它们情愿把海运业与国外贸易拱手让与他国。但是,一旦后来生产能力发展到了一定程度,并掌握了造船与航海技术,那它们就希望扩大国外贸易,并用自己的商船从事外贸,使自己成为一个海军强国。待它们自己的商船逐渐发展到一定规模以后,它们感到自己已经底气十足,就具备了排挤外国人和利用自己的船只同遥远的地区进行贸易的条件了。当一个国家借助航海限制,能够成功地把那些比它们更富有、更有经验和更强大的外国人排挤出去,并且不让它们参与分享这类业务带来的好处的时候,机会就来临了。当海运与海上力量达到巅峰时,一个新时代即将开始,这是毫无疑问的。这就是普里斯特利博士在写下面这句话时心目中想象的进步阶段:"当取消这个条例和制定这个条例都是明智之举时,机会可能就会到来。"①

以后的发展情形将是这样的,即借助于建立在权利平等基础上的航海条约,一个国家一方面无疑可以确保自己相对于文明落后的国家的优势,使这些国家因而无法为自身考虑采取航海限制措施;

---

① 普里斯特利:《历史及总政策报告》,第二部分,第289页。

另一方面，同时可以防止自己的航海从业人员数量下降，激发他们在造船业与航海术上与别的国家努力保持同步。威尼斯在争取优势的斗争中，在很大程度上应归功于航海限制的措施，但是一旦已经在贸易、制造业和海运业上取得了优势地位并达到了目的，如果还一味地坚持该措施就是愚蠢之举。因为如果继续实行航海限制的措施，那么它将在同那些沿着它的足迹不断前进的从事海运和商业活动的国家的竞争中，在造船、航海以及海员素质等方面会被远远地抛在后面。因此，英国凭借它的政策，增强了海军力量，进而扩大了制造业和商业力量的范围，并且还是凭借海军的力量，它又为海上力量增添了新鲜的血液，拥有了更多的殖民地。当亚当·斯密认为《航海法》不利于英国的商业时，却承认这个条例无论如何还是增强了英国的力量。力量比财富更重要，事实的确如此。但这是为什么呢？这是因为国家力量是一种动力，可以开辟新的生产资源，并且因为生产力量是生产财富的树木，而硕果累累的树木比果实本身价值更高，是因为一个国家借助力量，能够继续拥有力量并获得新的财富，是因为力量的反面——软弱无力——导致我们让出我们所拥有的一切，不但让出我们现有的财富，而且还要让出我们的生产力量、文明、自由，不仅如此，甚至还要把我们的国家独立拱手相让给那些力量比我们强大的国家，意大利共和国、汉萨同盟、比利时、荷兰、西班牙、葡萄牙的历史已经充分证明了这一切。

  政治力量、生产力量与财富之间具有相互作用与反作用，但亚当·斯密却置这个规律于不顾就斗胆断言，说什么从商业观点看，《麦修恩条约》与《航海法》对英国毫无益处，怎么会这样呢？我们已经展示了英国是如何凭借实施政策获得了力量，如何凭借它的政治力量获得了生产力量，又如何凭借它的生产力量最终获得了财富。现在让我们深入一步看看，该政策的结果是，力量增强了力量，生产力量加强了生产力量，不断发展壮大。

  英国握有打开每个海洋的钥匙，在各个国家安置了岗哨：在德国是荷里格兰岛；在法国是格恩西岛和泽西岛；在北美洲是新斯科舍半岛；在中美洲是牙买加岛；在沿地中海沿岸各国是直布罗陀、马耳他和爱奥尼亚群岛。它占据了两条通往印度航线沿途的每一个战略要地，除了它一直在争取获得的苏伊士运河；它用直布罗陀控制地中海，用亚丁控制红海，用布什尔和卡拉克控制波斯湾。要想随心所欲地打开或关闭世界上任何一个海洋上的任何一条海上航线，它只需要再把达达尼尔海峡和桑德海峡、苏伊士运河和巴拿马运河搞到手就万事大吉了。它一国的海军力量就超过了所有其他国家海军力量的总和，即使在船舶数量方面不是这样，但在战斗力方面却是如此。

就其重要性而言，英国的制造能力超过了所有的其他国家。虽然它的毛纺织品产量从詹姆士一世到现在已经增加了十倍多（达到了四千四百五十万镑），但是我们发现这一工业的另一个分支，即上世纪刚刚建立起来的棉纺织业，产值竟高达五千二百五十万镑。①

英国不满足于业已取得的成就，因为同其他国家相比，它的麻纺织业长期处于落后状态，所以它正努力地振兴麻纺业，力争取得与上述两种纺织业同样甚至可能更高的地位，它现有的产值是一千五百五十万镑。在十四世纪，英国非常缺铁，因此它认为有必要禁止出口这种不可或缺的金属，但是在当今的十九世纪，它所产的钢铁制品超过了地球上所有的其他国家（价值三千一百万镑）。同时，它出产的煤与其他矿物质的产值达三千四百万镑。这两项的产值超过了所有其他国家金银总产值的七倍以上，后者的产值约为两亿两千万法郎，或九百万英镑。

现在它生产的丝织品产值超过了所有意大利共和国中世纪时期的产值的总和，达一千三百五十万镑。那些在亨利八世与伊丽莎白时代几乎谈不上什么的工业，现在也已有了长足的进步和发展，例如，玻璃、瓷器与粗陶器产业，产值达一千一百万镑；铜与黄铜产业，产值达四百五十万镑；纸张、书籍、颜料与家具产业，产值达一千四百万镑。

---

① 这些和随后的统计数字摘自英国著名统计学家麦克奎恩写的一篇文章，发表在1839年的《爱丁堡杂志》7月号上。这些数字当时可能有些夸大，但即使如此，提到的这些数字也极有可能在最近的十年中得以实现。

还有，英国生产一千六百万镑的皮革制品，不计其数的其他杂品产值为一千万镑。单单啤酒与蒸馏酒制造业，其产值就达四千七百万镑，大大超过了詹姆士一世时期的全国总产量。

据估算，目前联合王国的生产总值达两亿五千九百五十万镑。

由于也正是主要由于庞大的制造业的发展强化了农业的生产能力，使农业总产值超过了这一数字的一倍以上（达到了五亿三千九百万镑）。

的确，英国力量和生产能力的增强，不能全部归功于商业限制政策、《航海法》和商业条约，而在很大程度上应归功于它对科学和艺术的掌握。

但是，今天一百万的英国技工，怎么能完成成千上万人的工作量呢？这来自于人们对英国制成品的巨大需求，它懂得如何运用明智有利的政策，懂得在国外尤其是在它的殖民地扩大这种需求；来自于对本国工业明智和有力的保护；来自于按照《专利法》对每一项新发明的奖励；也来自于岛内由公路、运河及铁路构成的极为便利的交通设施。

英国已经向全世界表明，便利的交通产生的效果，在增强一个国家的生产能力进而增进财富、人口与政治力量方面，发挥了有力的作用。它向我们表明，一个自由、勤奋和治理有序的国家，在短短的半个世纪内，即使处于对外战争状态，也在这方面可以有所作为。意大利各共和国以前在这些方面取得的一些的所谓的成就，不过只是儿戏而已。据估计，英国用于国家生产能力方面巨大设施的支出就高达一亿一千八百万镑。

然而，英国是在它的生产能力开始增强时才着手这些工作的。从那时起，对所有观察者而言，一切都变得一清二楚：只有制造业能力有了大规模发展的国家，才能完成这样的工作；只有在国内制造业与农业资源有了同步发展的国家，才能有能力承担起这些昂贵的商业设备；也只有在这样的国家，这些设备才能充分得到施展，实现如期目的。

必须承认，英国巨大的生产能力和庞大财富，并非仅仅是因为国家力量的强大以及个人私利的驱动，而是因为它的人民生来爱好自由与公正，他们的活力、宗教和道德品质发挥了作用，国家的宪法、政体、政府与统治阶级的智慧和力量发挥了作用，国家的地理位置、国家的运气甚至好运，同样也发挥了作用。

很难说是物质力量对精神力量产生了较大影响，还是在它们的相互影响过程中精神力量超越了物质力量；也很难说是社会力量更加有力地作用于个人力量，还是后者更加强有力地作用于前者。但是，有一点是确信无疑的，即两者之间存在着作用与反作用的相互关系，一组力量的增长同时促进另一组力量的增长，甚至一组力量的削弱也会殃及到另一组。

有些人想从盎格鲁-撒克逊与诺尔曼血统的混合中寻找英国崛起和进步的根本原因，但他们应当先看一眼这个国家在爱德华三世统治之前的情形。那时国家的勤勉和节俭的好习惯到哪里去了？还有一些人希望从人民享有的宪政自由中寻找根本原因，要是他们考虑到亨利八世与伊丽莎白是如何对待他们的议会的，那就明白该怎么做才好了。都铎王朝统治时期，英国的宪政自由存在于何处？而在那时，德国和意大利各个城市却比英国享有更多的个人自由。

在自由的宝库中只有一件宝物被盎格鲁-撒克逊-诺尔曼民族先于日耳曼血统的其他民族保留了下来，那就是产生了英国一切自由公正理念的基因——陪审团审判权。

当那部罗马《学说汇纂》在意大利重见天日之时，当那个出土文物（在它们的时代无疑是伟大的和充满智慧的）在欧洲大陆传播有害学说之时，我们发现英国统治者宣布，他们拒绝考虑对本国法律进行丁点儿的修改。他们没有给后代留下遗毒，这是多么明智啊！相应地，这种明智的行为将对物质生产力量产生多么深远的影响啊！

英国很早就在社会与文学领域、在政府部门与法院放弃使用拉丁语，这对国家的发展尤其是对于立法、司法、文学与工业的影响多么巨大呀！德国长期保留着拉丁文和那些外国法典，对德国的影响如何，又对现在的匈牙利产生了什么影响？火药的发明、印刷术、宗教改革以及通往印度的新航线与美洲的新发现，对英国自由、英国文明与英国工业的发展产生了什么影响？比较一下这些效果对德国和对法国产生的影响：在德国，整个德国帝国、各区之间甚至在各城市内部都充满不和，政见分歧，令人苦不堪言；文学、国家行政管理与司法处于野蛮状态；内战、迫害、流亡国外、外来入侵、人口减少、土地荒芜；城市废弃，工业、农业和贸易自由制度和公民制度衰落；贵族至高无上；皇室权力与民族精神衰退；最富裕的省份脱离帝国。在法国，为了专制政治的利益而镇压城市贵族；同宗教势力联合，反对知识自由，但与此同时，也反对国家统一和国家力量；得失兼有，但不利的是，自由和工业的退步。而在英国，城市崛起，工业、农业和商业不断进步；贵族服从本国法律，参与立法、国家行政管理与司法工作，同时也分享工业带来的利益；国内资源与国外政治力量得到发展；国内和平；影响所有欠发达社会；限制国王权力，但在皇室收入、在显赫地位与稳定等方面有保障。总之，国内呈现的是高度幸福、高度文明和高度自由，对国外则是压倒一切的势力。

但是谁能说清楚这些骄人的成就有多少应归因于英国的国民精神与政体，有多少应归因于英国所处的地理位置和过去的情形，或者说有多少应归因于机遇、命运和运气？

假设让查理五世与亨利八世调换一下位置，并且由于一项可耻的离婚案的审判，可以想象得到（读者会明白为什么我们说"想象得到"），德国和荷兰可能会发展到今天英国和西班牙的水平。假设把与腓力二世联姻的那个弱女子放在伊丽莎白的位置上，那么大不列颠的力量、文明、自由将面临什么样的结果？

如果国民特性的力量可以独自决定这场伟大革命的成败，那么获得革命最大好处的岂不应该是爆发革命的那个国家即德国吗？不是这样，恰恰是德国这个国家，在这场走向进步的运动中，除了软弱无能外其他一无所获。

在欧洲各国中，英国对贵族制度的安排最为得体，这样可以保证贵族在同国王、同平民百姓的关系中能够享有个人的独立、尊严和稳定；给予他们议会培训和议会席位；把他们的活力导向爱国与国家一致的目标；引导他们把平民中的优秀分子吸引到自己的队伍中来，把每一个不论是通过精神天赋、额外财富还是伟大成就赢得声望的平民都纳入到他们的那个阶层；另一方面，让多余的贵族后裔回到平民中去，从而促成了以后的贵族与平民的融合。通过这样的精心安排，贵族可以源源不断地从平民那里汲取新鲜的市民活力与爱国力量、科学知识与物质资源，同时贵族又把自己的一些特有的文化及独立精神归还于人民，让他们自己的后代自食其力，积极鼓励平民不断努力。就英国勋爵制度而言，不论有多少子孙后代，在同一时期只能有一人拥有爵位，而家族中的其他成员都是平民，他们通过学习专业知识，或服务于社会，或靠经商、从事工业和农业活动而谋生。曾经有一个故事是这样讲的，有一位英国公爵打算邀请家族中的所有有血缘关系的人参加宴会，但是他最终不得不放弃这个计划，因为同姓的人已不计其数，尽管他的家族仅仅在几个世纪前才开始起家。关于这方面，要写整整一部书才能充分说明这种制度对进取精神、对殖民地的开拓、对力量与自由尤其是对这个国家生产能力所产生的影响。①

　　英国的地理位置同样对国家的独立发展产生了深远影响。英国相对于欧洲大陆国家，始终自成一个独立的世界，它一直没有受到大陆邻国的敌对、偏见、自私、感情和灾祸的消极影响。这种独立状态有利于英国的政治制度，使其能够独立地完全发展；有利于宗教改革不受任何阻挠，得以顺利进行；有利于教会财产顺利地实现世俗化，事实证明，世俗化对各种工业发展都非常有益。正是由于这一原因，使它能够维持长期和平，除了内战时期以外，它享受的和平时期长达数个世纪之久，这使它节省了大量常规军，为它早日实行统一海关制度提供了便利。

　　由于岛国的位置，英国不但得以免受争夺领土战争之苦，而且还可以使它的制造业霸主地位从大陆战争中获取巨大的利益。大陆战争和领土遭到破坏，使战区的制造业受到了重创，其直接的作用是，战争妨碍了农民的正常耕作，毁坏了农作物，剥夺了耕作者赖以购买制成品并为制造商生产原材料和食物的手段；其间接作用是，

---

① 作出这番评价的作者才华横溢，他的去世令人悲痛不已。在此之前，他在其《哲学书简》一书中在这方面严厉训斥了本国的贵族，贵族们将把这些训斥牢记在心。

工厂常常遭到破坏或者毁坏,阻碍了原材料品的进口和制成品的出口,并且工厂主在不得不负担额外关税和沉重赋税的同时,获得资本和劳动力也成了一件伤脑筋的事;最后,即使战后,战争造成的有害影响仍将继续延续,因为资本和个人努力都被吸引到了农业之中而离开了制造业,这给制造业造成的损害恰如战争给农民和他们的农作物造成的损害一样,不过农业倒是为资本和劳动力提供了一个新的用武之地,它比制造业能够提供的更直接、更为有利。这种情况在德国每百年发生两次,导致德国的制造业严重衰退,而英国的制造业却未受任何干扰,并且在不断进步。无论英国何时派遣军舰和军队或提供补贴,或两者兼用,积极参加海外战争,英国的制造商都可以从中得到两三倍的好处,与大陆竞争者的遭遇完全相反。

我们不能同意为非生产性支出即战争经费与维持庞大军队的支出进行辩护的辩护者的看法,也不能赞同坚持公债具有积极有利的一面的主张;但是我们也不认为主流学派的观点是正确的,该学派认为所有非直接再生产性消费——例如战争消费——绝对有害。军队装备、战争以及为这些目的所欠下的债务,就如英国的例子所告诉我们的,在某种情况下可能非常有利于一个国家生产能力的增长。严格地说,物质财富可能用于非生产性消费,但这种消费却可以刺激制造商加倍努力,争取不断有新的发现和生产技术方面的改进,尤其是生产能力的增长。这种生产能力将成为永久所得,它将不断增加,而战争开支总共只发生一次。① 因而可能有人会说,在像英国那样的有利条件下,一个国家从那些理论家认为非生产性支出中的

---

① 就像现在我们所看到的那样,英国的外债不会如此巨大进而成为邪恶的东西,只要贵族统治者承认这类负担应该由战争费用的受益者即富人承担就行。麦克奎恩预计,三个王朝统治时期的财产资本价值达四十亿英镑,马丁估计英国在殖民地的资本投资约合二十六亿英镑。因此我们可以看出,英国只要用九分之一的私人财产就足以支付全部的国债了,没有什么能够比用来源于收入的税收的财政拨款来支付国债利息更适合的了。然而,英国贵族们却认为,用征收来的商品消费税更便于支付这种费用,但消费税的存在加重了工人阶级的痛苦,超出了他们的忍耐限度。

所得，远远大于所失。英国的情况确实如此，可用数字说明。因为在战争期间，这个国家单从棉纺业中获得的生产能力每年产生的回报价值，就远远大于其用于支付庞大国债的利息，更不用提所有其他工业方面获得的巨大发展和殖民地财富的增加。

在欧洲大陆战争期间，当英国在欧洲大陆维持驻军或提供补贴时，英国制造业获得的好处最为明显。这些方面的所有开销都是用英国制成品支付的，英国把这些制成品运送到战区，摧毁了那些遭受战争重创的外国制造业，为英国制造业永久占据国外市场立下了汗马功劳。这种做法恰如实行出口补贴，对英国人有利，对外国制造商则有害。①

通过这种方式，大陆各国工业在与英国为友时遭受的损失，远远大于与英国为敌时的损失。为支持这个说法，我们只需要提一下**七年战争**和同法兰西共和国的战争就可以了。

尽管前面提到的一些好处已经很多，但是就影响力而言，英国从被它的政治、宗教和地理条件吸引过来的移民身上获得的好处，已经远远超过了这一切。

早在十二世纪时，政治因素诱使法兰德斯羊毛织工移居到了威尔士。没过几个世纪，那些被放逐的意大利人来到伦敦从事货币兑换业务和银行业。我们曾在第2章里提到，在不同时期，大批制造商从法兰德斯和布拉班特涌入英国。从西班牙和葡萄牙来的是受迫害的犹太人，从汉萨各城市和没落的威尼斯来的是商人，他们随身带来了他们的船舶、商业知识、资本以及他们的进取精神。还有更加重要的是，由于西班牙、葡萄牙、法国、比利时、德国和意大利的宗教改革与宗教迫害，大量资本和制造商流入了英国，并且，由于受《航海法》和《麦修恩条约》的影响，荷兰商业和工业停滞不前，导致许多商人和制造商移民到了英国。只要英国拥有自由特权、避难权、国内安定和平、法律保护以及普遍幸福，则每次政治运动和大陆上的每次战争，都能为英国带来许多新的资本和人才。近期的法国大革命和这个帝国发动的多次战争的作用均如此，西班牙、

---

① 见附录一。

墨西哥、南美洲的政治暴动、革命的与反动的运动和战争的作用也是如此。英国凭借其《专利法》长期以来垄断着每个国家的发明天才。英国工业的发展与进步已经达到顶峰，如果这时把原从欧洲大陆获得的生产能力归还给它们一部分，那就没有比这样做更公道的了。

第 5 章　西班牙人与葡萄牙人

西班牙人与葡萄牙人凭借新航线的发现带来的时来运转，迅速积聚了大量财富，而英国人则经历了几个世纪的风风雨雨和奔波忙碌，才在最牢固的基础上建立起了国家的繁荣。但这不过是一个中了头彩的败家子的财富，而英国人的财富却好比是一个精明强干善于勤俭持家的家长积累起来的。前者因为出手阔绰着装豪华可能一时显得比后者更令人羡慕，但它的财富只是肆意挥霍和及时行乐的手段，而后者则把财富看做是为子孙后代奠定精神和物质幸福基础的主要手段。

西班牙很早就拥有大批优质绵羊，这促使英国国王亨利一世于 1172 年下令禁止进口西班牙的羊毛，而在此前的十世纪和十一世纪，意大利羊毛织造商曾经从西班牙大量进口羊毛。在那以前的二百年，比斯开湾沿岸的居民就因冶铁业、航海业和渔业而著称，他们也是早期从事捕鲸业的人，即使在 1619 年，他们在这方面的技能还远远领先于英国，以至于英国请求他们派渔民到英国去，指导英国人如何从事渔业贸易中的这一独特行业。①

早在十世纪阿卜都拉曼三世统治时期（公元 912~950 年），摩尔人就已经在瓦伦西亚河流域肥沃的平原上大规模种植棉花、水稻、甘蔗和养殖桑蚕了。在摩尔人时期，科尔多瓦、塞维利亚和格拉那

---

① 安德森，第一卷，第 127 页；第二卷，第 350 页。

达的棉织业和丝织业就占有重要地位。① 瓦伦西亚、塞哥维亚、托莱多与卡斯提尔地区的其他几个城市都以毛织业著称。历史早期，单塞维利亚就有一万六千台织机；在1552年，塞哥维亚毛织业雇用了一万三千名纺织工。其他工业，主要是武器制造业与造纸业，发展规模相仿。在科尔伯特统治时期，法国仍习惯于从西班牙采购纺织品原料。② 西班牙的口岸城市一度商贾云集，桅杆林立，是大规模贸易与重要渔业的集散地，至腓力二世统治时期，西班牙就拥有了世界上最强大的海军。总之，西班牙具备了实现富强所必须具备的全部因素，是顽固与专制联手把强大的民族精神窒息了。这种愚昧的行为起于驱逐犹太人，驱逐摩尔人则使这一行径达到了登峰造极的地步，将二百万最勤劳、最富有的居民连同他们的资本赶出了西班牙。

　　宗教审判在忙于驱逐本国工业的同时，也有效地阻止了外国制造商来本国安家落户。美洲大陆与沿好望角航线的发现，仅仅给这两个国家带来了短暂的表面的虚假的繁荣，实际上，这两大发现却给了它们的国家工业和国家力量致命一击。从此以后，西班牙人与葡萄牙人开始用他们从殖民地那里攫取的金银购买外国制成品，③而不是像荷兰人和英国人那样先后用本国产品交换东、西印度群岛的农产品。这两个国家把本国能干而勤劳的公民转变成了奴隶贩子和殖民地的统治者，这样，它们就促进了荷兰和英国两国的工业、商业和海上势力的强大，壮大对手，进而对手摧毁了它们的舰队，掠夺了它们的财富资源。西班牙国王最后不得不颁布法令，禁止出口硬币和进口制成品，但却以失败而告终。勤奋、进取的精神和商业只能在宗教和政治自由的土壤里生根发芽，金银只愿留在工业懂

---

① 西蒙：《西班牙商业和金融的回顾与展望》，刊载于《农业观察与研究》；尤斯塔利兹：《商业理论与实践》。
② 沙普塔尔：《论法国工业》，第二卷，第245页。
③ 中美和南美出口葡萄牙的主要商品是贵金属。从1748年到1753年，出口额达到了一千八百万皮阿斯特。见哈姆波德著的《西班牙新政治方式论文集》，第二部，第652页。起初，在引种甘蔗、咖啡和棉花之前，来自这些地区和西印度群岛的商品占了重要消费品的大部分。

得如何吸引和使用它们的地方。

然而,葡萄牙在一位开明强权大臣的支持下,曾试图发展自己的制造业,初期效果令我们震惊。那个国家像西班牙一样,很早就有优质绵羊品种。斯特拉波告诉我们,葡萄牙从亚洲引进了一批良种绵羊,每只羊的价格为一塔兰特(talent,古希腊、罗马、中东等地的货币单位。——中译者)。厄勒塞拉伯爵1681年当上大臣时,他产生了一个念头,即建纺织厂,利用本地原料生产为本国和殖民地需要的商品。有了这个想法后,葡萄牙从英国引进了大批纺织工,由于采取了保护措施,纺织业迅猛发展,结果在三年以后(1684年),禁止外国纺织品进口就切实可行了。从此以后,葡萄牙就用使用本国原材料生产的产品供应本国和其殖民地的产品需求,事业兴旺发达,长达十九年之久,英国学者提供的证据证实了这一切。①

的确,即使在那个时候,英国人就已经向世人证明了自己的才能,并在以后的时间里不断努力,成功地将自己的才能提高到了完美的程度。为逃避葡萄牙的关税限制,他们生产了一批标识为哔叽和棉毛的织品,然后出口到葡萄牙,这些新产品与棉织品质地略有差异,但用途却相同。但是,葡萄牙不久就识破了这一伎俩,随即下令禁止进口这类物品。② 这些措施取得了很大的成功,成效显著。这个国家以前并不强大,又由于驱逐犹太人而流失了大量资本,这些资本在国外找到了用武之地,而且这个国家还遭受了顽固势力、腐朽政治与封建贵族之害,民众自由与农业被扼杀了。③

但是,厄勒塞拉伯爵逝世以后,英国著名的保罗·麦修恩大使于1703年成功地说服了葡萄牙政府,称如果英国允许葡萄牙酒按低于别国所纳酒税的三分之一的税率进口,那么作为交换条件,葡萄牙则允许英国毛织品按1684年以前的税率(即百分之二十三)纳进口税,这将对葡萄牙大有裨益。由于国王希望增加关税收入,而贵族们也希望增加地租收入,于是就为该商业条约的签订提供了主要

---

① 《英国商人》,第三卷,第69页。
② 同①,第71页。
③ 同①,第76页。

动机，英国女王（安娜）在该条约中称葡萄牙国王为"她的最老的朋友和同盟者"——她奉行的原则同当年古罗马元老院对付那些统治者的伎俩如出一辙，当时，元老院为了讨好那些不幸的统治者，密切与他们之间的关系，惯常使用这类称呼。

该条约缔结后，英国制成品迅速充斥了葡萄牙市场，直接导致了葡萄牙的制造业的突然的、彻底的崩溃，这一结果与此后与法国签订的所谓《伊甸条约》以及德国废除大陆制度所造成的后果完全一样。

据安德森证实，即使在当时，英国人就已擅长在进口报关单上做手脚，少报货物价值，结果，实际上他们缴纳的税还不到应纳税的一半。①

"限制取消以后，"《英国商人》一书中说："我们成功地拿走了他们那么多的银币，而他们那里却*所剩无几，已经无法满足自己的需求了*，于是我们转而攻取他们的黄金。"② 英国人继续从事这个贸易，直到最近一个时期，他们输出了葡萄牙人从殖民地获取的全部贵金属，把其中的大部分运到东印度群岛和中国，像我们在第 4 章中看到的那样，他们在那里把贵金属换成商品，然后运往欧洲大陆出售，以换取原材料。英国每年出口葡萄牙的量超过了从那个国家的进口量，达一百万镑。贸易顺差使汇率降低到了百分之十五，这对葡萄牙不利。"我们同葡萄牙的贸易差额同任何其他国家的相比，对我们更有利，"《英国商人》一书的作者在向那位声望显赫的公使的儿子保罗·麦修恩爵士献辞时说："我们现在从那个国家输入的硬币已经增加到了一百五十万镑，以前只不过三十万镑。"③

从此以后，英国商人、政治经济学家和政治家都盛赞这个条约，认为是英国商业政策的杰作。安德森对影响英国商业政策的所有问题洞察清晰，向来以自己的方式非常坦率地对待这些问题，他称这个条约是"一个非常公平有利的条约"，并情不自禁地**天真地**振臂

---

① 安德森，第三卷，第 67 页。
② 《英国商人》，第三卷，第 267 页。
③ 同②，第三卷，第 15、20、33、38、110、253、254 页。

高呼:"愿它永永远远持续下去!"①

只有亚当·斯密一人持保留态度,提出了一种与这些人们齐声赞同的论调直接对立的理论,认为无论从哪个方面都无法证明《麦修恩条约》为英国商业带来了特别的利益。现在,如果说有什么可以用来说明为什么舆论对这位知名人物的崇拜以及接受他的观点到了盲目的地步的话(部分极为荒谬的),那肯定是这样一个事实,即至今尚无人驳倒他前面提到的那个独特的观点。

亚当·斯密在其著作的第四部第6章中说,因为《麦修恩条约》,英国允许葡萄牙酒只须缴纳别国同类商品应缴关税的三分之二,这是给葡萄牙人的决定性优惠,但英国人出口到葡萄牙的毛织品,却仍要和他国一样缴纳同样高的关税,所以葡萄牙人并未给予英国人任何优惠。但是,难道葡萄牙人以前不是一直从法国、荷兰、德国和比利时进口他们所需的大部分商品吗?难道英国人从此以后就没有用一种产品独自控制葡萄牙市场,而这种产品葡萄牙本身就拥有?难道他们没有找到一个使葡萄牙关税降低一半的方法吗?难道这个交换过程没有给葡萄牙酒的英国消费者百分之十五的好处吗?难道法国酒与德国酒在英国的消费还没有几乎完全停止吗?难道葡萄牙的金银没有为英国人提供从印度购买大量商品的手段,以及为他们提供用这些商品充斥整个欧洲大陆市场的手段吗?难道葡萄牙的毛织业没有几乎被彻底摧毁而使英国人受益吗?难道没有因而使葡萄牙的全部殖民地,尤其是富饶的巴西殖民地,实际上成了英国的殖民地吗?这个条约的确对葡萄牙有利,但这只是名义上的,而该条约在实际上的执行和效果上却对英国人有利。英国人随后谈判签订的所有商业条约都强调突出了类似趋势。明着讲他们是世界主义者和博爱主义者,但就其目的和努力而言,他们总是垄断者。

根据亚当·斯密的第二个观点,英国人之所以没能从这个条约中获得任何特殊好处,是因为他们在很大程度上必须把用毛织品从葡萄牙换来的钱支付给其他国家,从那里购买商品;假如他们用毛织品直接交换他们需要的商品,那么这样一次交易就可以达到同葡

---

① 安德森,1703年。

萄牙进行两次交易的目的,这样做对他们更有利可图。真的,我们除了对这位著名公民的品格与敏锐大加赞赏之外,面对这样的论断,我们实在不得不对他的坦诚率直或清晰认知表示失望。为避免失望,我们无计可施,只能悲叹人性的软弱,他用那些荒谬有时甚至可笑的论断对人性弱点大加颂扬;他为绝对自由贸易的正当性进行辩护,这项任务本身非常高尚,显然,他已被任务的华丽搞得眼花缭乱了。

在刚才提到的论证中,下面这个陈词更令人信服或更具逻辑性:一个面包师向顾客出售面包换钱,然后用换来的钱从磨坊主那里购买面粉,这是在做不赚钱的生意,因为假如他直接用面包换面粉,通过一次而不是两次交换行为就可以达到同样的目的。要回答这个问题并不需要太多的睿智,我们只要这样提示一下就行了:磨坊主也许不需要面包师供应他的那么多的面包,他自己也许懂得并在制作面包,因此如果没有这两次交易,那么面包师或许根本就无法继续经营。这就是签订条约时葡萄牙与英国两国的商业状况。葡萄牙把产品出口到南美洲换来金银,但是懒惰与无能却使自己不能制造这些商品,于是它就只好用贵金属同英国进行交换。后者不需要这些贵金属在国内流通,于是就把它们运到印度或中国,然后购入商品运到欧洲大陆出售,再然后把从那里购买的农产品、原材料或贵金属运回国内。

现在我们凭常识试问,假使葡萄牙人选择自己在本国生产的那些毛织品,或者选择从别的国家购买,那么又有谁会购买英国人出口到葡萄牙的那些纺织品呢?在这种情况下,英国人既不能把这些纺织品卖给葡萄牙,也无法销往其他国家,因为英国人目前源源不断地卖给这些国家的商品,已经远远超出了这些国家的接纳能力。结果,英国人的纺织品的产量,必将低于他们以前卖到葡萄牙的数量;他们运到印度的金银量也势必要少于他们以前从葡萄牙那里获得的量;他们运到欧洲大陆销售的印度商品,势必也将相应地减少,因而带回国内的原材料也同比减少。

同样站不住脚的是亚当·斯密的第三个论点,他认为如果葡萄牙货币不流入英国,那么英国可能也会用其他方式满足他们对这类物品的需求。他设想,无论如何,葡萄牙一定要把手中剩余的贵金属运出去，这些贵金属也会通过其他的一些渠道流入英国。我们在这里假设，假如葡萄牙人为自己生产纺织品，假如他们自己把剩余的贵金属运往印度和中国，并在别的国家购买物品，那么我们试问一下，在这种情况下，英国人是否会看到很多葡萄牙货币？假如葡萄牙同荷兰或法国签订了一个《麦修恩条约》，那么其结果将一模一样。毫无疑问，在这两种情况下，一小部分货币会流入到英国，但那仅仅是它靠出售原毛获得的那部分而已。总之，要是没有《麦修恩条约》，英国的制造业、商业与航海业永远也不会达到今天这样的水平。

且不论《麦修恩条约》对英国产生的影响估计有多大，但至少有一点比较清晰，那就是就葡萄牙而言，它绝对没有为了便于农产品出口而恣惠其他国家把制成品带到葡萄牙市场同英国进行竞争的欲望。在与英国贸易的过程中，葡萄牙的农业、贸易、商业和航海业不但没有增强，反而每况愈下，逐渐衰落了。庞巴尔曾经尝试振兴这些行业，但英国的竞争使他的所有努力落空了。同时不要忘记，在葡萄牙这样一个国家，整个社会条件反对农业、工业和商业进步，商业政策产生的影响微乎其微。尽管如此，庞巴尔计划产生的些许影响证明，一个期望提高自己利益的政府，只要能先把一国社会条件造成的内部障碍清除掉，那么在保障工业利益方面是可以大有作为的。

西班牙在腓力五世及其随后两个继位者统治期间有过同样的经历。在法国波旁王朝时期，虽然对国内工业缺乏充分保护，虽然关税法执法不严，但自从把科尔伯特的商业政策从法国移植到本国后，全国各地的各行各业都充满了生机，这是千真万确的事情，令人难忘。① 乌斯塔里兹和乌洛阿②关于在当时那种极端条件下取得那些成

---

① 马克弗尔森：《商业年度报告》（1771～1774 年）；为阻止外国商品进口而设置的重重障碍极大地阻碍了西班牙制造业的发展。在此之前，西班牙的进口产品已经占到了英国进口货物的总量的百分之九十二。见布鲁汉姆：《欧洲强国殖民地政策调查》，第一部分，第421 页。
② 乌斯塔里兹：《商业理论》；乌洛阿：《西班牙制造业的建立》。

就的描述让人惊奇。因为当时的西班牙，到处都是崎岖不平的小路，没有一个地方的旅店干净整洁，没有一个地方有桥梁、运河和航运；每个省都设有关卡，闭关自守，与西班牙其他地区隔绝；每道城门都要求交皇家费；拦路抢劫和沿街乞讨成了人们追宠的正当职业，非法买卖猖獗，税收制度最为苛刻。前面提及的两位学者认为诸如此类的问题是工业和农业衰败的原因，其实，对造成这些灾害的真正原因——狂热、教士的贪婪和罪恶、贵族特权、政府专制、民众缺乏教化和自由——乌斯塔里兹和乌洛阿却不敢予以斥责。

可与同葡萄牙签订的《麦修恩条约》相提并论并值得一提的是英国于1713年与西班牙签订的《阿西安托条约》，按照该条约，英国人有权每年把一定数量的非洲黑人运往西属美洲，每艘船每年可访问波托贝洛港一次，这就为他们向这些国家走私大量货物提供了一个千载难逢的机会。

我们因此发现，在英国人签订的所有商业条约中都有一个倾向，那就是在所有他们谈判的国家中，通过给予这些国家的农产品和原材料的明显好处，极力扩大他们制成品的销售。他们在各地的努力方向，就是通过廉价商品和长期信贷，摧毁这些国家的国内制造业能力。如果他们得不到低关税，那么他们就千方百计欺骗海关、偷税漏税、组织大规模非法走私贸易活动。我们看到，前一种办法在葡萄牙取得了成功，后一种办法则在西班牙取得了成功。在这个问题上，根据从价原则征收关税对他们非常有利，正是出于这种考虑，他们绞尽脑汁、费尽心机，极力宣称从重量纳税原则——如普鲁士所采用的——是不明智的。

第6章　法国人

　　法国同样继承了许多罗马文明的残余。日耳曼法兰克人除了爱好打猎之外不会别的，他们侵入法国之后，把许多地区长期用于耕种的良田重又变成了森林和荒地，法国拥有的一切几乎丧失殆尽。同其他欧洲国家一样，法国中世纪农业取得的进步，大部分应归功于修道院，然而，修道院后来却逐渐变成了阻碍文明进步的巨大障碍。修道院里的人不像贵族那样争执不休，不以服兵役羞辱他们的仆从，仆从们的土地和家畜很少遭到抢劫和破坏。修士们喜欢过好日子，不喜欢寻衅闹事，乐于救济贫民以赢得声望和尊敬。他们应了一句老话："寄居在权杖之下好事连连。"十字军、路易九世（圣路易）建立的市民社会与行会制度、紧邻意大利及法兰德斯的便利，对法国早期工业的发展产生了巨大影响。早在十四世纪，诺曼底与布列塔尼就已经为国内消费和向英国出口提供毛织品与麻织品了。这个时候，它主要由汉萨中介代理的酒类与盐的出口贸易，也变得尤为重要。

　　受法兰西斯一世的影响，法国南部引进了丝织业。亨利四世喜爱这种工业，喜爱玻璃、麻和羊毛织造业；里舍列和马扎蓝喜爱丝织业，喜爱鲁昂和色当的天鹅绒、呢绒织造业，喜爱捕渔业和航运业。

　　美洲大陆的发现对各国产生的影响对法国最有利。大量谷物从法国西部运往西班牙；每年都有许多农民从比利牛斯山地区移民到西班牙东北部一带去寻找工作；大量的酒和盐出口到西班牙属荷兰；丝绸、天鹅绒尤其是某些奢侈品大量销往荷兰、英国、西班牙和葡萄牙。由于这些原因，早期大量西班牙金银币在法国流通。

　　但是法国工业的最鼎盛时期却始于科尔伯特时代。

马扎蓝去世的时候,无论是制造业、商业、航运业方面还是渔业都没有取得重要的地位,而当时法国的财政状况也是最为糟糕的。

科尔伯特有勇气单枪匹马地接受一项事业,而英国却要经过三个世纪的不懈努力和两次革命的代价,才能使这一事业取得成功。他从各国招聘优秀技师和工人,购买商业秘密,采购精良机器和工具。他通过实行普遍有效的关税制度,确保本国工业拥有国内市场;通过取消或尽量限制征收省际关税,修筑公路与开凿运河,改善了国内交通。这些措施对农业比对制造业更有利,因为消费者数量因此增加了一到两倍,生产者与消费者进行交换更加便捷也更加廉价。他接着通过降低地产直接税,简化以往征税过程中严厉苛刻的烦琐程序,平衡征税范围,最后通过采用降低利率的措施,进一步促进了农业的发展。只是当谷物短缺、价格居高不下时,他才禁止谷物出口。他倾注了大量的心血扩大国外贸易和促进渔业的发展。他重新建立了与地中海东部沿岸各国的贸易,扩大了与殖民地的贸易,开辟了同北欧各国的贸易。他把最严格的节约措施和最完美的秩序引入了各个行政管理部门。到他去世的时候,法国已经拥有毛纺织机五万台,丝织品年产值达五千万法郎;国家岁入增加了两千八百万法郎。这时法国已拥有高度发达的渔业、大批的商船和一支强大的海军。①

一个世纪以后,经济学家们严厉谴责了科尔伯特,认为这位政治家为促进制造业利益而牺牲了农业利益。这样的责难证明不了别的,只能证明这些权威们自己不能充分理解制造工业的本质。②

---

① 尼克:《圣徒科尔伯特悼词》(1773年,《全集》,第十五卷)。
② 见魁奈论文"重农主义,或最有利于人类的支配力量"(1768年),注释⑤。在这篇文章中,魁奈用了整整两页的篇幅批驳和指责了科尔伯特,而奈克(Necker)却用了一百页来批判科尔伯特的制度和他所取得的成就。很难说我们是否应该怀疑魁奈对工业、历史、财政的无知,或怀疑他强加给科尔伯特这位伟人的毫无根据的不实推测。另外,这位无知的梦想家不够直率,他甚至没有提及驱逐胡格诺派教徒(十六、十七世纪法国的加尔文派教徒。——中译者)的事实。他曾不顾事实真相,断言科尔伯特曾通过令人烦恼的警察法令限制谷物在省与省之间的贸易,对此他不感到羞耻。

然而，即使说科尔伯特反对定期阻碍原材料出口的这种做法是错误的，但他通过鼓励国内工业的增长和进步，极大地扩大了对农产品的需求，从而使农业利益获得的补偿是因他而造成的损失的十倍。如果说他与其他开明政治家应该遵照的规矩有什么不同的话，那是他明确规定了制造业新工艺，并用惩罚性法令强制制造商们接受。我们应该记住，这些措施在当时最适宜、最有利，在那时，他还要应付这样一个民族：由于长期受专制统治的压迫而变得冷漠无情，对每一项创新都有抵触情绪，即使创新是一种改善也是如此。

说什么由于科尔伯特的保护制度法国丧失了大部分国内工业，只有那个极度忽视废除《南特敕令》（Edict of Nantes, 1598年法国国王亨利四世颁布的给胡格诺派教徒以政治平等权的法令，1685年废除。——中译者）带来的灾难性后果的学派，才会如此这般谴责科尔伯特。这些令人伤感的措施在他去世后的三年时间内，导致法国最勤奋、最有技能、最有成就的五十万居民被迫背井离乡，结果他们把自己的工业和资本深深地植根于瑞士、德国的每一个新教区，尤其是普鲁士，还有荷兰和英国，他们在那里安家落户，发展自己的工业，使他们曾经使之富裕的法国受到了双重重创。这样，在短短的三年时间内，由于一个固执荡妇的阴谋诡计，毁掉了整整一代人建立起来的丰功伟业，使法国再度陷入了冷漠状态之中；与此同时，英国则在宪章的庇护下，在唤起全国人民斗志的精神的鼓舞下，正满腔热情地把伊丽莎白女王和她的前任们创立下来的事业不断推向前进。

长期治理混乱，导致法国的工业与财政状况每况愈下，看到英国极度的繁荣景象，激发了法国政治家的热情，他们在法国大革命爆发前夕纷纷效仿英国。他们痴迷于经济学家的空洞理论，积极寻找补救措施，实行自由贸易，与科尔伯特的政策背道而驰。他们想，假如允许英国产品以优惠条件进口（百分之十二的关税），那么英国就会为法国的葡萄酒和白兰地提供一个好市场，这样，法国的繁荣就会有希望。英国对这个提议暗自窃喜，高兴地同意以所谓的1786年的《伊甸条约》的形式给予了法国一个《麦修恩条约》的第二版。结果，与同葡萄牙签订的条约的原版相比，这个翻版条约的毁灭性后果有过之而无不及。

英国人早已习惯于喝伊比利亚半岛的烈性酒,并没有使法国酒的消费量增加到预期的程度,而法国人却惊慌地意识到,他们不得不提供给英国的只不过是一些时髦花哨物品,毫无价值可言,而英国制造商提供的却是生活必需品,价格低而质量上乘,他们还提供信贷,在这些方面大大胜过了法国制造商。经过短期竞争,法国制造商被逼到了崩溃的边缘,法国酿酒商获利甚微。为阻止崩溃的进程,法国政府遂终止了该条约,但唯一所获的却是不得不信服:用短短数年摧毁繁荣的制造业,要比整整一代人振兴遭到破坏的制造业容易得多。英国产品的竞争已经引起了法国人对英国商品的爱好,导致了广泛而又持久的难以遏止的非法贸易。而条约终止之后,对英国人而言,让自己的口味复而习惯于伊比利亚半岛的烈性酒并不很难。

尽管大革命的骚动与拿破仑时代连绵不断的战争不可能有利于法国工业的繁荣,尽管在此期间法国丧失了大部分海上的贸易和全部殖民地,但由于专有自己的国内市场,由于消除了封建约束,法国帝国时期制造业的繁荣,高于革命前*旧制度*下曾达到过的程度。在德国以及在大陆封锁范围内的所有国家,同样的效果随处可见。

拿破仑一针见血地指出,在当今世界形势下,任何实行自由贸易的国家必将以失败而告终。就法国商业政策而言,他这一番话表达的政治智慧,超过了他同时代所有的经济学家在其著作中所表达的思想。我们禁不住对他的睿智感到惊讶,凭借着这种睿智,这位伟大的天才,先前从未研究过什么政治经济学体系,却能正确地理解制造业力量的本质及其重要性。他从未研究过这些体系,这对于他和他的法国而言真是万幸。"以前,"拿破仑说:"财产只有一种类型,即拥有土地,但现在出现了一种新型财产,即工业。"拿破仑看到并以这种方式清楚地说明了同时代经济学家没有看到的或者没有说清楚的一个论点,即一个把自己的制造业力量与农业力量紧密结合的国家,是一个比纯粹农业国无比完善、无比富有的国家。拿破仑创立并促进了法国工业教育,改善了国家信用,引进并运用了许多新发明,改进了许多工业的操作工艺,完善了国内交通运输。我们对他所做的这一切无需更多详述，因为人们仍对这一切记得一清二楚。不过，可能在这方面的确需要特别关注的是，同时代理论家强加给这位开明而有权势的统治者的带有偏见的和不公正的评价。

随着拿破仑的下台，之前仅仅局限于非法贸易的英国竞争，此时再次踏上了欧洲大陆和美洲大陆。现在，我们第一次听到英国人谴责贸易保护，赞颂亚当·斯密的自由贸易学说，而在此之前，那些务实的岛民认为该学说只适合乌托邦式的完美的理想国家。但是，公正审慎的观察者可能很轻易地就能辨别清楚，在英国这种态度的转变中，完全没有纯慈善性的感情动机因素，因为只有当所谈及的问题有利于英国向欧洲和美洲大陆出口商品时，他们才转而倾向世界主义的观点；但一旦所谈问题涉及谷物自由进口或是否允许外国商品在英国市场同英国制造业进行完全竞争时，他们就会诉诸完全不同的原则。① 据说，不幸的是，英国政策连续长期违背自然原则，这就人为地造就了一种局面，而对这种局面又不能突然干涉，否则必将招致产生危险和有害后果的风险。因此，要是不小心谨慎并加缜密地考虑，那么千万不要贸然尝试干涉。这是英国的不幸，而非

---

① 美国高等法院大法官鲍德温先生是一位著名的演说家，在谈到坎宁—哈斯肯森自由贸易制度时，曾经精明地评价道，就像大多数英国产品一样，多数不是用于本国消费，而是用于出口。

法国和帝国的自由主义者，尤其是慈善学派的世界主义理论家们，比较著名的当属塞尔，为坎宁—哈斯肯森制度的宣布而欢呼雀跃。当我们呼吁人们注意这种热情的时候，我们是应该开口大笑呢还是应该痛哭流涕呢？他们欢欣鼓舞，以至于人们可能认为下一个千年即将提前到来了。但是，让我们来看看坎宁的传记是怎样介绍他对自由贸易的看法的。

"坎宁先生彻底被这个抽象原则的真实性说服了，即商业如果不受任何限制就会繁荣。但是，因为这既不是我们祖先的也不是周边国家的观念，既然结果会限制所有的商业活动，那么一系列问题就会应运而生。然而，如果随便运用抽象理论，虽然理论上确实如此，但在实践中可能会产生危害。"（斯坦布敦：《坎宁先生的政治生命》，第三页）。

1828年，同样的策略又占了上风，休谟先生这位自由党议员感到，应该马上在议院提出，用这些策略扼杀欧洲大陆的工业。

它的错。对于所有欧美大陆国家而言，它们应该感到心满意足，它们运气好，条件优越，可以欢畅地及时分享自由贸易的恩赐。

虽然在英国旗帜的保护下或在某种程度上在英国金钱的影响下，法国的旧王朝得以再次登基，但上述观点并未得以长期流行。英国的自由贸易严重地摧残了在大陆封锁制度下曾一度繁荣壮大的法国工业，因此，保护性*制度*很快就得以恢复，在这种制度的保护下，根据杜潘的证词，① 从 1815 年到 1827 年，法国制造业的生产能力提高了一倍。

---

① 《法国生产力量》。

第7章 德国人

在描述汉萨同盟的那一章里,我们看到德国是如何紧随意大利之后而早于其他欧洲国家,通过广泛的商业活动而实现繁荣的。我们先简要回顾一下德国早期的工业环境及其发展,然后继续讲述这个国家的工业史。

在古代日耳曼,大多数土地用于畜牧和狩猎。无足轻重的原始农业抛给奴隶和妇女。自由民的唯一职业就是战争与狩猎。这些就是所有德国贵族身份的根源。

在整个中世纪时期,德国贵族坚持这种制度,他们压迫农业从业者,反对制造工业。作为土地的主人,浑然不知农业和制造业会给他们带来惠益。

的确,德国贵族对这一世袭职业情有独钟并根深蒂固,不愿放弃,即使在我们这个时代,虽然已经靠犁铧和织布机致富,但他们依然梦想着在议院中保留游戏与游戏规则,好像狼和绵羊、狗熊和蜜蜂可以相安无事、和睦相处那样;好像土地可以同时用于作为花园、植树和科学种田,以及用于保护野猪、麋鹿和野兔一样。

德国的农耕业长期处于原始状态,尽管德国城市与修道院对周边地区的影响不容忽视。

在古罗马殖民地,在世俗与神职人员、王公贵族住地,在修道院四周,在帝王中意的地方和他们的势力范围所及之地,以及在渔业和水陆交通便利的地方,相继都涌现出了许多城镇。在多数情况下,这些城镇仅仅通过供应当地的必需品,通过国外运输贸易就能实现繁荣。一个广泛的、能够支持出口贸易的本国工业系统的成长,只能依靠大规模养羊和种植亚麻种。但是，亚麻种植意味着农业高标准，而大规模养羊需保护绵羊免遭豺狼和盗贼的侵袭。在诸侯与贵族之间以及与城镇的无休止的争斗中，这种保护难以维系，牧场常常成为主要的抢劫目标；贵族们为了狩猎的嗜好而精心保留下来的大片森林，使彻底消灭食肉野兽困难重重，成为空谈。牲畜数量很少，生命和财产缺乏安全，土地耕种者缺乏资金和自由，或者土地的拥有者对在自己的土地上发展农业不感兴趣，这一切势必使农业以及农业可能给城镇带来的繁荣，处于非常落后的状态。

如果适当考虑这些情况，那就很容易理解，为什么条件完全相反的法兰德斯和布拉班特在那么早的时候能够实现高度的自由与繁荣。

尽管存在种种障碍，但是由于有渔业、航运业和海上贸易，德国所有沿波罗的海和北海的城市都呈现出了一派繁荣景象；德国南部及阿尔卑斯山麓一带的繁荣，则受到了意大利、希腊和陆上运输贸易的影响；在莱茵河、易北河、多瑙河流域的繁荣，则依靠了葡萄种植与酒类贸易，这一带土壤特别肥沃，水路交通极为便利。在中世纪时期，水路交通甚至比我们这个时代更有意义，因为陆上交通路况差，普遍不安全。

这种起源的多样性说明了德意志城市联盟的特征的多样性，如汉萨、莱茵、斯瓦比亚、荷兰、瑞士等的联盟。

尽管这些联盟借助自由精神曾经一度强大，然而它们内部却缺乏稳定的保障，缺乏团结的原则，缺乏凝固剂。贵族等级的分化和农奴制的存在，使这些联盟各自为政、不相往来，随着农村人口的不断增加和富裕程度的不断提高，这些联盟迟早都会分崩离析，而通过当地的王侯势力，团结原则在农村得以维持。因为这些城市要是有意促进农业繁荣的话，那必将使自己黯然失色，除非它们争取同农业阶级或贵族的合作，把它们当做联盟成员。但它们缺乏达到那个目的的必不可少的高度的政治直觉与知识，它们的政治眼光很少能够超越自己的狭隘眼光的限制。

这些组织中只有瑞士联盟和七个联合省联盟真正实现了这种合作，但这也并非是经过深思熟虑的结果，而是受形势所迫。因为这个原因，这两个联盟仍然存在。瑞士联盟只不过是一个由德意志帝国一些城市组成的联合体，是由居住在中间地带的自由人建立起来并凝聚在一起的联盟。

其他联盟城市的人愚蠢傲慢，蔑视农村人，宁愿乐于使农村人处于附属地位，也不愿农村人达到和他们同样的水平，这些原因导致了德国其他城市联盟的衰落。

这些城市只有通过世袭王室势力，才能实现统一。但是在德国，这种权力掌握在诸侯手中，它们为了不使其专横统治受到制约，为了使各个城市以及一些弱小的贵族处于服从地位，它们对阻止世袭帝国的成立更感兴趣。

因此，德国的国王们一如既往地坚持罗马帝国的观念。只有是军队首脑时，皇帝才能成为真正的统治者；只有参战时，才能把各路诸侯和众多城市号召到自己的旗下。因此，公民自由在德国受到了保护，而在意大利却受到了敌视。

但是，对罗马的连续远征，不但进一步削弱了德国国王的王权，而且也削弱了那些王朝的力量。本来，在帝国范围以内，在这个国家的心脏，很有可能通过那些王朝建成一个统一的集权。但是，统一集权的核心随着霍恩斯托芬王朝的覆灭而分崩离析了。

哈布斯堡王朝原本非常衰败和软弱无能，当它意识到自己已无力巩固国家的集权的时候，被迫利用国民的力量征服其他种族，在德意志帝国东南部边陲地区建立了一个巩固的世袭君主政体，而勃兰登堡的侯爵们则在东北部地区效仿了这一政策。这样，在德意志的东南部和东北部地区建立了以统治异族为主体的世袭制领地，在西南部和西北部则出现了两个共和国，它们逐渐与祖国越来越疏远；而在帝国的中心地区，解体、衰败和分裂活动愈演愈烈。火药与印刷术的发明、《罗马法》的复兴、宗教改革以及美洲大陆和通往印度新航线的发现，才宣告了德国的不幸的结束。

我们曾经描述过的知识、社会和经济革命，引起了帝国成员之间的分歧和分裂，引起了各诸侯之间的相互倾轧，引起了各城市之间的不和，甚至引起了各个城市行会之间以及各个相邻等级之间的分裂。这时，全国的力量都已经偏离了对工业、农业、贸易和航运的发展的追求，偏离了对殖民地的获取，偏离了对国内制度的改革，实际上偏离了一切有实质意义的改进，人民为宗教教义与教派继承争斗不休。

与此同时，汉萨同盟与威尼斯也开始衰落了，德国的批发贸易、南部地区和北部地区的各个城市的权力和自由也随之衰落了。

随后爆发了三十年战争（欧洲 1618～1648 年间的一连串战争，起因是德国天主教与新教之争，后来瑞典、法国和西班牙也被迫卷入了其中。——中译者），使德国的全部领土和所有城市都遭到了破坏。荷兰和瑞士从联盟中分裂了出去，而帝国的一些最美丽的省份却被法国征服了。以前个别城市的实力曾一度超过了全国，如斯特拉斯堡、纽伦堡、奥格斯堡，如今却由于拥有常备军而陷入了虚弱的状态。

假如在这场革命之前各个城市和王室权力更加巩固，假如一个只属于日耳曼民族的国王完全控制着宗教改革，能够从统一、权力和自由的利益出发进行改革，那么，德国的农业、工业和贸易的发展状况将有天壤之别。与诸如此类的考虑比较，看起来那种把国家的物质福祉完全归功于个人建立的政治经济学理论是多么可怜和不切实际啊，该理论完全不顾这样一个事实，即所有个人的生产能力在很大程度上取决于一个国家所处的社会和政治环境。《罗马法》的采用削弱了德国的实力，受害的程度最为严重，远远超过了任何其他国家。它给个人法律地位和人际关系造成的不可言表的混乱状态还不是最严重的负面影响，更为有害的是，该理论造就了一个在精神上和语言上有别于普通大众的由学者和法学家组成的社会阶层，他们对待人民就像对待法盲和未成年人那样，否定一切合理的人类共识的权威，并处处故弄玄虚和哗众取宠；他们专横跋扈，依仗权势，过着寄生虫般的生活；他们到处宣扬自己的理论，处处维护自己的利益，啮噬自由的根基。因此我们看到，即使到了 18 世纪初期，德国的文学和语言依然不规范，国家的立法和执法依然不规范，农业依然处于原始落后的状态，工业与各种贸易大幅下滑，国家凝聚力缺乏，在同外国打交道时各方面都软弱无能。

德国人仅仅保留了一样东西，那就是他们与生俱来的品质，他们爱好勤劳、崇尚秩序、厉行勤俭、举止稳健，他们在从事研究和经营事业时吃苦耐劳、意志坚强，他们追求完美、孜孜不倦、诚实进取，他们道德高尚、处事深谋远虑、虑事缜密周到。

统治者与被统治者一样都具有同样的品质。当国民性几乎遭到彻底摧毁而待形势稍稍恢复平静之后，人们就开始在某些个别的、孤立的范围内建立秩序，不断改进并有所进步。他们珍视教育、礼貌、宗教、艺术和科学，这种热情在其他任何地方都极为罕见。绝对权力被恰如其分或更有利地用于大众教化、秩序和道德，被用于改造陋习、改善公众福祉，这些做法在任何其他地方也极为罕见。

德国各届政府都把教会土地改为俗用，将全部所得自觉地用于教育和指导国民，用于艺术和科学，以及用于道德建设和公用事业，这一切无疑地奠定了德国国民性的振兴基础。通过这些措施，光明冲破了黑暗，照耀到了国家行政和司法管理领域，照耀到了教育和文学领域，照耀到了农业、工业和商业领域，尤其是照耀到了普通大众的头上。因此，德国的发展方式完全不同于其他所有的国家。在其他国家，高度的精神文明是随着物质生产力的演变而发展起来的，而德国的物质生产能力的增强，主要是先前知识发展的产物。因此，当今德国的整个文化是理论性的。因此，其他国家在我们德国人的性格特征中看到了许多不切实际而稀奇古怪的特性。

此时的德国人就像处于这样一种状态的一个人，他从来没有使用过手和脚，却首先在理论上学会了站立和行走、吃饭和喝水、发笑和哭泣，然后把理论付诸实践，由此便产生了德式的哲学预见体系与世界主义梦想。于是，没能融入当今世界事务的这些非凡才智就不断努力，争取在推测领域中进行实践。因此，我们也发现，亚当·斯密及其追随者的学说在德国受到了极力推崇，胜过了世界上的其他任何国家；还有，世界上其他地方也没人追赶时尚，彻底信奉坎宁先生和赫斯基森先生的世界主义学说。

德国制造业的最初进步应该归功于《南特敕令》的废除，归功于大批难民，这一疯狂措施强迫这些难民背井离乡，移民的足迹几乎遍及德国各个角落，在各地纷纷建起了羊毛、丝绸、珠宝、帽子、玻璃、瓷器和手套等行业以及各种工业。

在德国，首先采取政府性的促进制造业的措施的是奥地利和普鲁士；在奥地利，是在查理六世和玛丽亚·赛里萨统治时期，但在约瑟夫二世时期，措施更加到位。奥地利以前由于驱逐新教徒而损失惨重，后来新教徒却成为了它的最勤奋的公民，它通过促进教化和精神文化，努力使自己的后来与过去区别开来，但收效如何还难以确定。后来，由于保护性关税、养羊业的进步、道路的改善以及其他鼓励性措施的缘故，即使在玛丽亚·赛里萨统治时期，它的工业也取得了明显的进步。

在约瑟夫二世统治时期，这项工作甚至得到了更为有力的推动并取得了巨大的成功。最初，实在不能称结果如何，因为这位皇帝习性不改，在推进这项计划时就像实施其他改革方案那样性情急躁和鲁莽行事，因为奥地利与其他各邦相比，其状况仍然相当落后。这里的情形和其他地方的情形也一样，为使保护性关税带来好处，不至于成为扰乱现状的因素，刚开始时一定不要定得过高。但是这个制度持续越久，它所彰显的明智就越清晰明了。奥地利的工业繁荣和农业欣欣向荣，都应归功于这种关税制度。

普鲁士工业在**三十年战争**中遭受的损失，比其他任何国家都严重。它最重要的工业，勃兰登堡辖区内的毛纺织业，几乎遭到了完全破坏。大多数纺织工人移民到了萨克森，而此时英国的进口阻止了所有竞争。现在，对普鲁士有利的是《南特敕令》的废除以及巴拉丁和萨尔茨堡对新教徒的迫害。这位伟大的选帝侯一眼就看明白了伊丽莎白女王在他之前早就认识清楚一切了。由于他采取了一系列措施，大批逃亡者来到普鲁士，发展了这片土地上的农业和工业，建立了许多制造业，科学和艺术也得到了发展。他的所有后任都步其后尘，没有一人比这位伟大的国王热情更高涨的了——他在和平时期实行的政策胜于其后任在战争时期采取的政策。腓特烈二世采取的措施数不胜数，需用大量篇幅加以详述。通过这些措施，腓特烈二世吸引了大批国外的农业从业者，大片荒芜土地被开垦成了耕地，开辟出了牧场，种植了牧草、蔬菜、土豆和烟草；改善了羊、牛和马的饲养方式，使用无机肥，等等。通过这一系列的措施，创立了有利于农民阶级的资本和信用。除了这些直接措施之外，还由于设立关税制度、改进运输工具以及建立银行的缘故,促成了许多制造业的建立,从而间接地促进了农业的发展。尽管该国的地理位置、境内各省相互分离且各自为政不利于这些措施的全面贯彻,尽管这里与一些大邦相比更能明显地感到海关封锁线——即非法贸易造成的破坏性影响——带来的不利影响,然而这些大邦地域集中,受到了海洋、河流和山脉等边界线的有效保护。

同时,我们绝不会以赞美为借口为该制度的错误进行辩护,例如对原材料出口强加的限制。这个制度尽管仍然有这些错误,但它却使国家工业取得了长足进步,任何一位开明不带偏见的历史学家都不会斗胆提出质疑。

如果任何人不存偏见,未被虚假的理论所蒙蔽,那就一定能清楚地看到,普鲁士之所以能够立于欧洲强国之林,主要并不是靠征服,而是得益于它所采取的促进工业、农业和商业利益的英明政策,得益于在文学和科学方面取得的进步,而这一切都是一位伟大的天才的杰作。

然而,这位国王并不是受自由制度的活力的支持,而是仅仅受到一种行政制度的支持,这种制度井然有序并非常实用,但无疑受到了世袭官僚制度的死板的机械常规般的制约。

而几个世纪以来,德国其他地区一直受自由贸易的影响,就是说,全世界可以畅通无阻地把制成品输入德国,但却没有一个国家同意准许德国制成品输入其他国家。虽然这一规律也有例外,但却寥寥无几。不过,并不能因此而断言,这个学派关于自由贸易会带来的巨大利益的预见和诺言已经得到了这个国家实践的检验,因为随处可见这场运动带来的是退步而不是进步。有些城市如奥格斯堡、纽伦堡、缅因兹、科隆等等,人口已不足以前的三分之一或四分之一,甚至有时仅仅为了抛掉手中一些毫无价值的剩余产品而常常要大动干戈。

法国革命之后爆发了一连串战争,战争使英国的补贴增加了,竞争力增强了。因此,伴随着农业繁荣,制造业出现了新的下滑趋势,而这种农业繁荣也仅仅是表面的和短暂的。

接着是拿破仑的大陆封锁政策,这标志着德国和法国工业史的新纪元,尽管亚当·斯密最知名的学生萨伊先生谴责该政策是一场灾难。不管理论家,尤其是英国人,可能极力反对这项政策,但是无论如何,有一点却是可以肯定的——因为凡是熟悉德国工业史的人都可以证实这一点,因为当时所有统计著作中都有大量事实为证——由于采取了这项政策,德国各种工业首次取得了重大进步;① 德国也是从那时起改进养羊业并得以普及和成功的;也正是从那时起,德国改善交通设施的效果才真正显现出来。但是,德国也的确失去了大部分原有的出口贸易,尤其是麻布出口。然而得远大于失,尤其是对普鲁士和奥地利制造业的建设而言,它们的制造业先于德国其他各邦得以建立。

但是,伴随着和平的回归,英国制造商再度同德国人展开了可怕的竞争;因为在相互封锁期间,这个岛国由于受益于新发明以及数额巨大和近乎于专营的对外出口贸易,它的制造业已经远远超过了德国。由于这个缘故和获得的巨额资本,英国居于非常有利的地位。与德国相比,它可以以低价出售高品质的商品,提供较长期的信用,而德国才刚刚开始同困难作斗争。结果,德国普遍出现了衰败的迹象,到处可闻哀叹之声,尤其是莱茵河下游的各省区,这些地区以前属于法国,这时却被排除在了法国市场之外。另外,普鲁士的关税制度已经朝着绝对自由贸易的方向发生了许多变化,已经无法提供有效的保护而抵抗英国的竞争了。同时,普鲁士的官僚作风长期对国内的呼救之声置之不理,其官员们上大学时深深地受到了亚当·斯密的理论的影响,不能与时俱进,不能及时感觉到时代的需要。在普鲁士甚至还有一批这样的政治经济学家,他们胸怀大志,企图复兴那个早已被驳倒了的"重农"制度。事实证明,事物本质的力量远远强于理论的力量。在有些地区,制造商仍然向往先前同法国的那种状态,他们的现状令人同情,如果对他们发出的痛苦呼声长期置若罔闻的话,那么终究不是一个长久之计。这时盛传一种观点,认为英国政府为了把大陆制造业扼杀在摇篮之中,正以

---

① 这个制度对法国的影响一定不同于对德国的影响,因为德国几乎被排斥在法国的市场之外,而德国的市场却对所有法国制造商开放。

前所未有的方式支持一项计划，准备用制成品充斥欧洲大陆市场。虽然有人认为这个观点荒诞无稽，但是这种看法能够产生并广为流传是很自然的。首先因为这种泛滥确实发生过，并且看上去似乎是精心策划的；其次是大名鼎鼎的国会议员亨利·布鲁阿姆先生（后来成了布鲁阿姆勋爵）曾于1815年公开宣称："为了把外国制造业扼杀在摇篮之中，英国制成品出口即使蒙受损失也值得。"[①] 因为这位勋爵是举世闻名的博爱主义者、世界主义者与自由主义者，所以十年后国会议员、极力推崇自由主义的休谟先生几乎用同样的措辞重复了他的这个观点："大陆工业可能被捏死在花苞之中。"

普鲁士制造商们的呼吁终于盼到了回音，但为时已晚。我们必须承认，年复一年的拼死搏斗是多么痛苦啊！但令人欣慰的是，他们的呼吁终究还是有了好的结果。普鲁士在1818年的关税给出了答案，不但满足了当时普鲁士工业的所有要求，而且丝毫没有过分扩大保护原则或没有过分干涉有利于本国与国外的贸易交往活动。它的税率标准远远低于英国和法国的税率，这样做也是很有必要的，因为当时并不存在从限制制度逐渐向保护制度过渡的问题，而只存在从（所谓的）自由贸易制度向贸易保护制度过渡的问题。从整体上看，这个制度还有一个很大的优点，即大多数商品的税率是按商品的重量而不是按价值计算的。通过这种办法，不但避免了走私及价值低报的问题，而且还达到了一个重大目标：一般消费品在任何国家都易于生产，由于数量巨大，所以对任何一个国家来说都至关重要，并且对这类物品的进口税率也定得最高；有些物品因其精细贵重难以在国内生产，有些则易于走私，对于这类商品的保护性关税就逐级降低。

但是，由于显而易见的原因，普鲁士的这种按重量征税的办法必然使邻近的德意志各邦的贸易受到了影响，其受害程度远远大于同其他国家的贸易。这些小邦本来就已经被排除在了奥地利、法国与英国市场之外，这时又几乎被完全排除在了普鲁士市场之外，因此它们受到的打击更大，因为它们中的大多数完全或大部分都被包

[①] 提交美国国会众议院的《商业和制造业委员会报告》，1816年2月13日。

围在了普鲁士所属的各省之中。

这些措施虽然抚慰了普鲁士的制造商,但德意志的其他各邦的制造商的竭力反对之声不绝于耳。另外,奥地利不久前开始对它们的商品出口意大利采取了限制措施,尤其是上斯瓦比亚地区出产的麻布。这些国家的出口贸易因处处受限,只能局限在非常狭长的地带,彼此之间的层层关卡又使它们互相隔绝,因此,这些国家的制造商几乎陷入了绝望之中。

正是这种紧迫形势促使德国五六千名制造商和商人,于1819年利用在缅因河畔的法兰克福举行春季交易会之际,成立了一个私人同盟,旨在一方面取消德意志各邦各自的关税,另一方面争取在德意志境内建立全国统一的贸易与海关制度。

这个同盟后来正式宣告成立。它的协会章程曾呈交议会及德国各邦的领导人与政府,请求批准。在德意志的各邦都指定当地联络员,而各邦在各省又都设置联络员。每一个成员与联络员都尽心尽力,力争促使同盟目标得以实现。纽伦堡市被选为总部所在地,授权成立一个中央委员会,在一位顾问的指导下领导同盟工作,本书的作者也被选进了中央委员会。交易情况和中央委员会采取的措施,均需在同盟办的《德国商业和工业利益组织周刊》上予以公布,与同盟目标相关的一些看法、建议、专题论文以及统计资料等也都在这个刊物上发表。该同盟每年定期在法兰克福春季交易会期间召开大会,由中央委员会在大会上作关于管理情况的工作报告。

同盟向德国国会递交了请愿书,在陈述了该组织所提出的各项措施的必要性及它的期望之后,在纽伦堡的中央委员会便开始工作,它们派代表到各邦政府,并派一位代表参加1820年在维也纳举行的各邦全权大臣会议。这次会议至少取得了一点成就,那就是德意志若干次级的、较小的邦同意另外在达姆施塔特就协会成立的目的单独召开一次会议。这次会议的结果是:第一,促使瓦敦堡与巴伐利亚结盟。第二,某些德意志邦与普鲁士结盟。第三,德意志邦的中部地区的若干邦结盟。第四,主要在科塔(Cotta)男爵的努力下,使上述三个联盟统一在了一个总的关税同盟之下。至此,整个德意志,除了奥地利、两个梅克伦堡、汉诺威与汉萨诸城市之外,已经联合在了一个关税同盟之下，在同盟范围内取消了各成员之间原来的各不相同的税制，设立了统一的对外关税，各邦根据人口数量*按比例*分配所征收的税款。

实质上，这个同盟订立的税制与1818年普鲁士订立的税制均相同，也就是说，这是一个适度的保护性关税。

因为税制统一，所以组成同盟的德意志各邦在工业、贸易和农业方面都取得了重大的突破。

第8章 俄国人

俄国文明与工业的早期进步，靠的是同希腊的交往，靠的是汉萨各个城市与诺夫戈罗德市的贸易，以及（在诺夫戈罗德市被伊凡·瓦西里耶维奇破坏以后）发现白海沿岸水上航线以后开始的与英国和荷兰两国之间的贸易。

但是，俄国工业尤其是俄国文明的巨大进步始于彼得大帝时期。俄国近一百四十年的历史强有力地证明，国家团结与政治形势对一个国家的经济福祉可以产生巨大影响。

俄国制造业的基础、农业和人口的迅猛增长、通过开凿运河和修筑道路实现的国内便利的交通、大规模的国外贸易以及商业强国地位的获得，这一切都应归功于俄国帝国的力量，因为它建立并巩固了由无数未开化游牧民族组成的联盟。

然而，俄国独立商业制度仅仅开始于1821年。

在叶卡捷琳娜二世统治时期，由于她给外国技工与制造商提供的优惠待遇，商业和制造业确实取得了一些进步，但是由于国家文化制度尚不完善，无法使俄国制造业超越初级阶段，因而仍然从事着冶铁业、玻璃业和麻纺织业等，尤其是那些依赖于国内丰富农产品和矿产资源的工业产业。

此外，在当时，制造业的进一步发展无助于国家的经济利益。假使当时外国能从俄国购买大量粮食、原材料以及它所能供应的一些初级产品，假使没有发生战争以及一些国外事件的干扰，那么俄国借助于同一些比它先进的国家的交往就可能会实现更大的繁荣，这类交往可使它的文化取得比在先前更大的进步。但是，战争、大陆封锁以及外国商业规定，逼迫它寻找其他的办法，而不是仅仅依靠通过出口原材料和进口制成品达到实现繁荣的目的。新的做法干扰了俄国原有的海上商贸关系，它与西部大陆的陆路贸易无法弥补这些损失，因而它发现有必要利用自己的原材料。待大和平实现以后，回到旧制度的愿望又出现了，政府甚至沙皇本人，都倾向于赞成自由贸易。在俄国，斯托哈先生的著作就像萨伊先生的著作在德国那样享有崇高的威望。俄国在大陆封锁期间国内制造业得到了发展，后来由于受到英国竞争而损失惨重，人们对这样的初次打击并没有警觉。理论家认为，假如暂且忍受这种打击，自由贸易的好处将紧随其后。当时商业世界的环境的确对这种转变极为有利。西欧粮食歉收，俄国农产品得以大量出口，因此，俄国在很长的一个时期内获得了平衡大量制成品进口的这样一种情况。

但是，当西欧对俄国农产品的巨大需求停止时，当英国为了贵族利益而限制谷物进口、为了加拿大的利益而限制木材进口时，便使俄国感到了双重困境：本国制造业遭到破坏，外国制成品超量进口。以前的人们以及斯托哈先生，都把贸易平衡看做是幻想，认为要是一个理智的、开明的人相信贸易平衡的存在，那么比十七世纪相信魔术、妖法更令人无法忍受和更加荒诞无稽，现在人们惊讶地看到，独立国家之间必然存在着贸易平衡这样一种自然的状况。俄国最开明的、眼光最敏锐的政治家涅塞尔罗德伯爵毫不犹豫地承认他相信这个说法。他在1821年的一个信函中这样说："俄国发现它自己为形势所迫，不得不采取一种独立的贸易制度；帝国的产品连一个国外市场也找不到，国内制造业已经崩溃或濒临崩溃，这个国家的所有资金都流向国外，实力最雄厚的商行濒临破产。"

俄国保护性制度所产生的有利效果与恢复自由贸易后所带来的不利后果，同样足以使人们不再相信那些理论家的原则与论断。外国资本、人才技能与劳力，从所有文明之地尤其是英国和德国，流入到了这个国家，并分享国内制造业提供的好处。

总体上讲，俄国的贵族模仿了帝国的政策。既然他们不能为自己的产品获得国外市场，那么他们就试图反过来解决这个问题，把市场带到产品周边地区——他们在自己的土地上建房设厂。由于新成立的毛纺织厂对细羊毛的需求，养羊业获得了迅猛发展。国外贸易不降反增，尤其对中国、波斯以及亚洲其他周边国家的贸易。商业危机彻底消除，只要看一看俄国商业大臣最近的报告就会令人信服，俄国繁荣的实现，在很大程度上应归功于这个制度，它正在不断努力，增加国家财富，增强国家实力。

德国人不努力争取进步，抱怨由此给德国东北地区造成的损害，实在是愚蠢之举。每个国家，就像一个人一样，在自己的内心深处都有自己的利益。没人要求俄国人去关心德国的福祉或者德国人必须关心德国，俄国人必须关心俄国。把世界主义制度扔进火中，吸取俄国的教训，而不是抱怨，然后希望、等待和期盼未来自由贸易这个救世主的青睐，这样做效果更佳。

英国用嫉妒的眼光看待俄国的这一商业政策非常自然。俄国凭借这一个政策，把自己从英国那里解救了出来，并使自己具备了在亚洲同英国进行竞争的条件。尽管英国制成品便宜，但这一有利条件将被俄罗斯帝国同中亚贸易中所处的地理位置优势和政治影响所超越。虽然与欧洲相比，俄国依然不过是一个略显文明的国家，但与亚洲比较，它就是一个文明国家了。

同时，不能否认，俄国文明和政治制度的缺陷将严重制约工业和商业的进一步发展，尤其是假如帝国政府不实行有效的城市和地方行政制度，逐步限制并最后取消农奴制，形成有文化的中产阶级与自由的农民阶级，改善国内交通的运输状况及同中亚地区进行贸易的交通条件，使它的政治状况和工业成功地实现相互协调，那么情况将更严重。这些问题都要求俄国在本世纪内必须予以解决，它们是俄国农业、工业、贸易、航运业和海军力量进一步发展所依赖的条件。但是，要使这类改革成为可能并切合实际，那么俄国贵族们首先必须懂得并感到，这类改革将最大限度地改善他们自己的物质利益。

第9章 美国人

我们在对欧洲各国——除了那些没有什么可借鉴意义的国家之外——的商业政策进行了历史性考察之后，现在让我们看一看大西洋彼岸那个殖民地民族，我们几乎是眼睁睁地看着这个民族由原来完全依赖祖国、分散为多个彼此之间没有任何政治联盟的殖民地，发展成为了一个团结的、有组织的、自由的、强大的、勤奋的、富裕和独立的国家，到我们的孙子那一代时，这个国家可能上升为世界上一流的海军和商业强国。就我们研究的问题而言，再没有什么比北美的商业和工业历史更具有启发意义了，因为它的发展进程迅猛，自由贸易阶段和保护贸易阶段紧密相连，结果一目了然，分界一清二楚，整个国民工业和国家行政管理机器的运转都展现在了观察者的眼前。

祖国完全束缚着北美殖民地的贸易和工业的发展，除了家庭工业和一般手工业之外，不许它们拥有任何其他制造业。甚至到了1750年，马萨诸塞州的一个制帽厂曾成了英国议会轰动一时的事件，引起了英国人的猜忌，遂宣布北美的任何制造业都是"公共妨碍"，冶铁业也不例外，尽管该国拥有最丰富的冶铁业所需的全部原材料。甚至在最近，即1770年，新英格兰人发展制造业的尝试也引起了查坦这位大人的不安，他宣布，连一个马掌钉也不允许殖民地生产。

首先指出这种政策不公之处的功劳当属亚当·斯密。

祖国对所有制造工业的垄断是美国革命的主要原因之一，茶税仅仅为革命的爆发提供了一个机会。

脱离了受限制状态，拥有丰富的制造业生产所需的物质与知识资源，已经脱离了原来供应它们制成品并购买它们农产品的那个国家，被迫依靠自己的资源来满足自己的全部需求。战争期间北美自由之州的各种制造业都受到了强有力的鼓励，进而使农业受益匪浅，尽管这场战争使农业负担加重并遭到了严重破坏，但这些州的地价和工资仍然上涨迅速。但是，在《巴黎和约》之后，这些自由州不完善的制度使它们没有可能实行统一的商业制度，结果使英国的制成品得以重新自由进入，同美国新建立的制造业展开竞争，这时后者实力不足，难以承受，结果战争期间实现的繁荣景象迅速消逝，比兴起还来得快。在危机过后，一位美国国会演说家说："我们的确是按照当代理论家的建议，从我们能够买到最便宜货的地方买东西，结果外国商品在我们的市场上泛滥成灾；英国商品的价格在我们的口岸城市比在利物浦或伦敦的还要低。我们的制造业正在遭到破坏，我们的商人，即使那些曾指望靠做进口贸易致富的人，也破产了；这些原因对农业极为不利，土地财产普遍贬值，相应地，破产现象普遍存在，就连我们的土地所有者也难以幸免。"

这种情形绝不是暂时的，它从《巴黎和约》的缔结一直持续到了美国联邦《宪法》的制定，它比任何其他情形的作用都大，使自由州之间的团结更加密切，促使它们把维持统一商业政策的全部权力都交给了国会。国会淹没在了各州——纽约与南卡罗来纳也不例外——纷纷请求采取有利于国内制造业的保护性措施的一片呼声之中；华盛顿总统就职当天，穿了一套用国产衣料制作的套装，当时纽约的一个记者这样说："干净利落，落落大方，令人耳目一新，这位伟人就用这种独特的方式，给他所有的后任者和将来的立法者上了一堂关于如何促进这个国家福祉的令人难忘的一课。"虽然美国最初（1789 年）只对大多数意义重大的制成品征收轻微的进口税，但是在实行的最初几年里就产生了有利影响，使华盛顿能够在 1791 年的《国情咨文》中对国内制造业、农业和贸易欣欣向荣的景象表示庆贺。

不久，这种保护制度的不足之处就显露出来了，因为英国制造商改进了的生产方式具有优势，他们轻而易举地克服了低税率给他们造成的影响。国会的确曾把重要制成品的进口税提高到了百分之十五,但直到1804年,才为了弥补关税不足而被迫实施。在此之前,国内制造商极力呼吁采取更多的保护措施,但是,反对他们的利益集团同样坚持自由贸易的好处和高进口关税的害处。

与这个国家的制造商取得的些许进步形成鲜明对比的是,这个国家的航运条件得到了改善,在詹姆斯·麦迪逊的提议下,航运业自1789年以来得到了有效保护,商船的吨位从1789年的二十万吨增加到了1801年的一百多万吨。在1804年新税率的保护下,美国制造业仅仅能勉强维持与英国制造业相抗衡,这之前,英国制造业已经不断完善,达到了相当大的规模,如果不是得到了禁运令和1812年宣战的帮助,那么毫无疑问,美国制造业将不得不彻底屈从于英国的竞争。如同独立战争时期那样,由于这一系列事件的影响,美国制造业受到了强有力的推动,不但满足了国内需求,而且不久就开始向国外出口。根据美国贸易和工业委员会1815年向国会提交的报告,单毛织业与棉织业所雇用的工人人数就达十万,年产值高达六千多万美元。如同独立战争期间一样,制造业能力增强的必然结果是导致所有物品的价格迅速上涨,不但商品价格与工资,就连地产价格也随之上涨,因此土地所有者、劳动者以及所有从事国内贸易的人的腰包都鼓了起来。

《根特和约》以后,国会受到1786年经历的警示,规定第一年把以前的进口税率提高一倍,在此期间,国家继续保持繁荣。但是,迫于强有力的同制造商利益截然相反的私人利益集团的压力,以及在一些理论家论调的劝说下,国会重新于1816年决定大幅度降低进口税,于是,1786～1789年间所经历过的外部竞争所产生的同样后果又重新出现了,即制造业崩溃、产品滞销、地产贬值、土地所有者普遍灾难重重等。这个国家在战争时期再度享受到了和平时期的好光景之后,而后却再度在和平时期遭受到了比任何最残酷的战争期间造成的灾难还要大的灾难。直到1824年,当发现英国《谷物法》对它们不明智的行为产生了不利影响的时候,美国中部、北部与西部各州的农业利益集团才被迫同制造业集团联合起来,国会这时才适当提高了关税。但是,由于赫斯基森先生为了削弱新税率对英国竞争的效力,立即提出了抵制措施,不久新税率即被证明不够有效,经过激烈的斗争,国会不得不于 1828 年对税率进行补充并获通过。

最近发表的马萨诸塞州官方统计数字①可以让人们对保护制度下的美国,尤其是中部及北部各州的制造业发展之初的情景有个基本了解,尽管 1828 年曾修改了税率制度。1837 年,该州(马萨诸塞)共有 282 家纱厂,开工锭数 565 031,雇用 4 997 个男工和 14 757 个女工,用 37 275 917 磅棉花织出了 126 000 000 码棉织品,价值达 13 056 659 美元,占用资金 14 369 719 美元。

毛纺织业共有 192 家工厂,拥有 501 台机器,雇用了 3 612 名男操作工和 3 485 名女操作工,用 10 858 988 磅羊毛织出了 11 313 426 码毛织品,价值达 10 399 807 美元,占用资金 5 770 750 美元。

总共制造了 16 689 877 双鞋子和靴子(大部分鞋子出口到了西部各州),产值达 14 642 520 美元。

其他制造业的情况大体与上述制造业相仿。

这个州的工业产量的综合价值(减去造船业)达 86 000 000 美元,占用资金约为 60 000 000 美元。

(男性)操作工 117 352 名;(1837 年)全州居民总数为 701 331 人。

从事制造业的居民没有不幸、残暴和犯罪;相反,工厂里无数的男女工人都有最严格的道德品质,服装整洁。工厂建立了图书馆,为工人提供了实用而富有寓意的书籍;工作轻松,食物精美,营养丰富。大多数女工都为自己储蓄了添置嫁妆②的钱。

上述最后这种现象显然是生活用品便宜、低税、关税公平的结果。假使英国取消农产品的进口限制,将现行消费税降低一半或三

---

① 《马萨诸塞州年度统计报表》,截止日期为 1837 年 4 月 1 日,波士顿,1838 年,作者为比加洛,联邦秘书。除了马萨诸塞州之外,美国其他各州都没有类似的统计概要。亏得有著名学者、作家和政治家艾沃瑞特州长的帮助,我们才获得了这些资料。
② 1839 年美国报纸报道,单在工业小镇洛韦尔(Lowell)就有一百多名女工,她们每人在银行的存款都超过了 1 000 美元。

分之二,用所得税来弥补这方面的损失,那么它的工厂里的工人也会有同样的条件。

在未来命运和国民经济方面,没有一个国家能像美国那样被理论家和实践者如此曲解和如此错误判断。亚当·斯密和萨伊曾断言,美国"就像波兰一样",命中注定生来要从事农业。对于这样一个由十几个充满朝气抱负远大的年轻共和邦组成的联邦共和国而言,这样的断言无法令人满意,这种对未来远景的展望并不令人鼓舞。前面这两位理论家表示,只要这个国家轻而易举地获得最为富饶的耕地,那么老天就已经把美国人民单独挑了出来专门从事农业。赞赏美国人民心甘情愿地服从造物主的安排,并因此为这些理论家的自由主义原则提供一个表现非凡的绝好范例,这简直太伟大了。但是该学派不久就不得不经历耻辱,他们的理论在实践中失去了其正确性与适应性的有力证据,最后不得不忍受这样的景象:美国寻求国家幸福的方向恰恰与绝对贸易自由相反。

以前这个年轻的国家曾深深吸引了这些学者的眼球,但这时它却变成了欧洲各国理论家们严厉谴责的对象。据说这一点足以证明新世界在政治知识方面略微有了进步,这就是,当欧洲各国正满怀激情地努力使普遍自由贸易成为可能,尤其是英国和法国,正在为实现这个伟大的仁慈目标而努力并争取取得重大进步的时候,但美国却为了促进国家的繁荣而试图重新采用已经在理论上被彻底驳倒、遭到唾弃的重商主义原则。像美国这样一个国家,幅员辽阔,肥沃的土地尚未开垦,工资又被定得那么高,要想充分利用物质财富和人口增长以达到更高的目的,那么就再也没有比发展农业更好的方法了;而且农业一旦有了充分发展,届时制造业将自然而然地兴旺发达起来,而无须人为的促进;如果美国人为地发展制造业,那么不仅将损害那些已久享文明的国家,而且自己也将成为最大的受害者。

然而,对美国人来说,合理的常识和对国家需求什么的直觉认识,比相信理论主张更具说服力。他们通过对理论家的论据进行彻底研究,发现连这种理论自己的推崇者都不愿把教义付诸实践,这就使他们对教义的可信度产生了极大的怀疑。

美国还有大量肥沃的土地没有开垦,对于这个观点的答复是,对人口密度大、土地开垦充分、发展制造业时机已经成熟的那几个州而言,像这样有待开垦的成片土地,其稀少程度并不亚于英国。如果要把理论家所说的那一类土地加以开垦,那么势必要以极大的代价将那几个州的剩余人口移民到西部,这样不但将使东部各州在物质与知识资源方面受到重大损失,而且移民的结果还将使原来的买主变成竞争者,从而使地产及农产品的价值降低。那些原有的州在人口、文明程度及军事力量等方面都还没有获得充分发展,在这样的情况下,如果把所有一直延伸到太平洋沿岸的荒地全部加以开垦,那么对这个国家是不利的;相反,除非东部各州能够专心致力于发展制造业,能够用它们的制成品交换西部的农产品,否则从事于开垦偏远处女之地的事业对它们并不有利。人们还可以接着提出更多的问题。英国不是也和美国的情形一样吗?英国在它统治下的加拿大、澳洲以及世界其他地区,不是也同样有着大量未开垦的肥沃的土地吗?英国如果把它的剩余人口移民到这些国家,是不是也会同美国把它在大西洋沿岸的剩余人口移民到密苏里河流域那样轻而易举呢?然而是什么原因使得英国不但一直保护着它的国内制造业,而且还在不断地努力扩大呢?

这个学派认为,如果农业工资水平高,那么制造业就不可能在自然进程中取得成功,而只能像温室里的植物一样靠人工方法培育,这个观点部分正确。这就是说,相对于其价值而言,对那些主要靠手工生产、体积较小、重量较轻的产品,这个说法是适用的;但是有些制成品的价格受工资的影响较小,由于使用机器,由于尚未动用的水力,由于低廉的原材料与食物,由于充裕而又便宜的燃料与建筑材料,由于课税较低而劳动效率较高,可以冲抵高工资带来的不利,因此就这类产品而言,这个观点就不适用。

另外,美国人早已从经验中懂得,除非农产品交换制成品将来能够获得永久保证,否则农业就不会实现高度的繁荣。如果从事农业的人居住在美国,而从事制造业的人却居住在英国,那么双方的交易就会时不时地被战争、商业危机或关税等因素所中断,因此要使国家的幸福建立在稳固的基础之上,那么用杰斐逊的话说就是

"制造商必须过来,并在农业资本家的周围定居下来"。

美国人终于认识到了一个真理,即一个大国不应沉浸在现有物质利益的享受之中;文明和力量——是比拥有纯粹的物质财富更加重要和更加有益的资产,这是亚当·斯密所认可的——只有依靠建立自己的制造业能力,才能取得并得以维持;一个国家如果感到自己有条件能够在强大的世界文明之林中占有一席之地,保住自己这些资产,那么它不论面对任何牺牲都不应退缩。那时,沿大西洋各州显然会为这一切斗争并拥有这一切。

大西洋沿岸一带是欧洲移民和欧洲文明首先站稳脚跟的地方。在这里,人口稠密、富裕和文明之州首先得以建立;这里是海上渔业、沿岸贸易与海军的摇篮和所在地;在这里,美国赢得了独立并实现了统一。这个国家的对外贸易是通过沿大西洋各州得以进行的;通过这些州,这个国家同文明世界联系了起来;通过它们,国家获得了欧洲的剩余人口、材料、资本和精神力量;整个国家未来的文明、力量、财富和独立以及欠文明地区的影响,所依赖的就是这些沿海各州的文明、力量和财富。假如这些大西洋沿岸的各州当初的人口日益减少而不是不断增长,假如它们的渔业、沿岸贸易、从事国外贸易的航运业以及国外贸易本身,总之,它们的普遍繁荣只退不进或停滞不前,而不是持续增长,那么我们将看到,整个国家文明的源泉、独立与对外力量的保障,也将相应减退。甚至还可以这样设想,假如美国整个地区从沿海到沿海,土地都得到了开垦,农业州遍布全国,内地人口稠密,而国家本身的文明、独立、对外力量、对外贸易程度却处于低水平,那么这个国家的整体实力水平还是很低的。许多国家的确如此,它们的航运和海军力量一无所有,尽管岛内人口众多。

假使有这样一个强国,它热衷于一项工作,有意阻止美国人民不断发展壮大,使他们在工业上、商业上和政治上屈从于它,要想实现这个目标,那么只有想方设法使大西洋沿岸各州的人口减少,并把这一带增加了的人口、资本和知识力量赶到内地去才行。通过这种办法,不但可以遏制美国海军力量的进一步增强,而且还有希望及时拥有大西洋沿岸及河流入海口处的主要战略防御地位。达到这个目的的方法不难想象：只需阻止大西洋沿岸各州发展的制造业力量，并保证美国接受对外贸易的绝对自由原则就足够了。

假如大西洋沿岸各州不能成为制造业之州，那么它们不但不能维持现有的文明程度，而且还会衰落下去，且各个方面都会衰落下去。没有制造业，大西洋沿岸的城镇如何实现繁荣？只有靠把内地的农产品运往欧洲，而把英国的制成品运到内地也不行，因为只需数千人手就足以完成这种转手贸易了。渔业如何实现繁荣？多数迁徙到内地的人更喜欢吃鲜肉和鲜鱼，而不喜欢吃腌制的干货；他们不需要鲸鱼油，或者至少需求不大。大西洋沿岸的贸易如何兴隆？因为沿海各州绝大多数居民都是土地的耕种者，他们为自己生产全部所需的粮食、建筑材料、燃料等，这样沿海一带就再也没有什么可以维持运输贸易的了。国外贸易和远程航运又如何增长？这个国家除了未完全开垦的丰富的资源之外，再也没有什么其他东西可供应了，而它们供应农产品的那些制造业国家，却鼓励自己发展航运业。如果渔业、沿岸贸易、远洋航运和对外贸易都衰落了，那么海军力量又怎能崛起？没有海军力量，大西洋沿岸各州又如何防御外敌进攻？西部地区辽阔，土壤既廉价又肥沃，不需施肥也可耕种，通过运河、铁路等，就可以把那里的农产品运到东部，而价格却远比当地沿海各州自己在地力早已枯竭的土地上生产的东西还便宜，在这种情况下，东部这些州的农业又如何能够实现繁荣？很清楚，如果同英国进行自由贸易，那么所有增加了的人口和农业资金必然流往西部，在这种情况下，东部各州的文明又如何发展而人口又如何增加？假使东部缺少制造业，那么大西洋各州的处境将如何？这从弗吉尼亚州的现状中可略见一斑，因为弗吉尼亚和大西洋沿岸南部各州一样，目前正向大西洋沿岸各州供应农产品并从中分得好处。

由于大西洋沿岸各州制造业呈现出了一派繁荣景象，因此各方面的表现与上述描述的情形完全不同。大量人口、资本、技术技能以及知识力量，现在正从所有欧洲各国源源不断地流向大西洋沿岸各州。现在，大西洋沿岸各州对产品的需求与它们消耗西部各州供应的原材料同时增长。现在，各州人口、财富与城市数量和范围，同西部处女地的开垦同比增长。因为各州人口不断增长，他们对于肉类、奶油、奶酪、牛奶、蔬菜、含油的种子、水果等的需求也随之增加,所以它们自己的农业也在不断壮大;咸鱼与鲸鱼油的需求增加了,结果渔业也呈现出了繁荣的景象;为了满足制造业人口的需求,必须沿大西洋沿岸转运大量的粮食、建筑材料、煤炭等;这些制造业人口生产了大量的商品出口到世界各地,因而换回了有用的物品;由于沿岸的贸易、渔业与远程航运业的发展,全国海军力量有了增强,从而保障了国家的独立以及对他国尤其是对南美洲各国的影响;东部各州在科学与艺术方面,在文明与文学方面,也都在不断进步,又从那里传播到了西部各州。

  以上种种情形促使美国对外国制成品的进口采取限制措施,以保护本国的制造业。这一措施究竟在多大程度上取得了成功,我们已经在前面描述过了。如果没有这样一个政策,那么美国大西洋沿岸各州的制造业能力绝对不可能获得成功,我们可以从它们自己的经历以及其他国家的工业史中了解到这一点。

  有人曾经把美国频频爆发的商业危机归咎于对国外商品进口所进行的限制,但缺乏合理根据;相反,美国早期以及后期的经验表明,这样的危机发生得最频繁、破坏性最大的时候,也正是对英国的商贸往来限制得最不严的时候。那些从国外市场购买所需制成品的农业国爆发的商业危机,是由于进出口不平衡所造成的。制造业国家的资本比农业国丰富,它们总是在用信用竭力争取增加出口的数量并鼓励消费。事实上,它们这是用来年的收成作抵押,但是如果农业歉收了,那么它的价值就会缩减,缩减到低于此前已消费的商品价值;而如果农业获得了大丰收,以致供过于求,价格下降,而同时本国市场上国外商品仍然堆积如山,那么由于支付手段与此前已消费的商品数额之间失去了平衡,又由于农产品与制成品在市场上供求关系失去了平衡,那么就会发生商业危机。外国与本国银行的运作可能会加速和促进这种危机,但是它并不能造成危机。在以后的章节里,我们将对这个问题进行详细论述。

第10章 历史的教训

无论何时何地,国家的幸福同人民的知识、道德和勤奋总是成正比的,财富也随着这些因素的变化而增加或减少;但是个人的勤奋与节俭、创造与进取,如果没有内政上的自由、适当的公共制度与法律、国家的行政管理与对外政策,尤其是国家的团结和权力等方面的支持,那么是绝对不会取得任何重大成就的。

历史无处不向我们展示着社会与个人力量及条件之间相互作用的强劲过程。在意大利与汉萨城市、荷兰与英国、法国与美国,我们所看到的是个人的生产力量,因此也就是个人财富,随着人们所享受到的自由以及政治与社会制度的完善程度同比增长;但是,自由与政治社会制度,反过来又从个人的物质财富与生产力量方面汲取了不断进步所需的物质条件与动力。英国工业的崛起与力量的增强,是从英国真正奠定了国家自由基础的时候才真正开始的;而威尼斯、汉萨城市、西班牙和葡萄牙的工业与力量的崩溃,是与自由的丧失同时发生的。公民个人方面无论怎样勤奋、节约、富于创造能力和智慧,也不能弥补自由制度的缺失所造成的损失。历史还教导我们,个人的生产能力大部分是从他们所处的社会制度和环境中得来的。

关于自由、智慧与教化对国家力量的影响,因而也就是对国家生产能力与财富的影响,显示得最为清楚的莫过于航海业了。在所有工业追求中,最需要活力、个人勇敢精神、进取心和忍耐精神的就是航海事业,而这些条件只有在自由的气氛下才能创造。无知、迷信、偏见、怠惰、懦弱给航海业带来的灾难性后果,要远远大于对其他行业的不利影响。这一行业同其他行业相比,自信心是最不可缺少的。因此,历史上就找不出一个被奴役的民族能在航海事业上获得卓越地位的例子。印度人、中国人和日本人的努力,向来严格地限制于内河运输与沿岸贸易。在古埃及,人们对海上运输深恶痛绝,也许是由于僧侣和君主们害怕航海会助长自由与独立的精神。古希腊最自由、最开明的城邦同时也就是海上力量最强大的城邦,随着它们自由的丧失,海军力量也就不复存在了。虽然历史上曾经叙述过马其顿国王在陆上取得的战绩,但却没有他在海上胜利的史料记载。

　　罗马人是什么时候称雄海上的,他们的舰队又是什么时候销声匿迹的呢?意大利曾几何时在地中海上叱咤风云、不可一世,它们的沿岸贸易又是从什么时候起旁落他国之手的?早在英国与荷兰舰队执法之前,西班牙的海军就被宗教法庭判处了极刑。汉萨各城市商业寡头得势之后,权力和进取精神就随之远离了汉萨同盟。

　　西属荷兰只有沿海几个省份获得了自由,而服从于宗教法庭的那几个省份甚至连内河航道都被迫关闭了。英国舰队在英伦海峡战胜了荷兰以后,已经拥有了海上霸权,自由精神早已注定了英国这样的结果;荷兰人直到今天还保有很大一部分商船,而西班牙和葡萄牙的商船则几乎完全丧失殆尽。在专制君主统治之下的法国,一位英明的大臣组建舰队的努力总是徒劳无功的,因为建成的舰队一次又一次地遭到了毁灭。

　　但是现在我们却看到了法国的航海业和海军力量在日益壮大,这又是什么缘故呢?经过浴血奋斗,美国刚刚获得了新生,它的独立使我们看到了它为了荣誉是如何同母国的强大的海军力量开展斗争的。但是中美和南美各国的情形又怎样呢?只要它们的国旗还没有飘扬在全世界的海面上,那么它们共和政体的有效性就很难让人信服。得克萨斯的情形和它们形成了鲜明对比,这个地区在完全获得政治生命之前,就已经宣称在海上领域占有一席之地了。

　　但航海业不过是一个国家工业力量的一个组成部分,只有与其他辅助部分结合在一起,才能得到发展并重新获得重要地位。无论何时何地,只有当制造业实现了高度繁荣之后,航海业、国内外贸易甚至农业本身才会发展起来。但是,如果自由是航海业繁荣的一个必不可少的条件,那么要发展工业力量以及提高一个国家的整体生产能力,其自由程度要多大才足够呢?历史不曾记载这样的史实,即一个富裕地区,在商业和工业发达的同时却不能享有自由。

无论在何处,制造业首先带来的是交通方式的改进,包括河流航运、公路和铁路的改进,这些构成了改善了的农业和文明体系的基本要素。

历史教导我们,艺术和贸易从一个城市转移到另一个城市,从一个国家转移到另一个国家,如果它们在本地受到迫害和压制,那么它们就到能够获得自由、保护和支持的城市和国家寻求避难。通过这种方式,它们从希腊和亚洲转移到了意大利,从意大利转移到了德国、法兰德斯和布拉班特,再从那里转移到了荷兰和英国。无论在何处,是理性的缺乏和暴政将它们驱逐,又是自由精神将它们深深吸引。要不是由于欧洲大陆各国政府的愚昧无知,英国就很难取得工业优势。就我们德国而言,与其耐心等待别国失策把它们的工业驱逐出境,迫使这些工业到我们这里来寻求避难,倒不如不去等待这种偶然的机会的光临,而是主动创造有利条件,诚邀它们到我们这里来安家落户,这样是不是更明智?

诚然,经验教导我们,风把种子从一个地区带到另一个地区,因而使荒野变成了茂密的森林,因此造林者看到了这样的情形并出于这样的考虑,就静候风在岁月的进程中左右这种转变,难道这是一个明智的选择吗?

如果一个造林者选择主动播种和植树,寻求在短短的几十年的时间内达到同样的目的,难道这样做不明智吗?历史告诉我们,许多国家就是用那个造林者的办法成功地实现了它们的目标的。有许多独立的自由城市、小型的共和邦或这类城市与小邦的同盟,虽然领土有限,人口不多,兵力不强,但是由于具有年轻的自由朝气,以及优越的地理位置和幸运的环境与难得的机遇,它们早在那些大的君主国之前,就通过发展制造业和商业实现了繁荣;它们通过同这些大国自由通商、出口成品和进口原材料,实现了高度的富强,威尼斯、汉萨城市、比利时和荷兰就是如此。

这种自由贸易制度，对于那些同小国发生贸易关系的大君主国而言，一开始并不是无利可图的。这些大国拥有丰富的自然资源，在社会条件尚未充分发达的情况下，自由进口外国产品，出口本国产品，对于发挥如下作用无疑是最为安全的和行之有效的方法：发展本国生产力，为生性懒惰好逸恶劳的臣民灌输勤奋思想，引导地主和贵族对工业产生兴趣，激发本国商人积蓄已久的进取精神，尤其是增强他们自己的文明、工业和力量。

英国人主要是从意大利、汉萨、比利时和荷兰这些国家的贸易和制造工业中了解到这些效果的。但是，当他们的国家通过自由贸易发展到了一定水平的时候，这些伟大的最高统治者就意识到，文明、力量和财富的最高水平只有靠制造业与商业同农业相结合才能获得。他们意识到，永远不要指望他们刚刚建立起来的本国制造业能够在同国外那些老牌的制造业进行的自由竞争中取胜，如果没有什么特别优惠条件，那么本国的渔业和海军力量基础——商业船队——就永远不会顺利发展；本国商人的进取精神将永远受外国商人雄厚的资本、丰富的经验和精明强干所压制。因此，他们就采取了限制制度、特惠待遇、鼓励等措施，把那些外国人的财富、才能和进取精神植根于他们的国家的土壤之中。他们在执行这个政策的过程中，取得的成功或大或小、或快或慢，有的与原定目标更相符一些，有的则差一些，有的在执行时格外认真、坚强，有的就不免打了折扣。政策的成功与否、是快是慢，与这个政策是否符合目标、是否明智，与执行时投入的精力和坚持不懈的程度是成正比的。

英国先于其他国家采取了这个政策。爱德华六世、伊丽莎白统治时期和革命时期制定的这一措施切实可行，但由于统治者缺乏智力和自制力，或由于国内政治动乱或同外国交战等原因，这个政策在早期执行过程中时常被中断。英国直到亨利六世时期才允许谷物在国内各郡之间自由流通或运往国外，在亨利七世及亨利八世时代，人们还一概地认为利息甚至票据贴现是高利贷，还认为用压低毛织品价格和工资标准的办法可以振兴商业，还认为用禁止大规模牧羊的方法可以增加谷物的产量，在这样的情况下，爱德华三世的措施怎么会取得令人满意的效果呢？

假如亨利八世未曾把谷物价格的上涨说成是一种罪恶,假如他不把大批外国技工驱逐出境而是像他的先辈那样鼓励移民入境扩大技工人数,假如亨利七世不曾拒绝国会提议的《航海法》,那么英国的毛纺织业和海外贸易又会提前多久实现高度繁荣呢?

我们在法国看到,国内制造业、国内自由贸易、对外贸易、渔业、海运业和海军力量,总之,一个富强国家应具有的一切特征(这些都是英国经过几个世纪的不懈努力才获得的)经过一个伟大天才之手,就像魔术师将魔杖一挥那样,在短短数年的时间内就全部具备了,但是后来却很快断送在了狂妄和专制的铁腕之下。

我们看到,在不利的条件下,自由贸易原则在与执行严格的限制原则抗争过程中不占优势,汉萨同盟覆灭了,而荷兰因为遭到英国和法国的打击也一蹶不振。

我们从威尼斯、西班牙和葡萄牙的衰落,从法国在《南特敕令》废除以后的退化,从英国的历史——在这个国家,自由总是与工业、商业和国家财富的进步保持同步的——中得知,只有得到一个国家进步文明和自由制度的支持,其商业性限制政策才会发挥有利作用。

相反,我们一方面可从北美自由之州的历史,另一方面可从德国的经历中得知,如果有了高度文明,不论有没有自由制度,除非得到了正确商业政策制度的支持,否则,事实证明,一个国家的经济进步获得保障的可能性微乎其微。

缺乏有力统一商业政策的现代德国,在国内市场上同一个在各方面都胜过自己一筹的制造业强国进行竞争,同时在国外市场上则处处受专断、往往变幻莫测的限制性政策所排斥。实际上,德国工业取得的进步与其文化赋予它的应该取得的进步程度相差甚远,甚至不能保持原有的地位,它就像一个殖民地一样被那个国家随心所欲地支配,而德国商人在数百年前曾经以同样的手段支配过那个国家,直到最后,德国各邦才终于决定采取统一而有力的商业政策,以确保自己的工业能够占领本国市场。

北美自由之州的地理条件优越,可以享受自由贸易带来的好处,其受益程度超过了以前的其他任何国家,甚至还在酝酿独立期间就受到了世界主义学说的影响,它对这一原则不遗余力地加以贯彻,其程度远远超过了其他任何国家。但是我们看到,由于对英作战,这个国家曾经两度被迫在国内生产必需品,而这些必需品在自由贸易下原来是从他国买入的;在实现和平之后,同外商的自由竞争又曾两度把业已建立起来的制造业逼到了濒于毁灭的境地。因此,事实告诫我们,在目前世界形势下,任何大国必须首先在自己的力量和资源的独立及均衡发展中,为自己的持久独立和富强寻求保障。

因而历史表明,限制政策并不只是凭空想象的产物,而是由于不同的利益,由于各国在追求独立与优势方面的争夺,也就是由于国与国之间不断你争我夺和战争的自然结果,因此在国家利益冲突还没有停止以前,换句话说,就是在所有国家还没有完全统一在同一个法律体系之下之前,还不能抛弃这个政策。所以在考虑各个国家是否能、怎样能结成一个统一联盟,以及在各个独立国家之间一旦发生争端,怎样以法律裁决代替武装冲突来解决这些问题时,必须考虑到这样的问题,即怎样建成一个普遍的自由的贸易制度以取代各个国家的商业制度。

在面对那个在工业、财富和力量上占据绝对优势、尤以其所施行的排外性关税制度而闻名的国家时,许多国家曾经尝试实行自由贸易制度,例如葡萄牙在1703年,法国在1786年,北美在1786年和1816年,俄国从1815年到1821年,以及德国持续几个世纪的做法。但事实向我们表明,这样牺牲了各个国家的繁荣,对整个人类世界并无益处,只能使占据制造业和商业优势的那个国家富裕。瑞士(希望我们随后加以说明)是一个例外,它对支持或反对这种或其他制度都不能提供什么有力的证据。

在我们看来,科尔伯特并非是那个意大利人以他的名字命名的那个制度的发明者,因为我们早就看到,英国人早在他之前就诠释了这个制度,科尔伯特只不过是把法国——如果它希望实现自己的愿望的话——迟早要做的付诸实施罢了。假使科尔伯特应受到责备,那也只能这样责备,他试图在专制政体下推行一种制度,而这种制度只有在政治条件得到根本改进以后才能得以生存。

但是,针对科尔伯特的责备,可以进行有力的辩护,如果贤明的君主和精明的大臣能够把科尔伯特的制度延续下来,那么极有可能通过改革清除挡在制造业、农业和贸易以及国家自由前进道路上的种种障碍；假如果真如此的话，那么法国就不会经历革命，相反，在勤奋与自由的相互影响下将迫使它沿着发展的道路不断前进，这就有可能使它于最近一个半世纪内在制造业、促进国内和国外贸易、殖民地开拓以及发展渔业、海运业和壮大海军力量等方面成功地同英国进行竞争。

最后，历史告诫我们，那些先天赋予了它们实现财富和力量最高发展程度所必需的一切资源的那些国家，如何可以而且必须——但不必因此而失去既定目标——按照自己的发展进程不断改进它们的制度。第一阶段，对比较先进的国家实行自由贸易，以此作为使自己脱离原始状态和促进农业发展的手段；第二阶段，采取商业限制措施，促进制造业、渔业、海运和国外贸易的发展；最后一个阶段，在财富和力量达到最高程度后，再逐步转向自由贸易原则，在国内外市场进行毫无限制的竞争，不至于使农业从业者、制造商和商人陷于懈怠，鼓励他们保住既得优势。在第一个阶段，我们看到了西班牙、葡萄牙和那不勒斯王国；在第二个阶段，我们看到了德国和北美；法国显然处于接近最后一个阶段边缘的位置，但目前只有大不列颠王国真正达到了最后的阶段。

第二部分
理　论

第11章 政治和世界主义经济学

在魁奈和法国经济学家之前，仅有政治经济学存在，实践这一学说的重任被政府官员、管理者及论述管理问题的学者承载着。而论述这一理论的学者仅仅从他们所在的国家的农业、制造业、商业和航海业来考虑，并没有分析财富的起源或者考虑到全人类的利益。

魁奈（自由贸易理论的创始人）首先将他的研究扩展到了全人类，而不是仅从单个国家的角度出发。他把他的著作命名为《重农主义或最有利于人类的支配力量》，他要求我们必须这样设想：*所有国家的商人构成了一个商业共同体*。魁奈无疑提到了*世界主义经济学*，一门讲述全人类如何实现繁荣的科学；与此相对立的是政治经济学这门科学，仅仅用于探究一个*既定的国家*如何通过农业、工业和商业的手段（在当前世界形势下）实现繁荣、文明并获得力量。

亚当·斯密①也用同样扩大的观念对待他的学说，他致力于揭示基于全世界范围内的商业绝对自由的世界主义思想，尽管重农主义者犯了违反事物本质、违反逻辑的大错误，但亚当·斯密和魁奈一样，他们很少关注真正的政治经济学，即为了经济条件的进步每个国家必须遵从的政策。他将他的著作命名为《国民财富的性质和原因的研究》（全人类的所有国家）。他仅在著作的一章中提到了各种政治经济制度，仅仅是为了说明它们没有效率，用来证明"政治"或者*国家经济学*必然用"世界主义或者世界范围的经济学"来代

---

① 据说亚当·斯密原本打算把他的伟大著作**献给**魁奈的（参看 T. 奥尔曼和 J. 奥尔曼 1825 年出版的《亚当·斯密传记》）。——英译者注

替。尽管他或多或少地提到了战争，但这只是偶然提到。永久和平状态的思想构成了他理论论证的基础。此外，他的传记的作者斯图尔特明确地指出，他的研究从一开始就是基于这样的原则的："大多数旨在促进公共繁荣的国家规章是不必要的，一个国家要想从低级的未开化状态转变到高级的繁荣状态，不需要别的，只需要适度的赋税、公平的司法治理以及*和平*。"亚当·斯密自然把"和平"理解成了圣皮埃尔神父所指的"持久的、普遍的*和平*"。

萨伊曾公开要求，为了理解普遍的、自由的贸易思想，我们必须想象一个*全球共同体*的存在。萨伊的努力仅仅限于将亚当·斯密提出的材料形成一个体系，他在他的《政治经济学概论》（第六卷，第288页）中明确指出："我们可以考虑以家长为首的一个家庭的经济利益，相关原则及研究将构成*私人经济*。但是，这些涉及整个国家利益的原则，不管是涉及这些国家本身还是与其他国家有关，都构成了*公共经济*。最终，*政治经济学*与所有国家的利益即*整个人类社会的利益*有关。"

必须强调的是，首先，萨伊意识到了国民经济学或政治经济学的存在，称之为"公共经济学"，但他没在其著作中加以研究；其次，他把*政治*经济学这个名词归类为一个学说，这个学说明显地带有*世界主义*的色彩。在这个学说里，他始终只论述一种经济学，这种经济学的唯一目标是全人类的利益，而并非个别国家的单独利益。

如果萨伊在向我们解释了什么是政治经济学（不是别的，只不过是世界主义经济学、世界范围的经济学或者全人类的经济学）之后，让我们了解到了他称之为"公共经济学"的这门学说的原则，那么，准确地说，这只不过是某些既定国家的经济学或者真正的政治经济学，因而我们不必在乎这种称法的改变。

在定义和发展这个学说的时候，他简直无法避免从国家的概念和属性着手研究，以揭示"全人类经济学"必须经历的实质性改变。事实上，在目前，人类仍然被分割成许多独立的国家，每个国家由共同的力量、利益统一在了一起，与其他在天赋自由权利的行使上彼此对立的类似的社会团体截然不同。但是，他把世界主义经济学称之为*政治*经济学，然而却没有给出解释，名词的改变影响了意义的改变,从而掩盖了一系列重大的理论错误。

后来的一切理论家都陷入了这个错误之中。西斯蒙第也准确地把政治经济学解释为"以造福全人类为使命的科学"。亚当·斯密和他的追随者们在这一点上所告诉我们的,也不过是魁奈及其追随者已经告诉过我们的。《方法评论》里的文章在谈到重农学派时,几乎用了同样的话:"*个人福祉完全依赖于全人类的福祉。*"

亚当·斯密所认为的美国第一个自由贸易的倡导者——哥伦比亚大学校长托马斯·库柏(Thomas Cooper)——甚至也否认国家的存在,他把国家称为"一个语法上的发明",仅仅是为了便于表达,它不是一个实体,除了在政治家的头脑中存在之外,实际上并不存在。库柏的观点同这一点非常一致,甚至比他的前辈及导师更加一致。因为很明显,一旦具有明确属性和不同利益的国家被认可,那就有必要根据这些特殊的利益调整人类社会的经济。如果库柏把这些调整说成是错误的,那么对他来说,从一开始就否认国家的存在是非常明智的。

对我们来说,我们并不彻底否认*世界主义*经济学,因为主流学派已经使其完善了。但我们认为,政治经济学或者萨伊所称的"公共经济学",也应该科学地发展。对事物合理命名比给它们一个和实际意义相反的名称要好得多。

如果我们希望恪守逻辑、事物的自然法则的话,那么我们必须将个人经济学与社会经济学加以区别;而为了解释后者,我们还应将真正的政治经济学或者国民经济学(建立在国家的概念和属性之上,讲述一个既定的*国家*如何在世界目前状况下以及在各自的国家关系下维持并改善它的经济条件)和世界主义经济学加以区分,后者起源于这样的假定:地球上所有的国家组成了一个处于持久和平状态的社会。

如果像主流学派所主张的那样,我们假设有一个全球统一体或者一个所有国家的联邦作为持久和平状态的保证,那么国际自由贸易的原则看起来就是完全正确的。每一个个体在追求独自的繁荣时受到的限制越少,那么同他进行自由贸易往来的人数就会越多,而财富数量也越多;他个人活动的范围越广,则他在为了增加他的繁荣而利用先天的禀赋、后天获得的知识和才能以及供他支配的自然力量时就会更加容易。这对个人如此，对各个团体、社会及国家也是如此。一个傻子会这样认为，对美国各州、法国各县、德国各个联邦来说，把它们联合起来进行自由贸易往来不如通过内部地方关税分割更为有利。

在大不列颠三个王国和爱尔兰的联合过程中，世界见证了一个伟大的、无可辩驳的事实：联合国家之间的自由贸易带来了无比巨大的效率。让我们假定世界上所有的国家都以类似的方式结成联盟，那么最生动的想象也不足以描绘全人类会获得的巨大财富及幸福增加的蓝图。

毫无疑问，一个全球联盟和持久和平的思想是常识和宗教所推崇的。① 如果个人之间的斗争在目前被认为是违背理性的，那么两个国家之间的斗争应该受到多大程度的谴责呢？社会经济学能够从人类文明史上找到把人类统一在正义的法律之下的合理性的证据，这可能是能被健全的人类理解力所接受的最明显的证据。

历史告诉我们，无论在什么情况下，如果人类陷入战争时，人类的繁荣就会处于最低水平；而当人类和谐相处时，人类的繁荣也会同比例地增加。在人类的原始阶段，最初形成的是家族联盟，然后是城市、城市联盟，接着是整个国家的联盟，最后是在同一个政府管理下的几个国家的联盟。如果事物本质上的趋势性力量特别强大，强大到足以把这种联盟（从家族联盟开始）扩大到成千上万，那么我们就认为可以使所有国家结盟。如果人类能够理解这种伟大联盟的益处，那么我们应该敢于设想全人类的联盟会带来更大的益处。许多例证都表明这种趋势符合时代精神。我们稍微提一下科学、艺术、发明、工业及社会秩序等方面取得的进步就可以了。可以肯定地预言，再过几十年，由于运输工具的完善，地球上文明国家会

---

① 基督教推崇的是持久和平。但是在"一个羊圈、一个牧人"的诺言还没有实现的时候，教友派教徒们的那些原则无论如何完善，都无法加以实施。基督教的教义和诺言完全符合人类物质和精神福祉的要求，这是对基督教是出于神的创始的最好证明。

以一个世纪前英格兰与其他不同国家间实现联盟的同样方式（或者更紧密的方式）实现物质和文明的联合。欧洲大陆的政府早已开始使用电报作为互相交流的手段，就像它们同处一地一样。强大的力量已经使工业提高到了前所未有的发展程度，更强大的力量的出现已初露端倪。但是工业进步越快，并相应地扩展到世界各国，发生战争的可能性就越小。两个工业发展水平相当的国家之间如果发生冲突，则它们在一周之内相互之间造成的损害，即使用一个世纪的时间也难以弥补。由此可以推断，为生产服务的同样的新生力量也会带来破坏，并有利于防御方，尤其是欧洲大陆国家，它们对英国构成了威胁，英国原先的岛国防御地位将面临丧失的危险。在欧洲各大国的国会里，组成将来统领整个欧洲的国会已处于萌芽状态。通过议定书消除分歧的努力已经占据了上风，代替了通过战争力量获取正义的做法。对财富和工业本质的深刻洞察，使一切文明国家的精明的首脑们深信，对未开化、半开化及文化正在衰退的国家的教化以及建立殖民地，为文明国家生产能力的发展提供一个领域，那么这些生产能力定会比战争或者贸易限制造成的相互敌对状态给它们带来更丰硕、更安全的果实。我们对这点理解得越深，随着未开化国家由于运输工具的改进而与发达国家发生的联系越多，那么文明国家就越能认识到：对未开化的、陷于内部无政府混乱状态的或者被不良政府压制的国家的教化，是它们的一项任务，这项任务为所有国家提供了均等利益，同时也是它们应负的责任，只有通过团结才能实现。

从那些不可改变的自然法则来看显而易见，各国的文明和全球文化，形成了一个全人类共同肩负的任务。这些自然法则驱使文明国家以不可抗拒的力量向欠发达国家扩张或者转移生产能力。我们到处可见，在文明的影响下，人口、精神力量和物质资本积累到了一定程度，不得不向其他欠文明国家流动。如果一个国家的可耕地面积不能满足全部人口的需要，不能使农业人口充分就业，那么农业人口的富余部分就会到遥远的地方去寻求适宜耕种的土地；如果一个国家的人才和有技术能力的人数太多，以至于不能获得充分的回报，那么他们就会流动到更需要他们的地方；如果由于物质资本的积累利率下降严重,以至于小资本家不能以此谋生,那么他们就会将他们的钱投资到相对贫困的国家并以此获利。

因此,一个正确的原则构成了流行学派体系的基础,如果这个原则要实现指导实践的目的,那么它就必须被认识并被加以科学利用。为了不误入歧途,实践一定不要忽略这个思想。只是这个学派没有考虑到国家的本质、特殊利益和条件,没有把这些方面同世界联盟及永久和平联系起来。

流行学派假定那些尚未出现的事物状态已经存在。它假定了一个世界联盟和永久和平状态的存在,进而推断出自由贸易的巨大利益。用这种方式,它混淆了因果关系。在那些政治上已经联合起来的省份和城邦中,持久和平状态的确存在,并且从这些政治联盟中产生出了商业联盟;反过来说,由于这种持久和平状态的保持,这些商业联盟才会对政治联盟有利。所有历史事实都证明,总是政治联盟开路,商业联盟紧随其后。① 没有任何一个例子可以表明商业联盟首先出现,然后政治联盟从中产生。但是,在目前世界形势下,普遍自由贸易的结果不会产生世界共同体;恰恰相反,欠发达国家将普遍成为制造业、商业及航海业发达国家的霸权的附庸。这个结论的理由很充分,按照我们的观点,这是无可辩驳的。只有当许多国家的工业文明、政治文明与权力等方面发展到了几乎同等的水平时,一个世界联盟(按照亨利四世和圣皮埃尔神父的意思)也即一个由世界各国组成的、彼此认可有同等权力的并放弃自我调整的联盟才会实现。只有随着这个联盟的逐渐形成,自由贸易才能逐步发展,才能产生出这样的结果,即给予所有国家像那些政治上已经联合的省份和城邦一样巨大的利益。保护制度因此成为使那些文明程度远远落后的国家达到和先进国家(但是,先进国家从来没有被赋予工业的垄断权,它们仅仅是在时间上获得了优势而已)同等文明

---

① 这个说法在李斯特写这本书的时候可能是对的,但是现在却可以举出一个明显的例外,德国各联邦在关税同盟下的商业联合比它们在帝国之下的政治联合要早得多,而且后者的出现是由于前者的有力推动。——英译者注

程度的唯一手段，从这个角度来看，可以把保护制度当做促进国家最终联盟、推动真正贸易自由的最有效率的手段。从这个角度来看，国民经济学似乎是这样一门科学：它正确地评价各个国家当前的利益和特有的环境，教导我们各个不同的国家能够上升到一个工业发展的阶段，通过和其他国家结盟实现国家之间的平等发展，随后自由贸易才成为可能并变得有用。

但是，流行学派把两种学说混淆了起来，它犯下了按照纯粹世界主义原则来判断国家情况的严重错误，这仅仅是出于政治原因而忽视了生产能力的世界性发展趋势。

正是因为忽视了生产能力的世界性发展趋势，所以才使得马尔萨斯误入了限制人口增长的歧途；或者使得查默斯和托伦斯最近坚持了一种古怪的想法，即认为资本积累和无限制性的生产是邪恶的东西，而社会福祉迫切需要这种限制；或者使得西斯蒙第宣称制造业对社会有害。在这方面，这些理论很像吞食了自己孩子的萨杜恩（古罗马的农神。——中译者）。这些理论认为，人口、资本和机械设备的增加产生了劳动分工，并用这个观点解释了社会福祉，最后认为这些巨兽般的力量威胁到了国家繁荣。不过，这个理论仅仅考虑到了各个国家的条件，而没有把全球的情况以及未来人类的进步考虑在内。

人口增长快于生存手段的增长的说法是错误的。假定这样的比例失衡、试图用模拟的计算方法或复杂的论述来证明这种说法，至少是愚蠢的，只要地球上还有大量自然资源未被开发利用，就足以养活现有的人口的十倍乃至百倍。用目前的生产能力标准来验证在一定土地上能养活多少人口过于偏激。野蛮人、猎人和捕鱼人，按照他的算法，地球不足以养活一百万人；按照牧羊人的算法，不足以养活一千万人；按照原始农民的算法，整个地球不足以养活一亿人。但是，现在仅欧洲就生活着二十亿人。马铃薯和其他粮食作物的种植以及其他农业的普遍改进，使创造人类物质资料的生产能力翻了十番。在中世纪，每英亩小麦的产量是先前的四倍，而现在是先前的十到二十倍；另外，五倍多的土地得到了开垦。在许多欧洲国家（它们的土地和英国的土地一样肥沃），目前产量不超过它先前的四倍。谁敢为发明、发现及人类进步设置更多的限制呢？农业化学刚刚开始使用，谁敢说明天通过新发明或新发现，土地产量不会再翻五番或十番呢？我们已经有了用自流井把不毛之地变成肥沃土壤的手段，地下还蕴藏着多少未知的力量有待开发呢？让我们仅仅假定通过一种新发现，我们便可以在各地很便宜地生产热能，而无需借助现有燃料，那么，那样又有多少土地可以耕种，而某块土地的产量又会有多大幅度的增长呢？在我们看来，马尔萨斯学说提出的发展趋势有些偏激，他所用的方法也有些矫揉造作，他的方法破坏了道义和力量，非常可怕。它试图破坏一种愿望，这种愿望是造物主用来发挥人类身心的力量、唤起并支持人类高尚情感的最积极的手段，这是一种人类取得更大进步的愿望。他的学说将使最无情的利己主义上升到法则的地位；它要求我们对饥饿的人无动于衷，因为如果我们给他食物和水，那么三十年后另外一个人就会忍饥挨饿。它用冰冷的计算代替了同情。这个学说有意把人类的热心肠变为铁石心肠。如果一个国家的国民都变成了铁石心肠，毫无热心可言，那么我们会对他们有什么最终期待呢？除了一个国家的所有道德都被破坏，所有生产能力、全部财富、文明和国家力量都随之灰飞烟灭，那么我们还能期待什么呢？

如果一个国家的人口增长快于生存手段的增长，如果资本积累过快，再也找不到投资之地，如果机械化使大量技工找不到工作，使制成品大量过剩，这仅能证明大自然不允许工业、文明、财富和力量降临到一个国家头上，或者说世界上大部分适合耕种的土地只能由野兽占据，而绝大部分人应该处于野蛮、愚昧和贫困状态。

我们已经说明了这一学派在用政治经济学观点判断人类生产能力时犯了什么错误，现在我们必须指出这一学派在用世界主义观点考虑各个国家利益时所犯的错误。

如果现实中存在一个由所有国家结成的联盟，假使在欧洲大陆各国就像在英国一样，人身、财产安全有保障，拥有同样的宪法和普遍法律，并且英国政府愿意服从世界联盟的统一意志，那么就像由不同的州组成的北美合众国的情形那样，过剩的人口、人才、技工及物质资本，将以从北美合众国东部各州向西部各州的流动方式，从英国流向欧洲大陆各国。在这些假定的情况下,没有比自由贸易更能将这些国家的财富和文明提高到和英国同一的水平了。这就是流行学派的理论观点。但是在目前世界形势下,这个理论又如何能和自由贸易的实际情况相符合呢?

英国作为一个独立的国家,从今以后将把它的国家利益作为其政策的唯一指导。英国人特别偏好自己的语言、自己的法律法规及习惯,只要有可能,他们都愿意把自己的力量和资金用于发展本国工业,因为自由贸易制度,通过把英国的制成品市场拓展到欧洲大陆各国,能为他们提供充足的机会;他们绝不会赶时髦在法国或德国建立制造业。英国所有的过剩资本都将被立刻用于同世界其他各国进行贸易。如果英国人想移民或者想到英国以外的其他地方进行投资,那么他们会像现在这样,更喜欢那些已经使用他们国家的语言、法律、规则的遥远国家,而不是那些愚昧落后的欧洲大陆国家。整个英国都将被发展成为一个巨大的制造业城市。亚洲、非洲和澳大利亚将会被英国开化,将建立起效仿英国时尚的新型国家。一旦一个在英国这个母国统辖下的由英式国家组成的世界形成,那么欧洲大陆各国将丧失它们的一切,将变成一个无足轻重、毫无生机的民族。这样,用最上乘的葡萄酒供应英国式的世界将成为法国、西班牙和葡萄牙分内的事,而它们的人民自己只能喝最差的葡萄酒;法国顶多保留女帽加工业,德国只能为英国式的世界提供儿童玩具、木钟及哲学著作了,有时也提供一些辅助军队,为了扩展英国式的世界的制造业和商业优势并传播语言和文化,士兵们被派遣到亚洲和非洲遥远的沙漠地区,憔悴沦落甚至牺牲自己的生命。不消几个世纪,英国管辖下的世界的人们想到或提到德国人和法国人时的语气,就像我们现在说亚洲各国时的语气一样。

但是,真正的政治经济学把世界自由贸易带来的结果看成是极度违反自然的;它认为如果在汉萨同盟时代就实行世界自由贸易的话,那么德国人而不是英国人将在商业和制造业方面领先世界各国。

即使站在世界主义的立场上看,仅仅因为英国人通过财富和力量首先建立了商业制度而常常忽视世界主义原则,就把全世界的财富和力量分配给他们,这是最不公平的。为了使自由贸易自然发挥作用，必须首先通过人为手段，使那些欠发达国家达到英国目前的文明阶段。为了实现这个目标，通过我们间接指出的生产能力的世界主义趋势，世界上遥远的国家并不会先于周边那些欧洲国家受益并变得富有。那些在道德、智力、社会和政治环境上具有优势并自认为有能力发展自己制造业力量的国家，要实现这个目标，必须把保护制度当成最行之有效的手段予以采用。而保护制度会产生两种效果：第一，通过逐渐把外国的制成品从我们的市场上排挤出去，造成外国劳动力、人才和资本的过剩，使它们必须在国外寻求利用；第二，我们的保护制度将鼓励劳动力、人才和资本向我们国家流动，并吸引过剩的生产能力到我们这里寻找用武之地，而不是转移到世界其他遥远的国度或者殖民地中去。政治科学涉及历史，它探讨英国在此之前是否用这种手段从德国、意大利、荷兰、法国、西班牙和葡萄牙等国汲取了大量的生产能力。它要问：当世界主义学派假装权衡保护制度的利与弊的时候，它为什么却完全忽视了这个制度所产生的后果呢？

第12章 生产能力理论和价值理论

亚当·斯密的名著题为《国民财富的性质和原因的研究》，这位经济学流行学派的创始人在他的书中提出，如同对分散的私人个体经济一样，对国民经济也应该用双重观点进行考量。

*财富的原因*与*财富本身*完全不同。一个人可能拥有财富，即交换价值，但是如果他没有能力生产比自身消费的产品更有价值的产品和更多的产品，那他将会变穷。一个人也许很穷，但是如果他能生产比自身消费的产品更有价值的产品和更多的产品，那他将会变得富有。

因此，*生产财富的能力*比*财富本身*更为重要，它不仅确保拥有财富、使财富增值，而且还能弥补那些失去了的财富的损失。这种情形从个人来看是这样，从整个国家来看更是如此（国家不能仅仅靠租金收入过活）。德国在过去的每个世纪都被瘟疫、饥荒或者来自国内外的战争所破坏，不过它仍然保留了绝大部分的生产能力，也因此很快重新实现了一定程度的繁荣。与此同时，西班牙富裕并且强大，但却由于受专制君主和僧侣的统治，虽然国内相对和平，①但却深深地陷入了贫穷和不幸之中。西班牙依然阳光普照，人们依旧拥有同样的领土和丰富的矿藏资源，人们仍是那些发现美洲新大陆和引入宗教裁判之前的那些人，但是那个国家逐渐丧失了其生产能

---

① 西班牙在遭受拿破仑的侵略之前情况确实是这样，但之后就并非如此了。我们的作者的结论在后面的这种例外情况下是完全无效的。——英译者注

力，变得穷困和衰退。美国的独立战争让它损失惨重，但它的生产能力却因为获得了独立而急剧增强；还是由于这个原因，在实现和平之后的几年时间里，它获得的财富要远远大于它战前所拥有的。我们比较一下法国在 1809 年和 1839 年的状况，会发现后者比前者要好得多。尽管这样，法国还是在此期间丧失了大部分欧洲大陆领土的主权，遭受了两次破坏性的入侵，并且付出了数十亿的战争费用和赔款。

像亚当·斯密这样一位拥有明晰的理解力的人，是不可能忽略财富和财富的原因之间的不同以及这些不同带给国家的巨大影响的。在他的著作的导言中，他明确地指出："劳动是一切国家获得财富的支柱，而财富的增加首先取决于劳动*生产能力*，即一个国家的劳动力的熟练、精巧和判断力的程度。其次，它还取决于生产性劳动者与非生产性劳动者的人数比例。"从这里我们可以看出，斯密十分清晰地从整体上认识到，国家的状况主要是由国家*生产能力*的总和决定的。

从个别思想家大脑中产生的完整科学应该完美无瑕，看来这不是造物主的计划。显然，斯密过于注重重农学派的世界主义观念、"普遍的自由贸易"和他自己的伟大发现——"劳动分工"，而没有将*生产能力*对一个国家的重要性探究到底。不论他的著作的其余部分对科学有多大贡献，但"劳动分工"似乎是他最为得意的观点，并以此确保他的著作能赢得声名，确保他为后世所景仰。

他有太多世俗的智慧，他明白，想出售一件珍贵的珠宝的人是不会将财宝与小麦一起装进麻袋里然后带到集市上去出售的。当然，麦子是有用的，但是更好的办法是将珠宝摆放到最显眼的位置。他有太多的经验，不会不知道一个*初次登台的演员*（他的著作刚刚面世时，在政治经济学领域便是这样一个角色）如果在首演中造成轰动，即便在接下来的几场中发挥得比平常稍逊色，也会较容易获得原谅；他特意将劳动分工学说作为书的序言。斯密没有失策，他的第 1 章便为整部著作带来了好运，并奠定了作为一名经济学家的权威的基础。

但是我们相信我们能够证明，恰恰是这种把"*劳动分工*"这一

第 12 章 生产能力理论和价值理论 103

重大发现放在有利地位的热望，阻碍了亚当·斯密继续探究"*生产能力*"这个观念（他在序言中表达过，也曾在后面的章节中频频提到过，但仅仅是无意的），也阻碍了他用更完善的方式展示他的学说。他将重大价值附在他所提出的"劳动分工"学说上，显然被这种做法所牵制，错误地将劳动本身看成是所有国家财富的"源头"，即使他自己曾清楚地认识到并陈述过，但劳动的生产能力主要依赖的是劳动所表现出来的熟练程度和判断能力。我们要问，如果一种现象的本身就是许多深层原因的结果，而我们却把这种现象说成是原因，那么这种论证难道可以被认为是科学的论断吗？毫无疑问，所有财富必须通过脑力和体力（劳动）的消耗而获得，但基于这一事实并不能引申出什么有用的结论。历史告诉我们，即使一国的国民既努力又节俭，但它仍然难免陷于贫苦和潦倒。无论谁希望了解和探究一个国家怎样从贫困和未开化的状态走向富足和繁荣，或从富有而康宁的状态走向贫困，但在被告知努力劳动是财富的泉源而懒惰是贫困的原因之后（这一解释所罗门王早于亚当·斯密就提出过），往往会提出一个更深次的问题：什么是劳动的原因以及什么又是懒惰的原因？

把人的肢体（头、手和足）描述成为财富的源泉（至少我们因此可以更接近真理）或许更准确，于是接着就会出现这样一些问题：促使头、手、足从事生产和从事于这类活动的是什么？除了鼓舞个人的精神、使他们的精神成果变成社会秩序以及他们可以利用的天然力量之外，还有哪些原因？一个人越是意识到他需要为将来作准备，他的智慧与感情就越会激励他保障自己最亲近的人能够拥有未来并提高他们的福祉；他越是从小就养成了预先计划和行动的习惯，那他的高尚情感就越能得到发展，身心就越能得到锻炼；他越是从小就看到好的学习榜样，那他就越有机会运用身心的力量改善他的条件；他的合法活动受到的约束越少，以往的努力取得的成功越大，取得的成果又越多地受到保护，那他就越能通过规范的行为和活动赢得公众的认可和尊敬；并且，他的头脑受到偏见、迷信、伪概念和无知的影响越少，那他就越能对生产对象尽心尽力，也就越能取得成就，就越能更好地利用他的劳动成果。但是，在所有这些因素中，主要依靠的还是个人成长的社会环境，即科学和艺术是否昌盛，公共机构和法律是否有利于促使严谨的性格、道德和智慧的形成，是否有利于保护个人及其财产的安全、自由和正义；还依靠这个国家是否所有的有关物质繁荣、农业、制造业和贸易的因素都被平等地协调和培育；并且依靠这个国家的力量是否强大，是否足以保护它的民众在财富和教育上一代又一代地不断进步，使他们不仅能够充分利用本国的自然力量，而且还可以通过对外贸易和殖民地的占有，使国外的自然能力能为他们自己服务。

亚当·斯密总体上对这些力量的本质知之甚少，他甚至不认为这些维持法律与秩序、培养和促进教育、宗教、科学和艺术的精神劳动具有生产性特征，他的研究只局限于创造物质价值的人类活动。关于精神劳动，他当然也认识到它的生产能力依靠的是进行劳动时所运用的"技能与判断"，但是当他的研究涉及这种技能与判断的原因时，他只分析到劳动分工为止，并且他只用了交换、物质资本的增加和市场的扩大这些因素进行阐述。很快，他的学问越来越深陷于唯物主义、排他主义和个人主义之中了。假如他能够继续探究"生产能力"这个概念，而不是一门心思地钻研"价值"、"交换价值"那些概念，那他很有可能察觉到：除了"*价值理论*"之外，还必须考虑到独立的"*生产能力*"理论才能解释经济现象。但是他错误地用物质环境和条件解释精神力量，并因而打下了谬误和矛盾的基础（我们打算证实这一点），使其学派痛苦至今。为什么连最聪明的头脑都难以理解政治经济学的学说，原因就在于此。斯密学派仅仅研究价值理论这一做法，不仅可以从这样的事实中找到佐证——该学说处处以"交换价值"概念为基础，而且还可以从该学派给学说下的定义中找到答案。萨伊说该学说是研究财富或交换价值如何生产、分配和消费的一门科学。毫无疑问，该学说并不是研究生产能力如何兴起和发展，以及生产能力如何受到约束和遭到破坏的。麦卡洛克明确地称之为"*价值科学*"，最近的一些英国学者则称之为"*交换科学*"。

私人经济中的例子能最好地阐明生产能力理论与价值理论之间的区别。

让我们来假设这样的情形：两个家庭的父亲，他们都是拥有田地的农场主，每人每年各积蓄一千泰勒（德国旧银币名称。——中译者），每人都有五个儿子。一位父亲将他的钱储蓄起来以获得利息，并让他所有的儿子都努力干活；另一位父亲则用积蓄将他儿子中的两个训练成拥有良好技能和聪明头脑的土地所有者，并让另外三个儿子根据他们自己的兴趣学习一种职业。前一位父亲依照价值理论行事，后一位父亲则是按照生产能力理论行事。第一位父亲在他临终的时候或许比第二位父亲拥有更多的交换价值，但从生产能力的角度来看，情况却完全不同。后者的财产被分成了两部分，这两部分得益于改良了的管理，每一部分都能生产出比以前还是整块地的时候更多的产值；而其余的三个儿子则通过天赋学到了各种谋生的技能。前一个家庭的土地财产将被分成五份，每一份都仍沿用原来整块地使用的陈旧的生产方式经营。在后一个家庭中，精神力量和才干得以培育和开发，并且一代又一代地延续下去，而以后的每一代都比前一代拥有更大的获取物质财富的能力；而前一个家庭的后代，则会由于地产的越分越小而变得越来越穷困。因为如此，奴隶主通过奴隶的繁殖增加了他的交换价值总量，但他却毁掉了其后代的生产能力。所有用于教导年轻人、促进正义、保卫国家等的花费都是为了有利于生产能力的增长而消耗现有价值。

基督教，一夫一妻制，废除奴隶制与采邑制，继承王位，印刷术、印刷机、邮政体系、货币、度量衡、历法、钟表、警察制等的发明，终身保有不动产法则的引进，交通工具的采用，都是生产能力的丰富源泉。要想令人信服，我们只需要对照欧洲与亚洲各国的情况就足够了。要想充分评价思想自由和意识自由对国民生产能力产生的影响，我们只需要阅读英国和西班牙的历史即可。司法公开、陪审团审判制度、议会立法、国家管理的公众控制、公众团体和自治市的自我管理、新闻自由与结社自由等，都给予了立宪制国家的公民及其政府机构公职人员的一定程度的精神力量，而这些精神力量是用其他方式得不到的。我们几乎设想不出任何一种法律或者公众合法决议，不会对国民生产能力的增加或减少产生或大或小的影响。①

　　如果我们只将体力劳动作为财富的起因,那么我们怎么解释为什么现代国家比古代国家更富裕、人口更多、国力更强、更繁荣呢？古代国家可是用了比现在多得难以计数的人手进行劳动的（相对于总人口的比例而言）,并且人们工作更努力,每一个人也都拥有更多的土地,但是人们吃的穿的质量却比现在的要差得多。为了解释这些现象,我们有必要涉及近一千年来在科学和艺术、国家和公共管理、对智力和生产能力的培育等方面取得的进步。这些国家的现状,就是我们前人世世代代的全部发现、发明、进步、完善和努力等不断积累的结果,它们形成了*现代人类的智力资本*。单独的一个国家要想具有生产性,只有当它已经知道如何恰当地运用前人的成就,并通过自己的消化吸收扩大这些成就；只有在其边界内,领土的天然禀赋、其地理位置和区域、人口和政治力量能够产生足够全面的、平衡的各种财富资源,并能将其道德、智慧、商业及政治影响扩展到那些欠发达的国家特别是国际事务中时,才能如愿以偿。

　　流行学派经济学家曾试图使我们相信：政治经济学不能把政治学和政治权力考虑在内。如果政治经济学仅仅把价值和交换价值作为研究目标,那么这也许是对的。我们可以定义价格、资本、利润、工资和租金的概念,我们可以将它们分解成各种构成因素,然后观察什么因素将影响它们的涨落等,而不需要考虑这个国家的政治状况。但很明显,这些内容不仅属于私人经济领域,而且也属于整个国民经济。只需要看看威尼斯、汉萨同盟、葡萄牙、荷兰和英国的历史,就能感受到物质财富和政治力量之间的相互影响有多大。

　　每当该学派必须考虑这种相互影响时,它们常常陷入最奇怪的前后矛盾之中。我们在此只稍注意一下亚当·斯密对英国《航海法》提出的权威性意见就足够了。②

---

① 萨伊在其《政治经济学概论》（第三卷,第 242 页）中说："法律不能创造财富。"当然法律不能创造财富,但是它们创造了生产能力,这比财富也就是拥有交换价值本身更为重要。
② 《国民财富的性质和原因的研究》,第四部分,第 2 章。

第12章 生产能力理论和价值理论

这个流行学派因为没有适时地考虑生产能力的性质，没有考虑国家的综合条件，特别是忽视了同比发展农业、制造业和商业以及忽视政治力量和国内财富的重要性，尤其忽视了属于国家以及各制造行业已获充分发展的制造业力量的价值。它错误地将制造业力量与农业力量归为一类，而在谈到劳动、自然力量和资本时又十分笼统，没有考虑到它们之间存在的区别。该学派没有意识到，一个专事农业的国家与一个同时拥有农业和制造业的国家，它们之间的差异远远大于专事畜牧业的国家与专事农业的国家。在单一农业条件下，存在着任性与苦役、迷信与无知状况，文化、贸易、交通工具也很短缺，而政治上也很软弱。在一个专事农业的国家，只有很少一部分的国民的身心力量被调动起来，也只有很少一部分的国内自然能量和资源被加以利用，资本也难以积累。

我们来比较一下波兰与英国的情况：两个国家曾在同一时期处在相同的文明阶段，但现在它们之间的区别多大啊！工厂和制造业是催生国内自由、智慧、艺术与科学、国内外贸易、航海、改善交通、文明以及政治力量的原因，是冲破农业的枷锁使其重获自由并提升其商业地位的手段，它使租金、农业利润和工资大获增长，使土地财产大量增值。这个流行学派将这种教化力量归因于对外贸易，但那样做就把交换者和创造者混为一谈了。国外制造业为对外贸易提供货物，这些货物通过贸易的方式输送给我们，而我们则通过货币媒介交换国外的商品而得到产品和原材料的消费。

但是，如果在那片遥远的土地上的制造业都无可争议地对我国的农业产生了有利影响，那么那些与我们有着地缘、商业和政治联系的本地制造业又会产生多少有利的影响呢？这些制造业从我们这里获取它们需要的食物和原材料不是少部分而是一大部分，其产品的价格也不会因运费太高的缘故而变得昂贵，我们的贸易也不会由于国外制造业为了满足自己国家的需求，或由于战争或由于禁止性关税的缘故，而被迫中断。

现在，我们能看到该流行学派由于将物质财富或交换价值作为他们研究的唯一目标，将纯粹的体力劳动认为是唯一的生产能力，因而陷入了多大的错误和矛盾之中。

根据这个学派，一个养猪的人是这个社会有生产力的成员，而一个教书育人的人却完全没有生产力。一个制作风笛或竖琴销售的匠人有生产力，而伟大的作曲家和演奏家却是没有生产力的——仅仅因为他们的演出不能拿到市场上去出售。一个拯救病人性命的医生不属于生产性阶级；相反，一个制药工人却属于生产性阶级，尽管他生产出来的交换价值（即药片）也许在其变得一文不值之前仅存在几分钟。像牛顿、瓦特或开普勒这样的人不会比一头驴、一匹马或一头拖重物的牛更具有生产力（这类劳力近来都被麦卡洛克列入了人类社会生产性系列的范围之内）。

我们不能相信萨伊已经用他自己虚构的"非物质货物"或产品修补了亚当·斯密这个学说中的缺陷，他仅是稍微粉饰了这个学说愚蠢的结论而已，并没有使其摆脱它内在的荒谬性。根据他的观点，精神（非物质）生产者具有生产性仅仅是因为他们得到了交换价值作为酬劳，并通过牺牲交换价值来获得酬劳，*而不是因为他们的生产能力*。① 在他看来，精神生产者只是积聚的资本。而麦卡洛克在这方面走得更远，他说，人就像他自己生产出来的机器一样也是劳动的产品。在他看来，任何经济研究都应该从这个观点着手去考虑。他认为，斯密已理解这一原理的正确性，只是没有从中推论出正确的结论。他还从许多其他事情中得出结论说，吃与喝是生产性的行为。托马斯·库柏评估说，一位精明的美国律师值三千美元，大约是一个强壮奴隶价值的三倍。

这些引起我们关注的流行学派的错误和矛盾，可以用*生产力理论*的观点轻而易举地加以修正。养猪者和制药者的劳动当然是生产性的，但是青年人和成年人的老师、演奏家、音乐家、医生、法官和管理者具有更高的生产能力。前者*生产交换价值*，而后者则生产*生产能力*；其中一类人使后代成为生产者，而另一类人则增进当代

---

① 萨伊曾在很多地方解释了这一观点，我们仅引用他最后说的一段（《政治经济学概论》，第六卷，第307页）："一位律师或医师的用了一定代价取得的并且能产生报酬的那部分才能是资本价值，但不能转化为实物，只是寄托在拥有这种才能的个人躯体之中。"

人的道德和宗教品格，第三类人使人类高贵并提高人类的精神力量，第四类人使他的病人保有生产能力，第五类人维护人权和司法公正，第六类人建立和保护公共安全，第七类人则通过他的艺术给人们带来愉悦的享受以使他们以更好的状态生产交换价值。在纯粹的价值学说中，这些*生产能力的生产者*理所当然地只能在他们的服务得到了交换价值作为报酬时才被考虑；这种考虑方式在某些情况下能产生实际作用，举例来说，在公共税制的学说中，税款就要按交换价值来确定。但只要我们考虑的是国家这一层面（从整体和其对外关系出发），那么这种方式就是完全不够的，它还会导致一系列狭隘的和错误的观点。

一个国家的繁荣不像萨伊认为的那样在于它拥有更多的财富（即交换价值），而在于它的*生产能力能得到更大的发展*。虽然法律和公共机构并不产生直接价值，但它们生产"生产能力"，但如果萨伊主张国家能在所有形式的政体下变得富有，而通过法律的方法什么财富都创造不了，那他就错了。在评价一个国家的对外贸易时，我们不能像单个的商人那样单用价值理论来衡量它（即仅从任何特定时间获得的物质利益来考虑），而当对象是一个国家时，我们必须全面系统地考虑国家的现在及将来的生存、繁荣和力量所依赖的条件。

国家必须牺牲和放弃一些物质财富以获取文化、技术及协同生产的能力，它必须牺牲某些现在的利益以确保将来的利益。因此，如果在所有的国家中，其各行业的制造业能力的发展形成了文化、物质繁荣和政治权力取得更大进步的基本条件（我们认为这个事实已在历史的发展中被证实）；如果说在世界现有的情况下，一个实力强大的国家早已存在并且在本土受到了保护，那么一个新的没有受到保护的制造业国家，在同强国进行的自由竞争中脱颖而出是可能的（而我们也相信我们可以证明）。谁有可能仅仅用基于价值理论的论点证明，一个国家应该像单个商人一样，在最便宜的地方购买商品（如果我们制造所有那些能从国外以便宜价格购买的商品，那我们这样做岂不是太傻了吗）？或者，国家的工业应当完全听任个人私利的摆布（保护性关税形成了垄断，使国内制造商个人受益而牺牲了国家利益)？保护性关税的确在开始之初会提高制成品的价格,但同样正确的同时也是被流行经济学派所公认的是,经过一段时间之后,如果一个国家能够建立起自己的全面发达的制造业能力,那么那些商品在国内生产就比从国外购买更便宜。因此,即使保护性关税会牺牲一些*价值*,但它却有利于获得*生产能力*,这不仅能保证国家有无限量的物质产品,而且还能在战争时期确保工业的独立性。国家通过工业独立以及由此带来的国内繁荣,获得了成功从事对外贸易和拓展海运业的各种手段,这提高了国家的文明程度,完善了国内制度,加强了外部力量。一个有能力发展制造业能力的国家,如果能够利用保护性制度,那它的做法就像那个土地经营者一样,只牺牲了一些物质财富,但却让他的孩子学会了一种从事生产性事业的能力。

流行经济学派本该运用生产能力理论判断一些情况,而它们却运用了价值理论,这就使它们深深地陷入了错误的泥潭中而不能自拔,这一点从萨伊对外国有时为了促进出口而提供的奖励金的评判中可以看得一清二楚。他认为,"这些是给我们国家的礼物"。现在,我们假设法国考虑征收百分之二十五的保护性关税,以保护尚未得到充分发展的制造业,而此时英国却给予出口百分之三十的奖励金,那么这样英国的"礼物"会给法国带来什么样的后果呢？法国消费者在前几年也许能获得比以往便宜得多的他们需要的制成品,但法国的工厂会衰败下去,数百万的工人将变成乞丐,或者被迫移居他国,或转为务农。在最好的情况下,现在这些法国农民的消费者和顾客将变成他们的竞争者,农产品将增加,消费则会下降,其结果必然是产品价值减少,财产价值下降,国家贫困和国力衰退。英国的"礼物"仅仅是价值上的,而法国却付出了失去国力的高昂代价,这就像苏丹王惯于送给他的高级官员的贵重礼物*丝织绞索*一样。

自从希腊人把木马作为"礼物"赠送给特洛伊人以后,接受他国的"礼物"就成了接受国一桩令人生疑的交易。英国以补助金的形式给欧洲大陆价值连城的"礼物",但这些大陆国家却为此付出了丧失力量的惨重代价。这些补贴金如同鼓励英国出口的奖励金一样,对英国有利，却对德国制造业有害。① 如果英国愿意在若干年里无偿地向德国提供其必需的产品的话，那么我们也不推荐德国人接受这种好意。如果英国人由于新的发明能够使生产亚麻布的成本比德国人用旧工艺生产的成本低百分之四十，且他们因为使用新工艺仅仅比德国人早了几年，在这种情况下，要是不采用保护性关税，那么德国最重要也是最古老的工业之一就会遭受灭顶之灾。这就如同德国失去了肢体的一部分，而谁又会为了买到比以前便宜百分之四十的衬衫却失去了一条胳膊而感到欣慰呢？

如果英国人常能找到机会送给外国礼物，那么这种送礼的形式将是十分不一样的，而且可能也常常并非他们所愿，外国很有必要考虑是否应该接受这种礼物。英国人的制造业和商业在世界上占垄断地位，他们的工厂总是处于一种他们称之为"生产过剩"的状态，而这种状态又是由于"贸易过度"造成的。在那段时期，每个人都将他的库存货物扔上船，这些货物在八天之后即出现在汉堡、柏林或者法兰克福，三个星期后出现在纽约，而那时的售价仅仅是它们实际价值的一半。英国的制造商们此时虽遭受了损失，但他们却得救了，并用随后较高的价格补偿了自己；而德国和美国的制造商们却遭到了本应该是英国人遭受到的打击——他们破产了。英国此时只是隔岸观火，听着爆炸的声音；而当爆炸的碎片落在了别的国家时，如果这些国家的居民抱怨让他们遭了殃，那么中间商和经销商们就会说"是危机造成了这一切"。如果我们考虑一下这种危机多么频繁地使那些与英国进行自由竞争的国家的整个制造能力、信用体系，不仅如此，还有农业，甚至整个国民经济体系的根基都受到了动摇，而这些国家还必须用高价购买来回报英国的制造商们，那么我们对优先运用单纯价值理论和世界主义原则调节各国商业关系的做法不产生出极大的疑问吗？流行经济学派却从不认为阐明这种商业危机的原因和结果是有利的。

现代国家的伟大政治家们几乎无一例外地领会到了制造业和工厂对财富、文明和国家力量的重要影响，以及保护它们的必要性，

---

① 见附录一。

爱德华三世和伊丽莎白一样,腓特烈大帝和约瑟夫二世也一样,华盛顿和拿破仑更一样。不必了解该理论的奥妙,他们的远见卓识就已令他们完全领会了工业的本质,并且对他们作出了正确的评价。但重农学派却别有用心地从另一个角度以一种诡辩推理的结论来解释这个性质。这个学派建立的空中楼阁已经消失,是一些更加现代的经济学派摧毁了它,但是即使后者也未能使自己从原来的错误中解脱出来,仅仅是稍稍比前者更进了一步。由于这一学派没有认识到生产能力和纯交换价值之间的不同,没有将前者同后者区分开加以研究,而是将其置于交换价值的理论之下,因此它很难理解农业生产能力与制造业生产能力两者之间的本质区别有多么大。它没有认识到农业国家在发展制造业的过程中,需要并运用大量的人类身心力量、自然能力和自然资源以及工具力量(后者被流行学派称为"资本"),除非国内制造业力量已经形成并得到了发展,而在此之前那些力量还从没发挥过也不可能发挥作用。这个学派设想,通过建立制造工业,这些力量就会脱离农业,转而投向制造业。然而,后者在很大程度上是一种全新的外在力量,这种力量的增强不仅不会牺牲农业的利益,反而在某种程度上是帮助农业获得高度繁荣和发展的手段。

第 13 章　国家商业活动的划分和
国家生产能力的联合

流行学派的闻名归功于其赫赫有名的创立者发现了自然法则，而这一法则被该学派称为"劳动分工"。但无论是亚当·斯密还是其继承者们都没有彻底地研究该法则的基本性质和特征，或者继续探究这一法则所产生的重要结果。

"劳动分工"这个词表达模糊，因而对它必将产生出错误的或者模糊的看法。

当一个野蛮人在同一天打猎或捕鱼、伐木、修补木屋、准备弓箭、织渔网、制作衣服，这是"*劳动分工*"；但是，当十个人分别承担制作一枚针的不同工序时，也可以称为"*劳动分工*"（这是亚当·斯密举过的一个例子）。前者是客观的劳动分工，后者则是主观的劳动分工；前者阻碍生产，后者促进生产。二者之间的本质区别在于：前者是同一个人将其工作进行了划分，以便生产*各种*物品；而后者则是几个人共同承担生产一件物品的工作。

但是，如果两种活动都被称之为*劳动的联合*也同样正确。野蛮人是把自己的各种工作联合起来；而制作一枚针的情形，则是不同的人通过完成同一项工作而联合了起来。

自然法则的本质特征显然不只是*劳动分工*，而是*不同个体之间的不同商业活动的划分，同时也是各种精神、智力和一般生产能力的联合或者结合*。流行学派根据这个法则解释社会经济的重要现象。这些活动之所以具有生产性不仅仅是因为*分工*，更是因为*联合*。亚当·斯密在表述的时候也清楚地意识到这一点，他说："即使社会最底层的成员的生活必需品也是*联合*劳动和多人协作的结果。"① 遗憾的是，他并没有对（他已经清楚地表达过）*联合劳动*这一概念进行深入研究。

亚当·斯密所举的那个制作针的例子是用来描述劳动分工的优越性的，如果我们继续考察那个例子，并且寻找十个人在生产过程中联合起来制作针，那么我们就会发现这时的产量要比单个人制作针的产量更高，究其原因是，单个人无法*将生产能力结合起来，因而这种没有同一商业活动的目标的分工对生产的促进是很有限的*。

为了取得这一结果，每一个人必须既在体力上也在脑力上合作。制作针头的工人如果不想冒工作白费的风险，就必须和制作针尖的工人合作。工作当中，所有工人之间的劳动必须有一个比例，工人们必须尽量住得近些，他们之间的合作必须得到保证。假设有另外一种情况，即如果这十个人中的每一个人都居住在不同的国家，那么他们的合作被战争、运输中断和商业危机等所中断的几率有多大呢？增加的制作成本和相应丧失的分工的优势又有多大呢？其中任何一个工人脱离或者独立出去，那么其他人岂不都将失去工作？

由于流行学派只把活动划分作为自然法则的唯一特质，因而就不可避免地犯下了只将这一法则运用于独立的工厂或者农场这样的错误。它没有意识到这个法则的活动范围还尤其可以延伸到*整个制造业能力*和*农业能力*以及*整个国民经济之中*。

生产针的工厂只有利用其各部分生产能力的联合取得发展，而其他每一种制造业也只有将其自身的和其他行业的生产能力联合起来，才能取得发展。例如，一个机器制造厂要能顺利生产的必要条件是，矿场和金属冶炼厂必须能够向它提供必要的原料，并且各类需要机器的工厂愿意向它购买产品。没有机器制造厂，一旦遭遇战争，一个国家就可能面临丧失大部分制造业能力的危险。

同样，一个国家的全部制造业和农业联系起来，而后者又和农民联系起来，彼此间靠得越近，它们之间交往遭到中断的可能性就越小。当遭遇战争、国别争端、商业危机和农业歉收等事件时，这

---

① 《国民财富的性质和原因的研究》，第一部，第 1 章。

种在同一政权统治下的合作的优越性是很显著的，绝不亚于同一个制针厂的工人在同一个屋檐下协作劳动所产生的优势。

斯密强调，劳动分工在制造业中比在农业中更适用。① 斯密只看到了单个的工厂和农场，却忽视了将其理论延伸到整个地区和省区。如果在每一个地区和省区都能全心全意地，或者至少主要地从事它们根据自然条件选择的最适宜的农业的生产，那么，商业活动的划分和生产能力的协作影响将会表现得更加突出。一些地区适合种植谷物和亚麻，另一地区则适合栽种葡萄和水果，还有一些地区适合生产木材和饲养牲畜等等。如果每一个地区都从事上述所有的农植物品种的生产，那么很明显，它的劳动和土地的产出能力不及一个只从事其自然选择的最适宜生产某一品种的地区；并且，如果同其他拥有自然优势并专门生产生活必需品和原材料的地区交换剩余产品，那么该地区的劳动和土地的产出能力也没有那些地区高。这种商业活动的分工和农业中的生产力的联合只有在一个所有制造工业都获得极大发展的国家才可能发生。因为只有这样的国家才存在对不同产品的巨大需求，或者存在对剩余农产品的巨大需求，使得生产者能确信无论其剩余产品的数量有多少，都能在今年或者至少是来年以合适的价格卖掉。只有在这样的国家，才会有大量的资本投入于农产品的收购和储藏，或者才能在有利的条件下大力改善交通运输设施，例如，运河和铁路系统以及公路和内河等；并且只有在运输条件得到彻底改善的情况下，地区和省市向其他所有省区或者更远的地区输送剩余产品才成为可能，并且也可以换回自身所缺乏的产品。如果人人都自给自足，那么交换的可能就几乎不存在了，而且也没有必要耗资建设交通设施了。

我们可能会注意到，工作划分和个人力量的联合导致生产能力的增加，这一现象正从单个的工厂遍及全国。商业活动划分得越细，工人的劳动结合得越紧密，每一个工人为共同目标的合作越有保障，那么工厂就越会得到发展。随着一个国家各行业整体生产能力的提高，以及和其他工业行业的联系越紧密，那么单一行业的生产能力

---

① 《国民财富的性质和原因的研究》，第一部，第 1 章。

也会获得相应的提升。如果制造业行业的生产能力与农业在地域上、商业上和政治上联合得越紧密，那么农业的生产能力就越大。制造业生产能力有了一定发展以后，商业活动分工和农业生产能力自身也会得到发展，并逐步提高到最完善的阶段。如果一个国家促使其领土上所有的制造业行业都发展到了高度完善的阶段，并且又有足够的领土和农业生产能力为制造业从业人员提供其必需的大部分生活用品和原材料，那么这个国家将会拥有最强的生产能力，也将会变得最为富有。

现在，我们来考虑一下增长的负面影响。如果一个国家只拥有农业和一些必不可少的工业，那么它就缺少了在人民中处于首要地位的、最需要的商业活动的划分，同时也缺少了生产能力中的另一半的最关键的因素，即它还缺少对农业内部各部门之间的有益的商业活动的划分。一个国家的不健全不仅仅在于其生产能力只有健全国家的一半的水平，而且还在于它拥有与健全国家相同或者更大面积的领土，相同或为数更多的人口却只能得到健全国家获得的全部物质财富的五分之一甚至十分之一。同样的原因可以用来解释一个复杂的生产过程中，十个人能比一个人多产十倍以上甚至三十倍以上的产品。一个人用一只手所做的工作比用两只手所做的工作绝不只是少一半，而是要少更多。机器对制造业活动的改进越多，能用于农业的机器越少，那么生产能力的损失就越大。农业国家所损失的部分生产能力，将落入那个用制成品向其交换农产品的国家的手中。但是，只有在一种情况下这种损失才是积极的，即这个农业国家已经达到了工业文明和政治高度发达的阶段，这对该国建立制造业能力是所必需的。如果它还没有达到这一阶段，仍处于野蛮或半开化阶段；如果它的农业生产能力甚至还未脱离原始状态；如果通过进口纺织品、出口原材料的贸易方式没有使该国得到逐年的显著发展，并且也没促使其精神力量和社会力量的兴起和增长；如果这种商业贸易可以持续进行而不遭遇别国原材料进口的禁止或者因战争的冲击而中断；或者如果该农业国处于热带地区，并且贸易双方获利均等，且也符合自然规律，那么处在这一条件下的该国在用本国农产品交换国外纺织品时，会比完全利用本国资源进行生产更快更稳地实现文明和生产能力的提高。然而,如果农业国家在国外商业的带动下已经达到了农业发展的最高阶段;或者在贸易过程中,如果制造业国家在输出制成品时拒绝接受农业国用农产品作为交换;或者如果制造业国家在农业国的市场竞争中获胜,进而导致农业国的制造业无法发展,那么在这种情况下,农业国的农业生产力就会处于残缺不全的危险境地。

我们说的*农业的残缺境地*,是指这样一种状况,即一个国家由于缺乏强大的和稳定发展的制造业,以至于全部增加的人口不得不在农业中工作,进而消耗掉国家的全部剩余农产品,那么一旦人口大量增加,就只能通过移民或者与原来的农民争夺眼前有限的土地,直到每个家庭的土地越来越少以至于只能生产出仅供家庭所需的那部分基本的食物和原材料,而没有大量的可以用来和制造商交换所需的制成品为止。在一国生产能力正常发展的情况下,农业国(只要其文化发展达到一定的阶段)人口增加的大部分就应该转移到制造业中去,将剩余农产品的一部分用来供养制造业人口在食物和原材料方面的需求,另一部分用来换取制成品、机器和工具,以改善农民的消费水平并增加他们的产出。

如果这种状况能够及时实现,那么农业和制造业的生产能力将会相互促进并有所增长,且这种增长*没有止境*。在这种情况下,制造业人口对农产品的需求将十分巨大。不过就农业所需的劳动力来说,除了维持最大限度的农产品剩余所必需的劳动力以外,不可能有更多的劳动力向农业转移,现有土地也不可能再进行分割。农业人口创造的剩余农产品越多,能消费的制成品也越多。剩余农产品的持续增长将带来制造业人口需求的持续增长。多余的农业人口因此可以在制造业行业找到工作,而制造业人口最终不仅将和农业人口数量相当,甚至会超过农业人口。英国就属于后一情况,而法国和德国的部分地区则属于前一种情况。英国之所以能在两大生产部门之间进行自然的行业划分,主要是依靠它的养羊业和毛纺织业。英国在这两方面的大规模发展比其他国家迅猛很多,而其他国家的农业发展由于封建和专制势力而遭到破坏。占有土地就获得了权势的原因只在于,封建主凭借土地获取一定数量的奴仆并且在自有土地上加以利用；奴仆越多，封建主可以召集的士兵就越多。何况在蒙昧时期，封建主除了豢养大批的奴仆以外没有其他的方式消耗大笔的收入，除非在那些奴仆为封建主服劳役并以少量农产品缴纳税收的条件下，封建主可能会分给奴仆一点点土地以耕种，除此以外，封建主不可能有更好的办法使奴仆获得一定的报酬并效忠于他们。这样，就人为地建立起了过度分割土地的制度的基础。现在，如果政府要人为地改变这一制度，那么结果只能是重新回到初始状态。

要制止一国农业生产能力的持续下降，并逐步革除旧有制度遗留下来的弊端（除了鼓励移民以外），那么现有的最好的措施就是建立国内制造业能力，并逐渐把新增的人口吸引到制造业上；农产品的需求越是增加，大面积的土地耕作就越是有利可图，并可以鼓励耕作者从其土地上获取尽可能多的剩余农产品。

耕作者和土地劳动者的生产能力的大小总是取决于农产品和制成品以及其他各类产品进行交换的难易程度。基于这一点，任何在国际贸易方面稍有发展的国家都能获得最大化的利益，我们在其他章节里已经用英国的例子对此进行了说明。但是，一个在工业文明、资本拥有量和人口等方面都已经获得了巨大进步的国家会发现，自身制造业力量的发展，比只拥有最发达的国际贸易而没有自己的制造业力量对农业的发展更为有利。因为这样可以确保这个国家免受由于战争、国外贸易限制和商业危机造成的波动；还因为这样该国就节省了农产品出口及制成品进口过程中发生的大部分运输费用和商业费用的成本；还因为制造业的发展促使现有的交通运输得以改进，并从交通改进中获益；并且，同样的原因使得原来没有被开发的人力和物力得以开发，特别是因为制造业和农业彼此越靠近，那么制造业和农业之间的互换能力就越强，并且两者之间的各种产品的交换就越不可能被多种突发事件所打断。

在我1828年写给费城工业技术促进协会主席查尔斯·英格索尔先生的几封信（这些信集结成册以后的书名是《政治经济学新体系大纲》）中，我试图解释在同一个国家和同一个政治权力制度下，用以下的方式将制造业和农业联合起来的优越性。假定你不懂得磨麦子的技术，这在当时的确是一个很重要的技术；进一步假定你也不

第13章 国家商业活动的划分和国家生产能力的联合

懂得烤面包的技术，就像（安德森所说的）十七世纪时鲱鱼腌制法还不为英国人所掌握时的情形那样；因此，可以假定你不得不把麦子送到英国去磨成面粉然后烤成面包。试问，在这样的情况下，你的麦子有多少被英国人作为磨面和烤面包的成本扣下了？在输出麦子和输入面包的过程中，雇用的运货人、海员和商人消耗的有多少？最后回到种麦人手中的又能剩多少？毫无疑问，通过这种方法，国外贸易进程将受到极大的推动，但值得怀疑的是，这种交易是否特别有利于国家的福祉与独立自主。设想一下，如果你们国家（美国）与英国之间发生战争，那些为英国面粉厂和面包厂生产麦子的人的处境将如何？同时那些习惯了英国面包口味的人又将怎么样？因此，为了种麦人的利益和经济繁荣，要求面粉厂主应住在邻近地区；为了农户的富裕，制造商应住在邻近地区；为了平原地区的经济振兴，一个发达的制造业城市应当坐拥其中；为了国家农业的繁荣，本国的制造能力应尽可能地发展到最高程度。

我们来对比一下繁华的城镇地区和偏远地区的农业情况。在偏远地区，农民仅种植那些能够经得起长途运输的作物。这些作物与那些距离购买者较近的地区生产的作物相比，价格低而质量又好，但农户利润的绝大部分耗费在运输上，因此很难获得可以有效用于他的农场的资金。由于缺少好的榜样和接受教育的机会，人们很难被引导利用新的工艺、更好的工具和新的种植方法。农户本人由于缺乏观摩机会、缺少对生产能力发展中的努力和竞争的刺激，就难免陷于怠惰状态。

但是，在靠近城市的地区，农户会利用每一寸土地来种植那些土壤最适合种植的作物。他们会在最有利的情况下想方设法地尽量多生产。蔬菜、家禽、蛋类、牛奶、黄油、水果以及那些远郊农户认为不值钱的农产品，都会给近郊农户带来巨大的收益。远处的农户必须依赖于牲畜的繁育，而近郊农户则可以从牲畜饲养中获利，并且可以完善其根系作物和草料作物的种植。他们可以利用对远处农户用处不大或几乎没用的东西，比如石头、沙、水力等等，并且众多最好的机械设施及各种耕作方法也随手可得。为农场发展积累必需的资金对他们来讲轻而易举。坐拥土地的经营者及其工人们，面对着城市提供的消遣、在他们之间形成的竞争、唾手可得的利润，被激发出了全身心的热情来全力改善他们的条件。于是国与国之间也正好出现了与农户间同样的差异，有的国家制造业和农业齐头并进，有的国家则只能用本国的农产品来换取别国的制成品。

一个国家的社会状态主要*取决于职业的种类及划分和生产能力的合作*。一枚针之于制针厂，如同国家福祉之于我们所称之为的"国家"的大社会。*国家最重要的职业分工在于脑力与体力的分工*，这两者相互依存。脑力劳动者在推动道德、宗教、教化、知识增长、自由扩大、政治机构完善的延伸——国家内部的个人与财产的保证、国家外部的独立与国力——等方面越成功，物质财富的生产就会越丰富；反之，体力劳动者生产的产品越多，就越容易推动脑力生产。

职业最重要的划分、在物质生产上的最重要的生产能力的合作，是农业与制造业之间的划分与合作。如上所述，二者相互依存。

就像在制针厂里一样，在国家中，每一个个人、每一个生产的分支，甚至整个国家的生产都取决于所有个人相互关系的协调运转。我们把这种关系称为*平衡*或*生产能力*的协调。一个国家可能拥有太多的哲学家、语言学家、文人学士及太少的熟练工匠、商人和渔夫。这是高度先进的、广博的文化没有被高度先进的制造业能力和广泛的内外贸易支持的结果，就如同在制针厂里制造了太多的针头而缺少针尖一样。在一个国家中多余的针头是：大量的无用的书籍、令人难以捉摸的理论体系、学术争端，通过这些，国家的思维变得更晦涩而不是更文雅，同时人们会从实用的职业中退出。同样的生产能力退步也会发生在那些国家中，原因是它拥有太多的牧师和太少的青年导师，或者拥有太多的士兵和太少的政治家，或者拥有太多的管理者和太少的法官及太少的权利与正义的辩护者。

一个国家只有农业，就如同一个人在物质生产中缺少了一只胳膊一样。商业仅仅是农业能力和制造业能力的交换媒介，介于它们独立的分支之间。一个国家用农产品交换外国的制成品，就如同缺少一只胳膊的个人借助于外来的胳膊，这种支持可能是有用的，但是不如他拥有两只胳膊有用，这是因为它的活动会受制于外人的反复无常。拥有了自己的制造业能力，它就可以生产出国内制造商能够消费的粮食和原材料；但是如果依赖于外国的制造商，那它就可能只生产那些外国不屑于自己生产的剩余部分，于是它们就会不得不从别的国家购买。

就像在同一国家不同的地区一样，地球上的不同国家间也存在着劳动分工和生产能力的合作。前者是由内部或国内商业所引导的，而后者则是由国际商业所引导的。但是，国际生产能力的合作是一个很不完善的合作，常常被战争、政治规则、商业危机所打断。尽管一定意义上它是最重要的，但因为由此使得世界上的不同国家彼此相连，因而对已经获得先进文明的单个国家的繁荣来讲，它却是最不重要的因素。这是被流行学派的学者所承认的，他们宣称一国的国内市场的重要性是海外市场无法比拟的。从这个观点中他们得出了结论，即为实现其目标，每个大国的利益驱使它们先形成*国内*联合，然后才考虑*国际*联合。

*国际*和*国内*的*劳动分工*都主要取决于一国的气候及自然条件。每个国家都不可能生产出中国的茶叶、爪哇的香料、路易斯安那的棉花或者处于温带国家的玉米、羊毛、水果及制成品。如果一个国家试图通过国内劳动分工（即本国生产）来提供和其自然条件不相符的商品，而这些商品本可以通过国际劳动分工（即通过对外贸易的做法）更好更便宜地获得，那么这个国家的做法是非常愚蠢的；反之，如果一个国家不充分利用其所拥有的自然资源来满足其国内的需求，而是仅用其剩余的产品来购买其领土内受自然所限不能生产的必需商品，那么这就表明这个国家缺少国内制造业的能力或国内工业。

世界上从自然中受惠最多的国家，很明显的是那些土地肥沃并且能生产出数量多质量好的一般生活必需品的国家，是那些气候适宜于身心发展的国家，是那些温带地区的国家；在这些国家中，制造业能力特别发达，它们不仅由此获得了精神和社会的高度发展以及强大的政治力量，而且也具备了使热带国家及处于次文明的附庸国在一定程度上附属于它。温带国家因此遥遥领先，不仅能使它们的国内劳动分工达到最高的境界，而且能够利用国际劳动分工使自己富裕。

第14章　私人经济与国民经济

我们已经从历史上证明国家的统一是国家持续繁荣的基本条件；我们也已经说明只有当个人利益服从国家利益并且世世代代为着一个共同的目标而努力时，那么这个国家的生产能力才能获得协调发展；没有当代个人以及后代人持续为了一个共同的目标而努力，那么私人工业就很少能够繁荣。我们在最后一章中试图证明，在单个制造业中生产能力联合的规律如何发挥有利作用，以及如何对整个国家也以同样的力量发挥同样的作用。这本章中，我们要说明的是，一些流行学派把私人经济和国家经济相混淆，借以掩盖自己对国家利益以及国家之间生产能力联合的误解。

亚当·斯密说：①"凡是在私人家庭中审慎的行为，在国家中也很少是愚蠢的。"个人在追求自身利益的同时也必然因此促进社会利益的发展。显然，个人总是对自己所处的环境最清楚，对自己的职业最为关注，因此，个人比政治家或法官更能够决定把他的资金投在什么地方最能获利。试图给他人投资提出建议的人，不但会使自己承担无用的工作，而且还会把自己当成这方面的权威，而这种权威仅仅属于生产者，只能委托给那些自以为能够胜任艰巨工作的人。亚当·斯密由此得出的结论是："为了国内工业而对贸易加以限制的行为是愚蠢的行为；如同每一个人一样，一个国家也应该从最便宜的地方购买商品；为了实现国家的高度繁荣，我们只要遵循放手不管、任其自由的原则就行了。"斯密和萨伊试图把通过保护性关税使

---

① 《国民财富的性质和原因的研究》，第四部，第2章。

国内工业得到发展的国家比之为一个要为自己制作衣服的裁缝，同时又把这样的国家比之为鞋匠，为了使自己的生意兴隆，却向进门的客户征收通行费。在这方面，托马斯·库柏也犯了流行学派同样的错误，且走向了极端，他在反对美国保护制度的书中①写道："*政治经济学*和所有个人的私人经济学都是同义的；*政治学*并不是*政治经济学*的必要组成部分；社会完全不同于组成社会的个人的这种假设是愚蠢的。每一个个人最懂得如何利用自己的劳动和资本。社会财富只不过是每个社会成员财富的总和；如果每个社会成员都能把自己照顾得最好，那么国家就一定会富裕，每个社会成员就可以各行其是了。"美国关税保护制度的拥护者反对这种论调，但从前却被支持自由贸易的进口商引证过；美国的《航海法》极大地促进了运输业、对外贸易和渔业的发展；仅仅为了保护海上的商船，每年花费在船队上的费用就达几百万美元。根据库柏的理论，这些法律和花费如同保护性关税一样，都是应该受到质疑的。库柏呼吁道："不管怎样，为了海上贸易而发动海上战争是不值得的，可以让商人自己来保护自己。"

于是，流行学派从一开始就忽视国家和国家利益的原则，到最后则完全否认国家和国家利益的存在，让个人凭借自身的力量保护自己。

如何实现这一切？难道私人经济中的明智在国家经济中也同样如此吗？难道关于后代需求的考虑以及对国家和民族性质的考虑是人的天性吗？我们只需要考虑一下一座美国城市创立之初的情形就会明白；如果每个人只顾自己，就会只在乎自己的需求，或充其量也只能满足以后几代人的需求，而一个社会中的所有个人联合起来，就能够为自己的后代提供更多的便利和需求；联合在一个社会中的个人为了这个目标，会忍受贫穷，作出牺牲，没有一个有理性的个人会期待从单个人身上得到这一点。诸如保卫国家、实现公共安全以及其他许多目标，只有借助整个社会的力量才能达到，个人在促进私人经济的过程中，是否能进一步考虑到这些目标呢？国家难道

---

① 托马斯·库柏：《政治经济学演讲集》第 1、15、19、177 页。

不应该根据这些目标要求个人限制他们的自由吗？更进一步地讲，国家难道不应该要求个人牺牲他们收入的一部分、牺牲脑力和体力劳动的一部分甚至牺牲自己的生命吗？我们必须像库柏那样，先把"国家"和"民族"的概念斩草除根，然后才能接受他的观点。

不，那些在私人经济中看起来是愚蠢的行为，而在国家经济中则有可能是明智的；反之亦然。理由极为简单，裁缝不是国家，国家也不是裁缝；一个家庭与由成千上万个家庭构成的社会是不同的，一所房子与国家广袤的领土的区别是巨大的。个人最了解自己的利益之所在，并且尽力去实现这些利益，如果他依自己的方式行事，那么也并不总是能促进整个社会的利益的。我们问问法官，他们是否经常考虑到一些犯人的发明创造能力过大或者他们过于勤勉而不把他们送到监狱去。强盗、小偷、走私分子、骗子都十分清楚自己周围及其自身的情况，并都十分关注自己的事，但并不能由此得出结论，个人在从事自己的事业时受到的约束最小，社会就处于最完美的状态。

国家力量不得不对个人事业加以限制，这类例子数不胜数。① 国家力量防止船主从非洲西海岸装载奴隶运到美国。国家力量同时制定建造轮船的规定和航海的规则，以防止船长因贪婪和喜怒无常而使乘客和船员遭受损失。在英国，由于保险公司和船主之间的肮脏交易已经暴露出来了，因此每年都有成千上万的生命和财产因少数几个人的贪婪而遭受损失，于是便对造船业制定法律来进行限制。在美国，要求每桶装的精制面粉不得少于一百九十八磅，否则面粉厂的厂主将受到惩罚，并委任市场监管员监督所有的市场货物。尽管没有任何国家比美国更崇尚个人自由，但任何一个国家都视保护公民为自己的职责，以免他们遭遇危险和遭受损失，例如生活必需品的销售和药品的销售等方面。

流行学派可能会说我们刚才所举的例子都是对财产和人身非法损害方面的关注，而不是对有用之物的正当交易和私人经济中的那些有益无害的勤奋的关注；无论如何，国家没有权力对这些有益无

---

① 参见附录二。

害的勤奋加以限制。当然不能限制，只要它们一直是有益无害的；但是，那些本身有益无害的勤奋，就世界普遍贸易而言，或许对一国的国内贸易则可能是危险而有害的；反之亦然。在和平时期，从一个世界主义的视角来看，私掠商船是不好的行为，而在战争年代，政府却大加鼓励。在和平时期随意杀人是违法的，但是在战争年代，这就变成了一种责任。火药、子弹和枪支贸易在和平时期是允许的，但是如果有人在战争年代为敌人提供这些东西，那么将以叛国罪受到严惩。

  由于同样的原因，为了国家的最高利益，国家不仅有理由而且有责任对商业（它本身并无害）制定某种规则或限制。通过禁止和保护性关税，国家不再对个人如何利用他们的生产能力和资本发号施令（像流行学派很世故地宣称的那样）；国家并没有告诉一个人"你必须将你的资金用来建造轮船，或者用来修建工厂"，或者说"你必须成为一名船长或土木工程师"，国家让个人决定如何利用他们自己的资本，选择他们自己的职业。国家只是说："我们自己生产的这些或那些物品对我们国家是有利的，但是如果同外国进行自由竞争，那我们就不可能获得这种利益。在我们认为必要的范围内，必须对这种竞争加以限制，这样，在我们中间把资本和全部的劳动投入到新兴的工业中的人就可以获得保护，这些人的财产以及职业也能够得到必要的保障；这种做法可以激励外国技工连同他们的生产能力来到我们这边并为我们所用。"在这样的情况下，国家一点也没有限制私人勤奋的发展；相反，它使得个人的、自然的以及国家金钱的力量有了更广阔的使用领域。因此，国家不需要做个人比国家更清楚、更能做好的事；相反，它应该做那些即使个人了解但却无能为力的事。

  流行学派宣称，伴随着保护制度而产生的将是国家权力对资本和个人勤奋利用的侵犯，这是不公平的和违反经济原则的。如果我们考虑到的正是*外国*的商业规则造成了对*我们*私人勤奋的侵犯，那么只有借助于保护制度，我们才能抵制*外国*商业政策的有害活动。对于这一点，流行学派的观点就更显得没有什么优势了。如果英国市场排挤我们的谷物，那么英国的所作所为岂不是就等于迫使我们的农业从业者减少在自由进口制度下可以出口到英国的谷物数量吗？如果英国对羊毛、酒以及木材课以重税，那么我们对英国的出口贸易将会完全或大部分停止。除了英国的国家力量相应地限制了我国若干产业的发展外，还能产生什么其他影响呢？从上述的例子中可以看出，*外国的规则*支配着*我国*的资本和个人生产能力，也就是外国制定的规则使得我国的资本和生产能力几乎无法流动。由此可见，如果不依靠我们自己的立法，以及根据国家的利益对本国的工业给予指导，那么我们将不能防止外国根据它们实际的或推定的利益为依据来制定规则限制我国工业的发展。在这种情况下，对我国生产能力的发展无论如何都是不利的。对于我们允许私人的勤奋依据外国的利益而受外国法律的管制，还是依据我们自己的利益受本国法律的管制这两种情况而言，第一种情况难道对我们更加明智以及对我们的国民更有利吗？如果美国或德国的农业从业人员每年都必须学习英国议会颁布的法令，以便明确英国那个立法机构认为对两国的谷物或羊毛产品是加以限制还是予以鼓励哪个更为有利；或者如果美国或德国通过立法限制某些外国制成品，并同时保证自己的产品占有市场，保证从此以后再也不受外国立法的管制，那么难道它们会感到在前一种情况下比在后一种情况下受到的限制更少吗？

如果流行学派认为保护性关税使国内的制造商处于了垄断地位，使本国的消费者利益受到了损失，那么这样的论据也是非常缺乏说服力的。因为每一个国家中的每一个人都可以自由分享由保护本国工业所带来的市场利润，这种分享不是一种私人垄断，而是一种特权，是属于本国全体国民的，而不是属于外国国民的；外国的国民也享有同样的垄断权，但我国国民只是借保护而处于和他们同等的地位罢了，这就使得实施保护制度的主张更理直气壮了。这种特权既不仅对生产者有利，也不只对消费者有害，因为当生产者在一开始就获得高价的时候，他们就冒着很大的风险，他们不得不同一切工业在创业时所面临的巨大损失和牺牲作斗争。但是消费者尽可放心，因为这些巨额利润绝不会达到不合理的程度，也不会长期存在，因为通过随之而来的竞争，必然会引起价格的下降，甚至降到低于外国自由竞争市场所形成的均衡价格的水平。农业从业者通常是制成品最重要的消费者,如果他们必须支付高价的话,那么这种不利影响就可以通过增加农产品的需求进而提高农产品的价格来获得补偿。

这就更加荒谬了,流行学派把价值理论与生产能力理论混为了一谈,他们从自己的学说中推断说,"国家财富仅是国家中个人财富的总和,在刺激生产和积累财富方面,每个人的利益都比所有的国家规则都有效",结论是如果对每个人积累财富的行为不加干预的话,那么国内工业就能实现繁荣。如果流行学派不从这个学说中得出这样的结论,或许这种学说未尝不能成立;但问题的关键(如前一章所述)不是通过国内商业限制来直接增加这个国家的*交换价值量*,而在于增加*生产能力的量*。国家生产能力的总和与个人生产能力的总和不是同义的,应该分开考虑。国家生产能力主要取决于一国的社会和政治状况,特别是取决于国家使国内的劳动分工和生产能力的合作是否行之有效,关于这一点,我们已经在前几章中作过充分阐述了。

流行学派理论体系只考虑了单个的个人,这些个人彼此之间的商业关系是完全自由的,如果我们让这些个人根据自己的自然偏好去追求他们自己的私人利益,那他们就知足了。很明显,这种理论体系不是国民的经济体系,而是私人的经济体系,在没有政府干预、没有战争、没有敌对的外国关税限制的情况下,这种体系也可以自然形成。这个体系的拥护者不愿意指出,那些现在已经强盛的国家它们是凭借什么达到并保持繁荣的,以及那些曾经强盛的国家它们为什么会失去原有的强盛地位。从这个理论体系中我们只可以了解到,为了使有价值的产品得到交换以及让这些产品在全人类中得到分配和消费,私人的勤奋、天赋才能、劳动力和资本是怎样结合在一起的。但是如何让每个国家的自然力发挥作用并产生价值,并使这些贫弱的国家变得强盛起来,关于这一点我们就不能从这个理论体系中获得任何答案了,因为流行学派经常忽略政治学、忽略一个国家所处的特殊环境,而只关心整个人类的繁荣。每每谈及国际贸易问题的时候,本国的个人与外国的个人之间总是对立的,谈论的也总是单个商人之间的交易,提到的商品也是一概而论的(不考虑这个商品是原材料还是制成品），其目的就是为了证明进出口的不论是货币、原材料、制成品，也不论进出口是否平衡，它们对国家都是有利的。例如，如果美国发生了商业危机，那么它就会像流行病一样流行，使我们担惊受怕，如果就这一问题我们向该理论请教，那就得不到任何答案。而且，这个理论使我们无法对这种现象进行科学探讨，因为为避免被骂作糊涂虫和无知的家伙，我们甚至不能说出*贸易平衡*这个词，尽管立法机构、官僚机构以及交易所都在使用这个词。为了人类的福祉，我们认为进口和出口都是自动平衡的，尽管我们从公开报告中得知，英国银行是如何对自然事物的演进给予正确引导的；尽管我们知道，由于英国《谷物法》的存在，使得那些与英国打交道的国家的农业从业人员在用自己的产品交换英国的制成品时困难重重。

流行学派承认经济高度发达的国家和欠发达国家之间没有任何区别，它处处不考虑国家力量的作用。根据它的观点，国家对个人的关注越少，那么个人的生产能力就越能得到发挥。事实上，根据这种认识，未开化的国家应该是世界上最具生产力、最富有的国家，因为没有一个地方能够像未开化的国家那样让个人随心所欲，没有一个国家能够像未开化的国家那样感受不到国家力量的作用。

然而，与此相反，统计数据和历史都告诫我们，哪个国家需要立法力量和行政力量干预的必要性越明显，哪个国家的经济就越发达。一般来说，只要个人利益不违背社会利益，个人利益就是好东西，因此，只要非保护行为与国家福祉一致，那么个人勤奋就只能借助于非保护行为，这种说法是有道理的。但是，如果个人的事业和活动不能满足这一目标，或者无论如何都对国家有害，那么个人的勤奋为了得到整个国家的支持，为了人们自己的利益，它就必须服从法律的约束。

如果流行学派把一切生产者之间的自由竞争都当成是促进人类繁荣的最有效的方法，那么从它的出发点来看，这种观点是非常正确的。在世界联盟的假设之下，对于国家间正常的商品交换进行任何限制，似乎都是不合理的和有害的。如果有些国家把整个人类的利益都置于了自己的国家利益之下，然后再谈论什么各国个人之间的自由竞争，那么这是十分荒谬的。流行学派支持自由贸易的观点仅适用于同一个国家内部的人与人之间的交换，因此，每一个大国都尽力形成一个集合体；只有符合这个集合体的利益时，这个集合体才会与他相似的集合体发生贸易关系。但是，如果我们把每个人都看成是只为它自己活着，而不具有社会成员的属性，如果我们（像斯密和萨伊那样）把个人仅仅作为一个生产者和消费者而单独存在，而不是作为一个社会的成员或国家的公民而存在，那么上述的社会利益和国家中的单个的个人利益就会迥然不同。因为个人是不会关注后代的发展的，他们把为未来的、不确定的、渺茫的利益（即使有价值）作出的牺牲视为是愚蠢的（库柏先生的确向我们这样指出过）；他们很少关注国家发展的连续性，他们让他们的商人的船只任意遭海盗抢劫，他们丝毫不关心国家的力量、国家的尊严以及国家的光荣；他们顶多为了子女的教育而说服自己作出一些物质上的牺牲，他们即使给予他们的子女学习某一种职业的机会，也要假定他们的子女通过学习在若干年后可以自谋生计，只有这样他们才肯这样做。

事实上，按照流行学派的理论，国家经济与私人经济极为类似，所以萨伊（例外）认为国家也可以保护国内工业，但有一个前提条件，那就是经过几年的保护，尽可能地使工业能够获得独立。就像鞋匠收学徒一样，学徒必须在几年内把手艺学好，即使以后没有师傅的帮助，他也能在这个行业中独当一面。

第15章 民族主义与国家经济

从前面几章中我们可以看出，流行学派理论体系存在着三个主要缺陷：第一，漫无边际的*世界主义*既不承认国家原则，也不考虑如何满足国家的利益；第二，死气沉沉的*唯物主义*处处主要考虑事物的可交换价值，而不考虑国家的精神利益与政治利益、眼前利益和未来利益以及国家的生产能力；第三，形单影只的*单一主义*和*个人主义*忽视了社会劳动的本质和特征以及国家联盟发挥的重要作用，它们想象在同社会（即同整个人类）进行自由交换的状态下，个人勤奋可以获得很好的发展，好像人类社会没有被分成许多独立的国家和社会那样。

然而，在个人与整个人类之间还是存在着国家的，而每个国家都有着各自独特的语言文学、特有的起源和历史、特有的风俗习惯、特有的法律制度，人们需要这些东西而使国家独立存在、逐步完善、长盛不衰，国家有自己的疆土；由各种复杂的精神关系以及利害关系组成的社会把自己独立成为一个整体，它承认自己的和本身范围以内的权利法则，这种独立的特征使得它与别的同类社会在国家自由上仍然处于对立状态，因此，在目前这种世界形势下，只能依靠它自己的力量和资源来保持独立。个人主要依靠国家并在国家范围内获得文化、生产能力、安全以及繁荣；同样，只有各个国家的文明和发展才能设想人类文明成为可能。

然而，各个国家的环境条件千差万别，我们发现它们之中有巨人也有侏儒，有体格健壮的也有存在缺陷的，有文明的也有半文明的和野蛮的；就像一个人一样，在这些国家中也有自我保护、要求进步的冲动，这是天赋本能。政治的任务是使国家从野蛮走向文明，由弱小变得强大，但是最重要的任务是使国家长盛不衰。而国民经济的任务便是完成*国家经济的发展*，为其将来进入国际社会做好准备。

处于正常状态的国家拥有共同的语言和文化、广袤的土地、丰富的自然资源、绵长的边境线以及稠密的人口；农业、制造业、商业和航海业协调发展；艺术、科学、教育事业都普遍得到培育并与物质生产处于同等地位；它的宪法、法律和制度必须为本国人民提供高度的安全和自由，必须有利于促进宗教、道德和繁荣。总之，它必须把国民的福祉当成自己的目标；它必须拥有足够的陆上和海上力量以保护自身的独立和对外贸易；它必须拥有对落后国家的文明产生有利影响的力量，以及用它的过剩人口、精神和物质资本来开拓新殖民地、建立新国家。

地大物博、人口众多是正常国家的基本要求，也是精神文明、物质丰富和政权力量的基本条件。一个受人口数量和疆域面积大小限制的国家，尤其是受分散语言限制的国家，只能用残缺的文学和制度来发展艺术和科技。一个小国不能使生产的各个部门都在国境的范围内实现充分完善。在这样的国家，一切保护都将成为私人垄断。这样的国家只有与更强大的国家结成联盟并且牺牲部分国家的利益和投入更多的精力，才能勉强维持独立。

一个没有海岸线、商船或者是海军力量的国家，或者是对其河流的入海口没有管辖权的国家，其对外贸易就必须依赖于其他国家；它们既不能建立自己的殖民地，也不能建立新的国家；从这些国家流向未开化国家的过剩人口、精神和物质资本将会失去它们本身的特有的特质，而有利于其他国家。

一个国家如果没有海洋和山脉作为屏障，那么极易遭受外国的侵犯，必将作出巨大的牺牲才能建立自己独立的关税体系，但无论如何，这个体系仍然是不十分完善的。

一国领土的缺陷是可以弥补的，有的是通过王位的继承，如英格兰和苏格兰；有的是通过购买，如佛罗里达和路易斯安那；有的是通过征服，如大不列颠和爱尔兰。

现在，第四种方法已被采用，用这种方法弥补缺陷，比征服更加公正、更有利于国家的繁荣，它不依赖于继承等偶发事件，只通过协定就把不同的国家的利益结合起来了。

德国通过关税同盟首先获得了一个最重要的民族特征。但是只要这个同盟没有延长它的海岸线，即从莱茵河口延伸到波兰边界，包括*波兰*和*丹麦*，那就不能认为这个措施是完美无缺的。这个同盟的必然结果必定是这两个国家都加入德国同盟，最后都加入到德意志国家，到那时，德国就可以拥有它现在需要的东西，那就是渔业和海军力量、海外贸易和殖民地。况且，就血统和所有的特征而言，这两个国家本来就属于日耳曼民族，它们之所以债务缠身难以喘息，是因为它们违背了自然规律，强行坚持作为一个独立国家而存在。当这种负担愈来愈重变得无法忍受时，当同大国结盟看起来是大势所趋和必不可少时，这种分裂局面必将宣告结束，这是符合自然规律的。

比利时的领土和人口都很有限，要弥补这一缺陷，那么与较大的邻国结盟是唯一的出路。*美国和加拿大*两国的人口增加越多，美国的保护制度就越健全，它们就靠得越近，英国要想阻止两国结盟也就越没有可能了。

在经济方面，国家必须经历以下几个发展阶段：原始落后状态、畜牧业状态、农业状态、农业—制造业状态、农业—制造业—商业状态。

各个国家的工业发展史，尤其是英国的工业发展史清楚地证明，由原始落后状态转入畜牧业状态，再由畜牧业状态转入农业状态，再然后由农业状态转入制造业和海运业的早期发展状态，受到了先进城市和国家之间的自由贸易的及时而有利的影响，但是要获得发达健全的制造业，拥有重要的商船和大规模的对外贸易，必须依靠国家力量的干预。

一国的农业越是不完善，这个国家就越缺少将本国过剩农产品和原材料与国外制成品交换的机会；一个国家的未开化程度越高，就越适合君主专制的政体和法律，那么这样自由贸易（例如出口农产品和进口制成品）就越能促进这个国家的繁荣与文明。

但是，如果一国的农业、工业、社会、政治和市政状态已经获得了充分的发展，而它仍用本国的农产品和原材料同外国的制成品进行交换，那么这个国家从中获得的为改善国内社会状况的利益就会更少，而制造业能力强于自己的外国在竞争中取得了成功，那么这对这个国家就越不利。

后一类国家，也即已经具备建立自己的制造业能力所需的一切精神和物质条件的国家，从而实现了一定程度的工业文明并获得了极大的物质繁荣，同时也提升了政治力量，但是在与比它更先进的外国制造业力量进行竞争时，它的发展还是受到了阻碍。只有在上述这种情况下，国家才有理由实行商业限制并保护自己的制造业能力；也只有当它的制造业能力足够强大，不再有任何理由害怕与国外竞争时，并能从根本上保护国内的制造业能力时，实行保护制度才是合理的。

假使保护制度一下子排除了外国竞争，使被保护国与其他国家完全隔离，那么保护制度就不仅违背了世界主义的经济原则，而且与人们充分理解的国家利益也不相一致。如果要保护的*制造业能力*处于发展初期，那么保护性关税就必须适中，必须随着精神与物质资本的增加、技术能力的提高和企业家精神的建立而逐步提高。并不是所有的工业产业都需要获得同样的保护，只有重要的工业产业才需要特殊的保护。这里的重要工业产业是指，建立和经营时需要大量资本、大规模机器设备、高科技知识、丰富经验以及为数众多的劳动力的工业产业，它们生产的是第一生活必需品，因此，无论从它的总价值还是从国家独立方面讲，都具有最重要的意义（例如棉、毛、麻等纺织业）。如果主要工业产业在适度保护下获得发展，那么其他次要工业产业就可以在保护较低的情况下围绕着它成长起来。有些国家工资水平很高，但是人口相对于其国土面积来说不算太多，比如美国，如果那些供应它们同类制成品的国家允许进口它们的农产品，那么这样的国家应该给予那些不是主要用机器生产的制造业以较少的保护，而给予那些主要用机器生产的制造业以更多的保护，这对它们较为有利。

流行学派认为用农产品交换其他国家的制成品如同建立自己的

制造业力量一样，可以促进并传承文明，增加财富，尤其可以促进社会进步，这样就暴露出了它们完全误解了国家经济的性质。一个纯农业国永远不可能使它的国内外贸易、内地运输方式以及国外航运获得充分发展，不能使人口随着福利水平的提高而相应增加，也不可能在道德、智力、社会与政治方面获得显著进步；它永远不可能获得强大的政治力量，也不可能使自己处于对落后国家的开明和进步产生重大影响的地位，也不可能建立自己的殖民地。一个纯农业国家与一个制造业兼农业的国家相比，其制度上的差距不知有多远。前者在经济上和政治上总是或多或少地依赖于用制成品交换它的农产品的生产量，它自己不能决定应该生产多少，它必须等着其他国家愿意从它那里购买多少农产品然后才决定生产多少；相反，后者（即农业兼制造业国家）自己也生产大量的原材料和粮食，但只用从纯农业国的进口补充自己无法生产的东西就行了。这样，纯农业国影响销售的能力首先要靠制造业兼农业国家的收成的多少来决定；其次它必须在销售过程中与其他纯农业国家进行竞争，它本来就无法确定自己的销售量，现在变得更没有把握了；最后，一旦发生战争或遇到新的关税制度，它同制造业国家的贸易将面临彻底中断的危险，进而一方面它将无法为过剩的农产品找到销路，另一方面将无法满足制成品的国内需求。正如我们所陈述的那样，农业国家就像一个只有一支臂膀的人，另一支是借外国的，但是它不能确定在任何情况下都能使用这支借来的臂膀；而农业兼制造业国家*自己的两臂*齐全，它可以随心所欲地使用。

流行学派认为保护保护制度只是投机政客玩弄的一种违反自然规律的手段，这是根本错误的。历史证明，保护制度起源于国家为实现繁荣、获得独立和能力的自然努力，或者是战争和占优势的制造业国家制定敌对性的商业法规的结果。

独立和权力的概念起源于"国家"这个概念。流行学派从来不考虑这些，因为它并没有把单个国家的经济，而是把整个社会，即全人类的经济当成了它们的研究对象。例如，假如我们假设所有国家通过普遍联盟结为了一体，那么，各个国家的独立和力量再也不是它们所考虑的目标了。在这种情况下，各个国家的独立就成了一纸普遍性的法律空文了,就像罗得岛州和特拉华两州在美利坚合众国的地位一样。自从这个合众国建立以来,这些小州就再也没有考虑过扩大自己的政治力量,或者考虑过它们的安全不如比自己大的州有保障的问题。

假如各个国家的世界联盟的原则是合理的,假如某个国家已经预期到能从这个大联盟中、从普遍和持久的和平中能够获取巨大的利益,而它却仍坚持制定自己的国家的方针政策,就好像这个国家的联盟早已存在似的,那么它这样做就不合情理了。我们要问,如果一个国家考虑到了普遍的、持久的和平状态的巨大利益和合理性,那么就会解散军队、销毁兵舰、拆除要塞,为什么任何正常的人不可以认为这个政府是精神失常的呢?如果这样的政府这样做了,它们的所作所为与流行学派希望政府做的就没有什么二致了,流行学派认为普遍的自由贸易能够带来好处,要求政府应该放弃从保护中获得的好处。

战争对国与国之间的相互商业关系起着破坏作用。在战争条件下,生活在一个国家的农业从业者将被迫与居住在另一个国家的制造商分开来。然而,当制造商(尤其是如果他属于一个海军力量强大的国家的公民,并且从事着广泛的商业活动)从本国农业从业者那里或者是从其他获准进入本国的农业国那里得到了补偿,那么纯农业国的居民将遭受商业中断带来的双重损失。

纯农业国居民的农产品市场将使他们彻底破产,因此,他们将失去购买制成品的手段;以前贸易的存在使这些制成品已经成了他们的生活必需品,而现在他们的生产能力和消费能力都将遭到削弱。

然而,一个战争削弱了其生产和消费能力的农业国家,现在由于国际贸易的中断,却在人口、文明和农业方面取得了明显的进步,涌现出了大批制造业和许多工厂。战争发挥的作用如同禁止性关税制度的作用一样。农业国认识到了拥有自己制造业能力的巨大好处,通过亲身体验,它们坚信,在战争造成的商业中断期间,它们的所得大于所失。于是,纯农业国产生出了从现有状态发展成为一个农业兼制造业国家状态的信念。但是如果一个国家因战争给它带来的机会而在制造业方面取得了巨大进步,在实现和平以后,与原来就有贸易关系的国家重新恢复了这种贸易关系,那么它们就都会发现,在战争期间新的利益已经形成,重新建立原有的商业关系将破坏新形成的利益。① 先前的农业国会感到,如果恢复向国外销售农产品,势必要牺牲自己业已建立的制造业;而那个制造业国家也会感到,它在战时形成的国内部分农业生产的格局将受到自由进口的破坏。因此双方都想通过征收进口关税的办法来保护这些利益。这就是近五十年来的商业政治史。

是战争使更多近期的保护制度是得以产生。我们坚持认为,即使英国在和约达成后并没有犯那个重大错误,并没有限制生活必需品和原材料的输入,从而使战时实施保护制度的动机在和平时期继续保持,然而,对于那些处于二三等水平上的制造业国家而言,为了自己的利益,也应该继续实施保护制度,并进一步发展它。对于一个农业还处于原始落后状态的未开化国家来说,只有与文明的制造业国家进行贸易才能进步,当这个国家的文化发展到一定程度,它只有拥有自己的制造业才能够使繁荣、文明和力量达到最高程度。将一个纯农业国变为农业兼制造业国的战争,对这个纯农业国来说是一种恩赐。美国的独立战争就是这样,尽管付出了巨大牺牲,但其后代将受益无穷。但是,一个有能力发展自己制造业的国家,在和平到来后,如果仍走纯农业的老路,和平对它来说就是一个诅咒,比战争的危害性更大。

在普遍和平恢复后,英国限制外国生活资料和原材料的进口,从而限制了它(垄断全球制造业市场)的主要倾向,这对制造业能力处于二三流的国家来说是一件幸事。当然,英国战时垄断本国市场农产品供应的农业从业者,在战后将感到自由竞争的残酷,但这只是初期的情况而已,到了后期,英国制造业将垄断全世界的制造业(这一点将在其他章节中阐述),它们的损失将获得十倍的补偿。处于二三等地位的制造业国家,经过二十五年的战争,它们的制造业已经初具规模,在这之后(二十五年的战争已使它们的农产品与

---

① 参阅《国民财富的性质和原因的研究》,第四部分,第 2 章。——英译者注

英国市场处于隔离状态),也许再经过十年到十五年的严格保护,它们的制造业能力就可以得到进一步加强,可以成功地与英国的制造业进行自由竞争。假如(我们说)这些国家在忍受了长达半个世纪的牺牲以后,会心甘情愿地放弃自己拥有制造业带来的巨大利益,愿意从一个只有农业兼制造业国家才可以获得的高度文明、繁荣和独立的地位,降低到纯农业国的劣势地位,仅仅因为这种说法可以取悦英国,使这个国家可以察觉到这些国家犯的错误,察觉到这些国家的发展水平已经接近可以同英国进行竞争的欧洲大陆国家的水平,那么这同样是有害的。

假定英国的制造业能够获得足够的影响力,促使主要由大地主组成的上院和主要由乡村地主组成的下院对进口农产品作出让步,谁又能保证若干年后一个保守党不会在新的环境下通过一个新的《谷物法》呢?谁又能够肯定是否会因为一次海上战争或者新的大陆制度,再度使欧洲大陆的农业从业者同岛国的制造商分离,迫使欧洲大陆国家重新从事制造业,使它们在恢复和平后所做的全部努力都付之东流?

这种情况下,流行学派会谴责大陆国家就像西西弗斯(古希腊神话中的暴君,死后坠入地狱,被罚从山下往山上推石头,但石头在近山顶时又滚落,如此循环,劳而无功。——中译者)推石头一样,在和平时期把在战争时期建立的制造业毁掉。

如果流行学派没有从这门学科(尽管这门学科自命为科学)中把政治完全排除,没有完全忽视国家的存在,也没有完全不考虑战争对独立国家间商业关系所产生的影响,那就不会产生这样荒谬的结论。

如果农业从业者和制造商生活在同一个国家,持久和平使他们结合在了一起,那么两者之间的关系就完全不同了。在这样的情况下,任何对已有制造业的扩大和改进,都将引起对农产品的需求的增加,这种需求是确定的,它不依赖于外国的商业规则或者外国的商业周期,也不受外国的政治骚乱或战争、外国的种种发明和革新以及农业收成的影响;国内的农业从业者不需要将这种利益与外国分享,他们所获得的利益年年都十分稳定。不管其他国家的农业产量如何，也不管政治世界的误会有多少，它们总依赖自己农产品的销售，并以适当的、合理的价格换回它们所需要的制成品。但是，本国农业的每一次改进，每一个新的耕作方式的出现，都会对本国制造业产生激励作用，因为本国农业的每一点增长，都会给本国制造业带来相应的增长。这样，通过这种相互影响的作用，作为国家实力和支柱的两大资源的不断进步就有了保证。

*政治*力量不但通过对外贸易和殖民地的扩张，保证国家不断繁荣，而且还使国内的繁荣和自身生存也有了保证，这些比单纯的物质财富更重要。英国通过《航海法》获得了政治力量，又通过政治力量将它的制造业力量延伸到了其他国家。然而，波兰因为没有一个强有力的中产阶级，而这个阶级只有伴随着国内制造业力量的产生才能产生，所以波兰被从这些国家的名单中除去了。

流行学派不否认尽管外国的市场十分繁荣，但国内市场的重要性仍十倍于国外市场；但是流行学派没有从这个结论中得出另一个十分明显的结论，即培育和保护国内市场的重要性要十倍于到国外寻求财富的重要性，只有在国内制造业实现高度发达的国家，其对外贸易才能获得重要地位。

流行学派只从世界主义的观点而不是用政治学的观点判断市场的性质和特征。欧洲大陆的许多沿海国家都位于伦敦、利物浦或曼彻斯特制造业的自然市场范围之内；对于欧洲大陆的内陆国家而言，只有极少数国家的制造商能够在自由贸易下，在自己的口岸维持与英国制造商同样的价格。英国拥有大量的资本和广大市场，这使得它能够大规模生产，因此可以使制成品的价格更低，最终以低价向海外销售，这就使英国的制造商比其他国家的制造商更具优势，其他国家的制造业要想获得这样的优势，只有靠长期保护本国市场，积极改善本国交通，才能逐渐实现。然而，沿海一带的市场，不论是国内贸易还是国外贸易，对各个国家都具有重大意义；如果在沿海一带市场上占上风的是外国产品而不是本国产品，那么这个国家不但在经济上而且在政治上也是分裂的。的确，如果一个国家的港口城市同情外国人胜过同情本国人时，无论从经济方面还是从政治方面来说，国家所处的地位都没有比这更危险的了。

科学不可能为了促进世界主义的目标,既不否认也不忽视或曲解各国特殊环境的本质,只有对这种本质给予高度关注,引导各个国家根据自己的实际情况向更高的目标努力,世界主义的目标才能实现。我们可以看到流行学派的学说在实践中的成就何其渺小,这不是实践政治家的错误,他们对国家环境的特征有相当正确的了解,而是理论本身有错误(这些理论和一切实践相背离)。这些理论会阻止一些国家(如南美洲国家)引进与本国环境特征相悖的保护制度吗?或者是一些国家将保护扩大到本不需要保护的粮食和原材料等领域,这些限制措施会对贸易双方都产生不利影响——既包括进口方也包括受限制的出口方,那么这个理论也会阻止这些国家采用保护政策吗?① 对于那些精制品,主要是奢侈品,让它们参与自由竞争,不会对国家的繁荣产生任何危险,那么这个理论会阻止对这些物品实行保护吗?不会。这个理论从来没有引起过任何实质性的变革,它与事物的本质不符,以后也不会引起任何变革。如果它以事物的本质为依据,那它就能够而且必然会引起重大的变革。

　　如果这个理论能够说明防止粮食和原材料的自由贸易,能够给采取预防措施的国家带来不良影响,并且只有以国家的*工业发展*为目标才有理由实施保护制度,那么这个理论将会对所有国家都有利,将有利于整个人类的繁荣和进步。这样它就可以将保护制造业的能力建立在正确的原则之上,从而引导一个目前正在实施严格禁止制度的国家,例如法国,在某种程度上放弃禁止制度。制造商们只要明白,这些理论家的目的不是为了毁坏已有的制造业,而是要把保护和促进这些制造业当做每一个明智的商业政策的基础,那么他们就不会反对这一变革了。

　　如果这个理论能够教导德国人先通过固定的保护性关税,随后再提高,然后再逐渐降低关税,直至取消关税,促进德国制造业的发展;告诉他们在任何情况下,周密安排有限的外国竞争对一个国家制造业的进步都是有利的,那么这比起单纯地帮助扼杀德国制造业的做法对自由贸易事业做出的贡献就更大。

---

①　参见附录三。

这一理论不能期望美国制造业会为了同外国进行自由竞争而牺牲自己的制造业，它们的制造业受到了廉价原材料和粮食以及机械力量的保护。然而，只要美国的工资远远高于那些历史悠久的文明国度，只要其他国家都同意进口美国的农产品和原材料，对那些以工资为主要成本的制成品的进口尽量放开，那么这样做对美国的生产能力、文明的发展、政治力量的壮大都是最为有利的，这样，这个理论就不会受到反驳了。

自由贸易理论到那个时候就可以畅通无阻了，不论在西班牙、葡萄牙、那不勒斯、土耳其、埃及还是一切野蛮的、半开化的或热带的国家都可以行得通。上述国家（在它们目前文化状态下）就再也不会坚持那个愚蠢的观点了，即希望通过保护制度建立自己的制造业力量。

到那个时候，英国就会放弃垄断全世界制造业能力的打算，它不会再要求法国、德国、美国牺牲自己的制造业，以报答允许它们的农产品和原材料免税进口而作出的让步。到那个时候，它将考虑到这些国家实行保护制度的合理性，尽管它自己越来越拥护自由贸易。这个理论已经让它懂得，一个已经达到制造业霸主地位的国家，只有自由进口食物和原材料，同国外的制成品进行竞争，才能保护自己的制造商，使其免于退化或怠惰。

英国一向的做法是说服别国实行自由贸易，而它自己却实行严格的保护制度，但到那个时候奉行和现有商业政策完全相反的政策，即不论外国是否实行保护制度，它都将允许竞争。它将希望其他国家推迟采取普遍自由贸易的制度，直到其他国家不再担心自由竞争将破坏它们的制造业为止。

英国在当时和在这个愿望实现以前的那段时期内，会由于各国的保护制度使日用品的出口遭受损失，它可以通过出口更多的上等商品，通过为制造商开辟、建立和培育新市场来弥补损失。

它将努力在西班牙、在东方、在中南美洲各国努力倡导和平，在中南美洲野蛮和半开化的国家、在亚洲和非洲国家施加其影响力，使这些国家建立强有力的文明政体，将生命和财产安全引入这些国家，使得这些国家修筑自己的道路、开凿自己的运河，发展文明和教育、道德与勤奋，消除狂热、迷信和懒惰。如果英国在进行这些努力的同时能够取消对其他国家的农产品和原材料进口的限制，那么它将大幅度增加制成品的出口，这比不断企图毁坏欧洲大陆制造业的做法更有效。

然而，英国的教化工作如果想在野蛮和半开化国家取得成功，那么就不能采取独占的方式，决不能像在巴西那样，采取商业特权垄断市场，排斥其他国家的竞争者。这种做法将引起其他国家的嫉妒，迫使它们反对英国的努力。显然，迄今为止，文明力量的影响对上述国家的教化并没有产生什么效果，这种自私政策就是其结症之所在。因此，英国应该在国际法方面推行这样一种规则：一切制造业国家对这些国家的商业都拥有同等的权利。这样，英国不但可以在自己的教化工作中得到他国的帮助，而且如果其他的制造业国家承担起相同的教化工作，那么对英国自己的商业也并无害处。由于英国在所有制造业和商业方面都具有优势地位，因此英国所得的出口市场份额最大。

如果为了保持英国的繁荣，就有必要争取世界制造业的垄断权；如果其他国家把英国作为榜样，也想成为一个制造业强国，达到了自己的目的而又不损害英国；或者是英国没有必要因为其他国家的财富增长而使自己的财富状况显得不如从前；或者自然将赋予德国、法国、美国（没有损害英国的繁荣）大量的发展机会，达到和英国同等的制造业水平。然而，所有这些都不能确切地加以证明，因此英国一直不断地反对其他制造业国家建立自己的工业体系的做法或许是可以理解的。

还有一点必须指出，任何国家如果其制成品拥有全部的国内市场，那么随着时间的推移，以前为它提供制成品的那些国家将因被排挤出这个市场而遭受损失，这个国家将从制成品在国内的生产和消费中获得更多的利益；一个为自己生产的国家，将在本国的经济条件下获得充分发展，随着人口的增多，变得越来越富有。因此，与依靠从其他制造业国家进口相比，在制成品的消费上可以有很多办法。

就制成品出口而言，温带地区特别适宜发展制造业，它有它特殊的活动领域，可以努力供应热带地区国家的消费，而热带地区国家可以用殖民地的农产品交换温带地区国家的制成品。但是，热带地区国家的制成品的消费部分地要受到它的剩余农产品的影响，这一点与气候有很大关系；部分地要受到温带地区国家对农产品需求的影响。

如果现在能够证明，随着时间的推移，温带地区国家生产的糖、大米、棉花、咖啡等等是目前产量的五到十倍，温带地区国家的消费量也是目前的五到十倍，那么就能同时证明，在这段时期内，温带地区国家的制成品对热带地区国家的出口量也可以比目前扩大五到十倍。

欧洲大陆国家对它们的殖民地产品的消费以过去五年的消费量的增长为依据，而如果不征收消费税的话，或许这种增长还要大得多。

关于温带地区国家产品增加的可能性，过去五年荷兰在苏门答腊岛、爪哇岛以及英国在东印度群岛的表现为我们提供了一个不争的事实。英国从1835年到1839年，从东印度群岛进口的蔗糖增加了三倍，进口的咖啡增加得还要多，进口的棉花也有大量的增长。英国最近的报纸（1840年2月）极其兴奋地报道说，东印度群岛生产这类商品的能力是无限的，相信在不久的将来，英国进口这些产品就不需要再依赖美国和西印度群岛了。荷兰已经感到很难销售其殖民地的产品了，正在积极寻找新的市场。我们还要注意到，北美继续扩大它的棉花产量——得克萨斯州已经悄然兴起，毫无疑问，它的实力将超过整个墨西哥，使那片肥沃之地出现像美国南部各州同样的情况。我们可以想象，秩序和法律、勤奋和智力将逐渐扩展到从巴拿马到合恩角的整个南美洲，继而扩展到整个非洲和亚洲，从而使各地的产量和剩余产品不断增加，到那时，我们就不难理解，这里的空间绝对不只是供一个国家用来销售制成品的。

如果英国只通过从东印度群岛进口就能满足对这类产品的需求了，那么英国怎么能够垄断生产殖民地产品的所有国家的制成品市场呢？如果英国无法吸收一些国家的殖民地产品并与之进行交换，那么它又怎么能够企图把制成品出售到这些国家呢？或者如果欧洲大陆制造业没有获得充分的发展，没有能力去购买、消费这些产品，那么它又怎么会对殖民地产品产生巨大的需求呢？

因此，很显然，抑制欧洲大陆的制造业的发展虽然会妨碍大陆国家的进步，但对英国的繁荣却什么好处也没有。

更为清晰的是目前甚至在一个漫长的时期，热带国家将用大量的原材料交换一切适于生产制成品的国家的产品。

最后，英国制成品在欧洲与美洲大陆的自由竞争垄断了世界制造业，然而就保护制度而言，并不更有利于人类福祉的改善。保护制度的目的是为了热带地区的农业的利益而发展整个温带地区的制造业。

如果其他国家适宜发展制造业并有相应的领土、国家力量和聪明才智，那么看到英国在制造业、航海业和商业上取得的进步，就不必灰心丧气，它们也可以取得同英国一样的制造业强国的地位。未来的制造业、商业和航海业的情景，远不是今天所能比拟的，就像今天这些事业的发展已经远远地超越了过去一样。我们要鼓起勇气，对国家的未来充满信心，并朝着这个方向阔步前进。但是，关键是我们要有充分的民族精神，立刻行动起来，培育这棵幼小的树苗，让它为我们的后代结出丰硕的果实。首先，我们必须拥有对本国市场的所有权，至少在生活必需品方面必须拥有这种权力，对于那些同意用我们的制成品同它们进行交换的热带地区的国家，要做到能直接获取它们的热带产品。如果德国不愿远远落后于法国、美国甚至俄国的话，那么德国商业同盟的当务之急就是解决这些问题。

第16章 大众经济与国家财政管理，政治经济学与国民经济学

必须把与一个国家的政府的物质资产（*国家财政经济*）的积累、消费、管理有关的事项，与这个国家的人民的个人经济所依存的并受其制约的那些制度、规则、法律和条款等，即*大众经济*，区分开来。这种区分的必要性很显然与所有政治团体有关，无论这些团体构成的是整个国家还是仅仅是国家的一部分，也不论这些团体是大还是小。

在一个联邦国家，该国的财政经济又可区分为各邦的财政经济和整个联邦的财政经济。

当国家或联邦国家包含了该国*整个国家*，而且在人口数量、领土范围、政治制度、文明、财富和力量等方面都具备了独立的条件，并能保持稳定和具备了政治影响时，则*大众经济*与*国家经济*完全一致。在这种情况下，大众经济与国家经济指的是一回事。这两者与国家财政经济一同构成了该国的政治经济。

但是，在某些邦内，这些邦的人口和领土只占*整个国家*的一部分，并且这些邦之间没有完全和直接的结合，而且也没有采取联邦形式与国家的其他部分联合，在此种情形之下，我们只能考虑"大众经济"，这种经济与"私人经济"或"国家财政经济"是直接对立的。

在这样一种不完善的政治条件下，就无法考虑作为一个大国的那些目标和要求；而出于国家本身发展、保持独立地位、持续发展和力量增强等方面的考虑对大众经济进行调控就更无从谈起。在这

里，政治必须与经济保持分离，所能考虑的只能是社会经济的自然法则，因为即使没有一个大的完整国家或国家经济的存在，这些自然法则也会自行发展和形成。

正是在这种立场之下，这门科学才在德国得以建立，过去称为"国家行政学"，后来改称为"国民经济学"，再后来又被改称为"政治经济学"，最后称为"人民行政学"，但自始至终就没有人能清楚地认识到这些理论体系中存在的根本错误。

人们无法认识国家经济的确切概念和准确特征，因为一个在经济上结合起来的国家实际上并不存在，因为人们常常用"*社会*"这一概括而又模糊的名词来代替"*国家*"这一清楚而明确的概念，而"*社会*"一词既可以适用于全人类，又可适用于一个小国、一个小城市或一个国家。

第17章　制造能力与国家的个人、社会和政治的能力

在纯农业国家，人们普遍心灵麻木、肢体笨拙，顽固地坚持旧观念、旧习俗、旧方法，缺乏文化、繁荣和自由；与此相反，在制造业和商业国家，处处充满着不断追求身心满足、不断赶超和不断追求自由的精神。

造成这种差别的主要原因，部分地是由于这两类国家的人民的各自的社会习惯和教育程度不同，部分地也是由于他们工作性质和工作的必要前提不同。农业人口散居在全国各地，就精神和物质交流来说，他们彼此隔离。一个农业从业者做的事情几乎和另一个的完全相同，一个人生产的通常也是其他人所生产的。剩余产品和每个人的需求几乎雷同，每个人本身就是自己的产品的最大消费者。因此，在这里，精神交流和物质交换的诱因微乎其微。农业从业者主要同自然打交道，而非自己的同行。他们已经习惯于经过一段时间的耕耘而后进行收获，而自己努力的结果如何却听天由命，因此知足、忍耐、认命，还有懒散和不思进取，这已成为了他们的第二本性。职业使他们不能与自己的同行交往，因此他们的日常行为不需要更多的智力和技能。在他们出生的那个狭小的家庭圈子中，通过模仿就能掌握技能，因此他们极少产生可能做得与众不同或可能会做得更好的念头。从出生到离开人世，他们都在同一个范围很小的人际圈子和环境中活动，他们很难看到那些通过身心努力而实现富裕的先例。单纯农业的生产方式或贫困状况代代相传，所有竞争产生的力量几乎不复存在。

第17章 制造能力与国家的个人、社会和政治的能力 147

制造业的性质与农业根本不同。因业务关系制造商们相互吸引在一起,他们生活在社会中,生活在商业交往中,通过商业交往手段而生存。制造商从市场上获得一切生活必需品和原材料,他们只有自己产品的很小一部分用于自己消费。如果说农业从业者主要祈求于上天对自己的恩赐的话,那么制造商的生存和发展则主要依靠自己的商业交往。农业从业者不知道他们的买主是谁,或者至少无需十分担心如何销售他们的产品,而制造商的生存所依赖的却是买主。原材料、生活必需品、工资、商品以及货币的价格瞬息万变,制造商从来都难以确定利润会有多大。他们不能像农民那样靠苍天的恩赐和自己的勤劳苦干保证自己的生存和致富,他们所依靠的只有自己的才智和劳作。要确保获得绝对的必需品,他们就得不断努力,争取获得更多;为了避免贫困,他们就必须努力致富。他们如果能比别人先行一步,那就会致富;如果落后于别人,那就难免遭到毁灭。他们必须不断地做买卖、交换、讨价还价。他们还得处处同各种人际关系、同各种不断变幻的环境以及各种法规打交道,他们在发展自己的智力方面的机会,要比农业从业者的机会多得多。要使自己有能力做买卖,他们就得掌握其他人和外国人的情况。要建立自己的事业,他们就得加倍努力。农业从业者所需要处理的只是自己邻里的事情,而制造商的业务则扩展到了世界各国。希望获得并保持同行的尊敬,以及与不断威胁着其生存和发展的对手进行的竞争,都是促使他们不懈努力、争取不断进步的强有力的激励因素。同时成千上万的事例向他们证明:凭借超凡的表现和艰苦奋斗,一个人的富裕程度和社会地位可以从社会最底层上升到最上层;而智力和精神懈怠,也可以让人从最崇高的地位跌落到最令人可怜的社会最底层的地位。这样的氛围足以在制造商身上激发起一种在纯农业从业者中难以见到的活力。

如果把所有制造业作为一个整体来看待,那么我们一眼就能看出,很显然制造业能够开发出各种各样高度发达的智力条件和能力并使之发挥作用,在这方面作用要远比农业要大得多。据传记作家斯图尔特说,亚当·斯密曾明确地表示过这样一个他自己极为得意的荒谬见解:农业比制造业和商业需要更多的技能。且不必深究制作一只钟表是否比管理一块农田需要更高的技巧,我们只需观察一点就可知道,即农业工作千篇一律,而制造业种类却成千上万。当然有一点不应忽视,为了与制造业进行对比,我们假设现存农业仍然处在原始状态,而并不是受制造业影响有所改进的农业。在亚当·斯密看来,如果说当今英国的农民的境遇要比英国制造商的境遇好的话,那么他一定忘记了这一点,即农民状况之所以有所改善,是因为受到了制造业和商业的影响。

显而易见,农业需要的仅仅是同一类型的人的个人的能力,即仅仅按照简单的顺序把体力和耐力结合起来从事笨重体力劳动的能力;而制造业却需要有各种各样的智力、技巧和经验。制造业对于个人才能的需求有许多,使得制造业国家的个人很容易找到适合自己才能和兴趣的工作或职业,而在农业国家每个人的可供选择的余地却很有限。在制造业国家,个人才智受到的重视程度远远高于农业国家;而在农业国家,个人的有用程度通常取决于他的体力。在制造业国家,身体衰弱或残疾者的劳动常常受到高度评价,他们并不亚于农业国家体魄强壮的人的劳动。任何一种力量,即使是最微小的力量,无论是妇幼还是老弱病残,都能在制造业中实现就业并获得报酬。

制造业既是科学与技术的成果,又是二者的支持者和哺育者。我们可以看到,原始农业条件对科学与技术的需求是多么少,原始农业的简陋工具的制作是多么不需要上述两者中的任何一种。诚然,农业最初是通过地租使人们致力于科学技术成为了可能,但是如果没有制造业,科学技术只能永远是私人的财富,对广大人民群众产生的有益影响也微乎其微。在制造业国家,科学启迪大众工业,大众工业同时支持着科学技术。几乎没有制造业行业不与物理学、力学、化学、数学或图样设计等学科发生关系的。离开这些学科的进步、新发现或新发明,数百种工业和工艺就不可能获得改进或革新,因而在制造业国家,科学技术必然普及。教育的必要性在于通过众多科研人员的研究成果的实施,诱发那些具有特殊才能的人专门从事于教学和著书立说工作。对这类才能的极大需求,促成了人才之间的竞争,进而使科学活动有了分工与协作,这不但有利于科学本身的进一步发展，而且也有利于技术与工业的不断改进。这类进步的效果还会迅速扩展到农业。只有在工业发达的国家，才会看到完善的农业机械和工具以及运用高度智力经营的农业。在制造业的影响下，农业发展成为了一门技能工业、一门技术和一门科学。

科学与工业的结合产生了一种巨大的物质力量，它在现在的社会中产生了巨大的效益，取代了古代奴隶劳动，并且它对于大众的生活状况，对于未开化国家的文明进化，对于人烟稀少地区的人口增长，以及对于原始文化国家的力量，都不可避免地产生着巨大影响。这就是*机械力量*。

制造业国家使用机械力量的机会大大多于农业国家。一个残疾人通过操纵蒸汽机完成的工作量要比一个仅靠双手的壮汉多百倍以上。

机械力量连同现代完善的运输设施，使制造业国家比单一农业国家具有无比的优越性。显然，运河、铁路和轮船只有通过*制造力量*才能产生，也只有通过*制造力量*才能扩展到全国各地。在单一农业的国家里，每个人都为自己生产所需的大部分产品，消费自己产品的大多数，他们只能经营些许货物运输和客运，这就不可能有足够数量的客运和货运，足以负担设立和维持运输机械的费用。

在单一农业的国家里，新发明和改进并没有多大价值。在这样的国家，努力从事研究的人通常劳而无功，甚至成为自己研究和努力的牺牲品；而在制造业国家，却再也没有比发明和发现更便捷的发财和升迁之路了。因此在制造业国家，才智比技能更受重视、更能获得高回报，而技能则比体力更受重视和奖赏；而在农业国家，除了国家公职以外，情形却通常是相反的。

然而，制造业有利于国民的智力发展，同样通过为劳动者提供娱乐，诱导他们发挥体力和提供利用体力的机会，制造业也有利于劳动者的个人体力的发展。无可否认，在制造业发达国家，一个工人每天能完成的工作，要远远大于在单一农业国家完成的量，且不谈精良机器和工具为他们提供了多少帮助。

另外，在制造业国家，时间价值要比在农业国家更加受到重视，这足以证明劳动能力在制造业国家具有较高的地位。衡量一个国家的文明程度和劳动能力价值的标准，再也没有比对时间的重视程度更适合的了。一个野蛮人会整天躺在茅舍里无所事事。一个牧羊人怎么懂得衡量时间的价值呢？时间对他来说简直就是一个只能靠吹牧笛或睡懒觉才能忍受的负担。一个奴隶、农奴或农民怎么会懂得珍惜光阴呢？对他而言，劳动等于惩罚，懒惰反而受益。因此，国家只是通过工业才能认识到了时间的价值。当前，赢得时间就赢得了利润，失去时间就失去了利润。制造商尽最大可能地利用时间的热情传递给了农业从业者。制造业对农产品需求的增加，使地租、地产价值也因此增长起来了，耕作方面的投资也有所增加，利润也有所增长；这就要求土地必须提供更多的产出，以供应增加了的地租、资本利息和提高了的消费量。一方面，工资有了提高，另一方面也要求做更多的工作，于是工人们开始感到，他们所拥有的体力和技巧是可以帮助他们改善生活的，这时他们也开始明白英国人的谚语"时间就是金钱"了。

　　农业从业者由于其生活状态与世隔绝，教育有限或者缺乏，对本国文明程度的提高很难有所作为，也很难懂得如何衡量各种政治制度的价值，要他积极参与公共事务和司法的管理或保卫他自己的自由和权利，那就更加困难了。因此他的地位大都依赖他的地主。单一农业国家或是奴隶制盛行，或是在专制、封建和宗教政治压迫，仅仅因为独占土地就使专制君主、寡头政治的执政者或宗教阶层对广大农业从业者有了统治权，而广大农业从业者却无法摆脱这种统治。

　　在单一农业国家里，由于受到传统习惯的巨大影响，暴力、迷信和宗教政治加在农民身上的枷锁牢不可破，已经被农民视之为自己身体中的不可或缺的组成部分，是他们自身生存的必要条件。

　　另一方面，工商业活动的分工和行业的多种多样、生产力联合的作用，以不可抗的力量促使不同行业的制造商彼此靠近。摩擦可以产生自然之火，摩擦也可以产生心灵之火。只有当人们紧密地聚居在一起，在商业、科学、社会、民事和政治方面广泛接触，以及在商品和思想方面有了广泛的交流，人们才会产生心灵上的碰撞。人们的生活越是集中在同一地点，每个人的事业就越是有赖于别人的协作,每个人在业务上就越是需要知识、教育和小心谨慎,顽固、违法、压迫和傲慢、无视正义的现象对所有这些个人的努力和奋斗目标的干涉越少,社会制度就越加完善,享受自由的范围就越广,自己改进与互助改进的机会也就越多。所以无论何时何地,自由和文明总是发源于城市的。从古希腊和古意大利,到中世纪的意大利、德国、比利时与荷兰,再到随后的英国和更近期的美国与法国,到处都是这种情形。

但是有两类性质不同的城市,一类可以称为生产型城市,另一类是消费型城市。这其中一类的城市购进原材料进行加工,而对原材料来源的农村地区以及自身所需要的原料和粮食则用制成品予以交换。这就是生产型制造业城市。这些城市越发达,乡村的农业越发达,农业力量就越加能够展现,而制造业城市也就越加能够壮大起来。还有一种城市,城里的居民只靠消耗地租过活。当然,在任何国家,无论其文明程度如何,总有相当一部分的国民收入是以地租的形式在城市里消耗的。那种认为这种消耗对生产有害或不能促进生产的观点是错误的。因为通过获取地租以使自己享受独立生活的可能性,无论对于理财还是对于充分利用从农业和农业改进中所得的积蓄,都是一个有力的刺激。而且,为了在同行中脱颖而出,再凭借他的教育优势和独立地位,食租者会对文明、对公共机构和行政管理的效率以及对科学与艺术起到促进作用。但是地租在上述方式下对国家的工业、国家的繁荣和文明到底能够产生多大的影响,这取决于国家业已获得的自由程度。这种意欲通过自愿活动对国家有所贡献从而崭露头角的念头,只有在这种活动能够获得社会的充分认可与尊重中、能够获得荣耀职位的国家中才会得到发展;而在有些国家,那里的统治阶级对于个人的任何为了获得社会重视的努力,对于任何独立的表现,总是心怀嫉恨,在这样的国家里,这种活动就得不到展现的机会。在这样的国家里,有独立收入的个人将自暴自弃,耽于堕落和怠惰,这样就会使有用的劳动遭到蔑视,损害国民的品行和勤劳取向,也必将从根本上危及国家的生产能力。在这种情况下,即使由于食租者的消费行为对城市制造业在一定程度上产生了促进作用,但人们也会把这种制造业看成是贫瘠的、不健全的产物，尤其会认为它对国家文明、繁荣和自由的推进作用很小。健全的制造业特别容易培育起自由和文化，因此可以说，由于工业的存在，地租本身才没有成为产生懒惰、颓废和不道德行为的泉源，得以转变为促进精神文化的动力；而且也正是由于这一点，单纯消费型城市才得以转变为生产型城市。还有一个支持消费型城市的因素是公务员与行政管理方面的消费。这类消费也足以在城市促成一派繁荣景象；但是它对于国家制度、国家繁荣以及生产能力到底是有所促进还是有所损害，这就完全取决于这类消费者的作用对这些方面是促进的还是损害的了。

从这一点中我们可以找到明显的原因，为什么在单一农业国家大城市能够存在，虽然在这些城市里居住着许多富人，也有多种贸易存在，但是它们对这个国家的文明、自由和生产能力的影响却微不足道。从事这些贸易的人必然同他们的顾客的观点相同；他们在很大程度上被认为只是出租者和公务员的家丁。与这些城市的奢侈生活相比，郊区居民则生活贫困、痛苦、思想狭隘、奴性十足。因此，只有当一个国家完全独立于食租者阶层和公务员而建立起了一定的生产能力时，为广大的农村人口或出口提供贸易服务时，为了农业发展和生存而大量消费本国的农产品时，这个国家的制造业才会对该国的文明、公共制度的改进和自由产生有利的影响。这样一种健全的制造能力的实力越是得到增强，则由上述这些消费产生的制造力量、食租者与公务人员，就越会被吸引到它的周围，公共制度也就越会得到规范，使之更加符合共同利益。

让我们考虑这样一个大型城市的条件：制造商众多，他们独立自主、热爱自由、受过教育、非常富有；其他商人与他们的利益相关但地位却相同，而食租者阶层也感到自己必须受到社会的尊重；公务员受到了公众舆论的约束；研究科学与艺术的人们为最广泛的群众服务，并以此获取谋生的手段。我们可以想象，精神和物质力量在一个如此小的地区结合成为了一个整体，这个力量又通过分工法则以及力量联合法则紧密地结合在了一起。我们可以观察到，首先，公共制度、社会与经济条件取得的任何改善、任何进步，以及公共利益的任何退化、任何损害，都会怎样迅速地为大众所感知；

其次，居住在同一地区的大众是如何为了他们的共同目标和规则而很容易地取得一致意见，以及又是如何在当地集中力量采取各种手段去实现这些目标的；最后，一个如此进步、开化和热爱自由的社会，又是如何实现与国内其他情况的类似的密切结合的。如果我们对这一切都能考虑周全，那就能够深信，散居在全国各地的农业人口（无论总数多大），它对维持和改进公共福祉所发生的影响，同城市相比是多么微小，而（如同我们所看到的）城市的强大靠的则是制造业的繁荣与贸易的发达，这些繁荣与发达的实现，需要依靠公共福祉的维持与改进。

　　城市对国家政治状况和市政状况的巨大影响，绝不是对农村居民不利，而是对他们有着不可估量的好处。城市所享受到的利益使城市市民感到有责任让农民享有同样的自由、教化和繁荣。因为乡村人民享有的精神和社会利益越多，他们能够送到城市的粮食和原材料也就越多，而向城市购买的制成品的数量也就越多，城市也会因此而实现繁荣。虽然农村从城市那里获得活力、文明、自由和好的制度，但城市也通过让乡村人民拥有这些好处来保证自己获得自由和良好的制度。农业以前只供养地主及其奴仆，现在则为社会提供最独立和最坚强的国家的自由的捍卫者。现在，在农村文化土壤中，各个阶级都能改善自己的地位：劳动者可以把自己提升为农场主，而农场主则可以成为土地的拥有者——地主；工业带来的资本和生产的运输工具，处处都为农业带来繁荣；农奴制、封建束缚、妨害勤劳和自由的法规都已消亡；地主从自己拥有的林场中获得的收入，是他们以前用来打猎时的百倍。有些地主以前从农奴悲惨的劳动中获得了些微薄收入，勉强维持一种简陋的乡村生活，他们唯一的乐趣是养马、驯狗和打猎，对这类娱乐的任何干扰就会令他们不满，被认为是对他们这些土地主人的尊严的冒犯；现在，地租（自由劳动的产品）的增加使他们能够在城市里度过他们一年中的一段时光。在城市里，通过观看戏剧、欣赏音乐、接受艺术熏陶和读书看报，他们因此变得风度优雅；通过同艺术家和博学人士的交往，他们学会了推崇智慧和才能。他们从猎人变成了雅士。勤劳社会中人人奋力争取改善自己状况的情形也搅醒了他们内心的进取精神。

他们开始追求知识和新思想，而不再追猎麋鹿和野兔。他们回到乡村以后，教给中小农场主一些值得仿效的范例，因此获得对方的尊敬而不是咒骂。

工农业越是发展，人类的思想就越不受约束，我们就越能让宽容精神占据上风，就越能使真正的道德和宗教影响代替原始良知的狭隘和局限性。哪里的工业造就了宽容，哪里就能把牧师转变成为人们的教师和博学者。哪里培养了民族语言与文学，培养了文明与艺术，哪里的内政制度的完善就会和制造业与商业的发展并驾齐驱。正是从发展制造业开始，国家才有能力与欠文明的国家进行贸易，才能扩大商业航运，才能通过开拓殖民地建立海军，才能利用剩余人口进一步扩大国家的繁荣和增强国家的力量。

比较统计数据表明：在一个面积巨大、土壤肥沃的国家，如果其制造业和农业能全面、均衡地发展，那么与单一的农业国相比，它可以多养活一倍或两倍的人口，而且福祉水平会远远高于后者。由此可见，所有精神力量、政府岁入、国防事业的物质和精神手段以及国家独立的安全保障，都会与国家制造业的发展成正比。

在一个技术与机械科学对战争手段产生巨大影响的年代，所有军事行动完全依赖于国家的财政状况，国防是否成功在很大程度上取决于：国内民众是贫穷还是富裕，是聪明还是愚昧，是充满活力还是意志消沉；是一心一意同情祖国还是三心二意心系外国；是能够招募到很多还是少数国家的捍卫者。同以前任何时期相比，在这样的年代，人们更应该用政治的观点来评价制造业的价值。

第18章 制造能力与国家的自然生产能力

人类与社会越是自我完善,就越能利用力所能及的范围内的自然力量实现预期的目标,那个力所能及的范围也会因此而扩大。

个人周围的那些自然资源,一个狩猎者所能利用的不到千分之一,一个牧羊人所能利用的还不到百分之一。海洋、外国的气候和疆土,要么跟他毫无关系,要么顶多也只能给他带来些许乐趣、帮助或起到激励作用。

对仍处于原始农业状态的民族而言,大部分现有天然资源仍然闲置在那里,没有得到利用,人类的活动范围仍然局限于最邻近的地区。大部分现存的或可以取得的水力和风力都没有得到利用。假如制造商们懂得充分利用能够带来利润的各种矿产,那就不会将它们废弃在那里:各种燃料(例如泥炭)要么被浪费,要么被当做开垦的障碍;石头、沙子、石灰这类物质资源除用作建筑材料外,很少留作他用;河流除了被用于航运交通或浇灌附近的田地之外,却任其泛滥成灾,破坏家园;温暖的气候和海洋为农业国生产的产品也寥寥无几。

实际上,在农业国家,只要农业还没有得到制造业的支持,那么农业生产所特别依赖的自然力量和肥沃的土壤,就只能得到最低限度的利用。

农业国家的每个地区必须自己生产它所需要的大部分产品,因为它既不能将剩余的产品大量销往别的地区,也不能向别的地区购买它所需要的产品。某一地区也许因土质良好适于种植油料、染料和饲料作物,然而它还是不得不被用来植树造林以解决燃料问题,因为越过颠簸、崎岖的道路，从偏远山区购买燃料的成本太大。有些土地如果用来种植葡萄和花草，它的收益可能会是种植谷物和饲料作物的两到三倍，然而却仍然不得不这样用。有些人专门从事家畜繁殖可能最为有利，但又不得不兼顾饲养；相反，有些人专门从事饲养可能最为有利，但却又不得不兼顾繁殖。如果能充分利用无机肥（石膏、石灰、泥灰），或改烧泥炭、煤等代替木柴，并辟林造田，那将会多么有利啊！但是在这样一个农业国家，由于运输工具短缺，这类物产无法运出，即使短途运输也无法保证赢利。如果能在山区大规模兴修水利，那么山谷中的草地也会变为良田，那收益将会多大啊！但是现在只能任河流肆意冲刷田野，将肥沃的土壤带走。

在这样的农业国，由于制造业的建立，道路得以修建，铁路得以修筑，运河得以开凿，河流具备了通航条件，蒸汽航运线得以建立。有了这些物质条件，不但农地的剩余生产能力可以转化为机器用于获利，不但被机器操作所占用的那些人的劳动力可以得到解放，不但农民可以从他们所拥有的自然资源中获得多过以前不知多少倍的收入，而且原先那些静静地深藏在地下的所有矿产和金属，都变得有用和有价值了。过去许多商品，如盐、煤、石料、石板、大理石、石膏、石灰、木材、树皮等，运销范围方圆不过数里，现在却可以运到全国各地。因此，像这些产品，以前是无价值的，现在却在国家产品统计中占据了重要地位，甚至远远超过了以前的农业生产总值。现在即使一立方尺的降水也不放过，也要叫它发挥作用；即使在一个农业国的偏远地区以前没有人懂得如何利用的木材和燃料，现在也变得有价值了。

随着制造业的引进，引起了人们对多种食品和原材料的需求，使得某些地区从事这些食品或原材料的生产要比专门从事谷物生产——那通常是原始农业国的主要产品——有利得多。牛奶、黄油和肉类的需求增长，提高了现有牧场的价值，进而引发了对休耕地的开垦利用和水利灌溉设施的建设；水果和蔬菜的需求增长也使得原来荒芜的土地变成了菜地和果园。

农业国家的自然条件越是适宜于发展制造业，它的土地所能生产和开采的原材料和天然资源就越是能为制造业所需，而要是安于现状、不加利用，那么该国遭受的损失就越大；在不适宜于耕种而水力、矿产、木料、石料等制造业所需要的资源却异常丰富的山区和丘陵地带，以及可以生产制造业所需产品的地区，如果没有制造业，其所受到的损失会更大。

温带地区的国家（几乎毫无例外）适宜设立工厂和发展制造业。温和气候对力量的发挥和发展的促进作用远胜于热带气候条件下的国家。一年中的严寒季节，这在肤浅的观察者看来似乎是一个不利的自然因素，实际上它对积极奋斗、未雨绸缪、秩序井然、勤俭节约等习惯的养成是最有力的促进因素。当一个人预见到在未来的六个月内他不但不能从土地里获得任何果实，而且不得不为他自己和他的牛群准备好充饥与御寒的物品以防御严寒时，他势必就会格外勤俭；而当一个人处于热带时，他只需注意免受水灾，丰富的果实一年到头都会源源不断地落入他的口中，在这种情况下情形则会截然相反。勤劳、节俭、井然有序、有预见性等品质最初都是因客观条件而产生的，以后则因习惯和不断实践的缘故，就成了常有的品质。道德与一个人的努力和勤俭并生，而不道德与懈怠侈靡并存，两者互为来源，一个是力量之源，一个是衰败之根。

一个气候适宜的农业国家，连最富饶的那部分自然资源也没有加以利用。

有一个学派在判断气候对财富的产生有什么影响时，因未能把农业和制造业区别开来，因此在保护制度的优缺点方面犯了最为严重的错误。虽然我们在别处已谈过这些问题，但在这里我们却不能省略，必须予以彻底揭露。

该学派在证明在同一国家的同一地区生产所有的全部产品的这一做法是愚蠢的时候，曾问过这样一个问题：为酿制葡萄酒而在苏格兰和英格兰的温室里种植葡萄是否合理？当然，用这样的办法来酿酒并非不妥，结果会是这样制作的酒比英格兰和苏格兰用工业品可以换取得到的酒，质量要低劣得多，而价格却要高得多。对那些不愿或没有能力钻研事物本质的人来说，这是一个极具震撼力的论据,该学派之所以大受欢迎,个中大部分原因就在于此,至少法国的葡萄种植园主、丝绸织造商,以及北美的棉花种植园主和棉花织造商对此观点情有独钟。但如果仔细观察便不难看出,这个说法是根本错误的,因为限制商业往来的做法,对农业生产能力所起的作用与它对制造业生产能力所起的作用相比,是完全不同的。

让我们先来看一看商业限制是如何对农业发挥作用的。

假设法国拒绝从它的边境国德国进口大批家畜或大量谷物,那么会产生什么影响呢?首先德国将不再从法国购买葡萄酒。由于商业关系遭到了破坏而减少了葡萄酒的出口,法国就不得不相应地减少葡萄的种植面积,而在原来最适宜于种葡萄的那部分土地上改种其他收益较差的作物。这样原来专门种植葡萄的人将大大减少,对本国农产品的需求也将相应减少,减少的部分是本该专门种植葡萄的那部分人所消费的。油类的情况也必然像酒类的情况一样。法国因此在农业其他各方面的损失将远远大于在这一方面的所得,因为虽然拒绝德国家畜的进口保护了国内的饲养业,但这种发展并不是自然的,而是人为因素决定的,在这些从事人工养殖业的地区,可能非常不适宜于发展农业。至此,情形可能这样改变,假如我们认为法国单纯地把德国当做农业国与之对立,并且假定德国对法国这一政策并不采取类似的报复行为,同时还假设德国由于考虑到本国的利益而被迫采取类似的限制措施,再假设法国并不是一个单一的农业国,它同时还是一个制造业国,那么这一政策的危害性似乎要远远大于上述情况。这就是说,德国这时不仅会对法国的酒类,而且对法国生产的所有凡是德国能自己生产的或无关紧要的或能够从别处购买的产品,均会课以高税;而且更进一步,会对那些它目前不能在特别有利的情况下自己来生产但可以向法国以外的国家或地区购买的制成品,也将限制从法国进口。看来法国由于实行那些限制措施而使自己遭受的损失,将是其所得的两倍甚至三倍。显然,在法国,葡萄种植、橄榄种植以及制造业能够雇用多少人,只能取决于它自己生产或从国外采购的原材料和生活资料所能供养的人数的多寡。但是我们也已看到,限制进口不但没能使农产品的产量增加,反而使产值从一地区转移到了另一地区。如果允许产品自由交换,那么产品和原材料的进口将不断增加,酒类、油类和制成品的出口额也因此将不断增加,而葡萄与橄榄种植业中的从业人员和制造业雇用的人数也将增加;随着贸易额的增长,一方面,生活资料和原材料的需求在增长,另一方面制成品的需求也将增长。人口的增加扩大了对于那些不易从国外进口、而本国农民又具有绝对垄断优势的粮食和原材料的需求,因而本国农业也将大大受益。在自由交换的条件下,那些特别适宜法国土质的农产品的需求,将大大超过对在限制政策下用人为因素生产的产品的需求。一个农民得到的并非是另一个农民失去的,整个国内农业将有所得,制造业得到的还会更多。因此,采取限制政策不但不会增强国内农业的力量,而且只会限制其发展;并且,本可以因国内农业增长以及国外粮食与原材料的进口而发展起来的制造业力量,也将停滞不前。由此可以得出结论,为了一个地区农民的利益而采取的限制政策将导致价格上涨,而其他地区的农民利益则会受损,但最重要的是,整个国家的生产能力也会受到损害。

对农产品自由交换进行限制所带来的不利影响,就英国的情况来说,要比法国更为明显。毫无疑问,《谷物法》的施行使一部分贫瘠土地得到了开垦;但问题是,如果没有这个法令,这些土地是不是就不会被开垦了?英国进口的羊毛、木材、家畜和谷物越多,它就越有更多的产品供其出售,就会有更多的工人在英国生活,工人阶级的富裕程度也就会越高。英国的工人人数本可以翻一番,每个工人都可以生活得更好,都极有可能自己开垦一个园子,以供自己休闲和种植蔬菜,使自己以及自己的家庭生活得更美满。很显然,工人人数的巨大增长以及他们的富裕程度的提高和消费品数量的增加,对于这个岛国因得天独厚的条件生产的那些产品,将产生巨大的需求;因此,这个时候开垦的土地极有可能是在非自然条件下强制开垦的土地的两倍到三倍。关于这个说法的证据在任何大城市的周边都可以找到。不论从其周边地区经过数英里运到这个城市的产品数量有多大,也不论这些土地是如何被上苍所冷落的,总之人们休想在这一带找到一块尚未开垦的完整土地。假设你禁止谷物从遥远的地区输入该城市，那么你只会因此而导致这个城市的人口的下降，导致制造业和城市繁荣的衰退，迫使住在城市周边的农户从事那些收益较差的行业。

可以看出，到目前为止，我们同流行理论完全一致。关于原料产品交换，该学派假设极度的商业自由在任何情况下不论是对个人还是对整个国家都是最为有利的说法千真万确。① 当然，可以说采取限制措施也可以提高产量，但这样获得的利益只是表面的。因此我们只能如该学派所说的，把资本和劳动力移转到用处不大的地方去。但是与此相反，制造业生产能力是受另一些规律所支配的。很不幸，该学派没有观察到这些规律。

如果说限制原料产品的进口阻碍了国家自然资源与力量的利用，那么对制成品的进口限制的效果却恰恰相反，会使一个人口众多而农业和文明都已高度发达的国家的大部分天然力量因此而充满生机并活跃起来。毫无疑问，在一个单一的农业国家里，大部分自然资源的确是深藏在地下永不见天日的。如果说限制原料产品的进口，一方面妨碍了国家制造业的发展，另一方面又妨碍了国家农业生产力的发展，那么限制国外制成品的进口，却会促进国内制造业生产能力的发展，进而刺激整个农业生产能力的发展，这是国外贸易无论如何高度发展都无法办得到的。如果说进口原材料使该原材料出口国对我国产生依赖，从而夺去了它发展本国制造业的手段，那么同样，我们进口国外的制成品也同样会使我们依赖外国，进而把发展本国制造业的手段拱手相让了。如果说输入农产品和原材料是使外国丧失凭这部分原料让本国人民获得供应与工作的机会，而把这个机会转让给了我们，那么同样的道理，输入制成品就是使我们自己放弃增加人口并给他们工作的机会。如果说进口自然产物和原材料足够增强我们在国际舞台上的影响力，使我们具有与世界其他各国、各民族发展贸易关系的机会，那么输入制成品却会使我们同最先进的制造业国家紧密地联系在一起，并且只要它愿意就会随时把我们置于它们的统治之下，就像英国统治葡萄牙那样。简而言之，

---

① 见附录三。

第 18 章 制造能力与国家的自然生产能力

历史事例和统计数据都曾证明了乔治一世的大臣们鼓吹的那句格言的准确性：国家越富强、越强大，出口的制成品和进口的生活资料及原材料就越多。实际上可以证明，有些国家仅仅因只出口粮食和原材料和只进口制成品就使整个国家一蹶不振。孟德斯鸠①比在他之前或之后的任何人都更懂得如何汲取历史留给立法者和政治家的那些教训，他已经清楚地看到了这一点，尽管他不可能彻底解释其原委，因为那个时候政治经济学还很少有人研究。同重农学派那个毫无根据的体系相反，他坚称如果波兰能完全放弃国外贸易的话，也就是说，由它自己建立制造业，国内原材料和粮食全由它自己加工、消费，那它就会获得更大的发展；只有通过发展本国制造业力量，建成自由、人口密集、制造业发达的城市，波兰才能拥有巩固的内部组织，才能有自由和财富；只有这样，才能维持独立自主，才能保持对周边欠发达国家的政治优势。波兰应当引进外国制造商和外国制造业资本，而不是外国制成品（英国在与波兰处于同样的文化层次时也曾一度采用过这种策略）。但是波兰的贵族阶级却宁愿将农奴劳动创造的微不足道的产品销往国外市场以换回外国制造的价廉物美的商品。现在它们的后继者可以回答这个问题：只要一个国家的制造业地位还没有得到有效巩固，在价格和质量上还没能力与外国竞争，那么从国外购入制成品就不一定是明智的。别国的贵族阶级，无论何时在受到封建意识的蛊惑而不知所措时，都应当牢记波兰贵族阶级的境遇；而为了搞清楚强大的制造业力量、自由的内政制度和富裕的城市对大地主来说究竟具有怎样的价值，就需要看一下英国的贵族阶级。

且不论在当时的情景下，波兰的当政君主们是否有可能像英国的世袭君主那样，实行逐步建立和发展起来的那种商业制度；我们只需设想如果他们果真那样做了，那么我们又能期待这种制度会对波兰产生什么样的结果呢？那时在勤奋向上的大城市的帮助之下，王位将世袭，贵族将不得不让人民参与上院的立法，不得不解放农奴；农业将同英国那样自然获得发展；波兰的贵族将富裕起来并且

---

① 《法的精神》，第十卷，第 23 章。

受到尊敬；波兰即使不能像英国那样在世界事务上受到尊重而且具有影响力，那么也该很早就实现了高度文明和强大，把影响力扩展到了欠开明的东方国家。由于没有制造业，它国力衰败，以致被瓜分；这样的情况即使现在未曾发生，以后早晚也会发生的。波兰的制造业能力从未在国内得到过自愿和同步的发展，而实际上这种发展也不会发生，因为这方面的努力势必要遭到更加先进的国家的阻挠。没有保护制度，在自由贸易的制度下同先进国家进行贸易，即使它的独立地位能够维持到现在，它所能发展的也只能是支离破碎的农业，而绝对不是其他性质的农业，它永远实现不了富强，也永远无法对外国产生影响。

制造业可以使无数的自然资源和自然力量转化为生产资本，足以说明保护制度对国家财富的增长影响很重大，这是一个不争的事实。这种繁荣不是一种虚假的表面现象——如保护政策对纯粹自然产品的贸易所发生的影响——而是一种客观的存在。农业国家建立了自己的制造业后，使原先死气沉沉的自然力量充满了活力，使原来毫无价值的自然资源身价倍增。

这是一个人们早就观察到的现象：人类同各种动物一样，通过异种交配，身心素质均可以得到改善；而通婚范围如果仅限于少数几个家族的话，那么就如同总将同类种子播撒在同一块土地上的情形一样，人类就会逐渐退化。亚非两洲有许多人口不多、野蛮或半野蛮的部落，男子总是从别的部落物色妻子，这一现象似乎恰恰受到了这一自然法则的启示。有些城市小国的寡头执政者总是在自己阶层内互相通婚，结果要么逐渐消亡，要么人口退化，这一事实似乎也证明了与该自然法则有关的经验；无可否认，两个完全不同的种族相互通婚，几乎没有例外，他们的后裔总是健壮且长相漂亮，我们可以注意到，白人与黑人结合后所生的第三代、第四代子孙就会这样。这个发现比任何其他事情都能证实这样一个事实，即那些通过异族通婚而产生的民族总是重复这一做法并将其推广到全国，他们在能力、精力和性格以及智力、体魄和个人长相等方面，都超过了其他民族。①

我们相信可以从这方面得出结论,人类并不一定非要如此呆板、丑陋和无知,就像我们所推断的那样。这些人生活在小农庄里,从事着落后的农业;在那里,几千年来只是同村的几个家族相互通婚,若干世纪以来没有人想到采取新的方式,采用新的耕作方法,或对衣服款式做丁点儿改变,或接受任何新思想;在那里,良策并不是怎样发挥身心力量以博取尽可能多的乐趣,而是怎样尽可能地排除这类享受。

制造能力的建立彻底改变了这一状况(而且是为了整个国家、民族的素质改善)。当农业增加的人口一大部分进入制造业社会,当各地的农业人口相互之间以及与制造业人口彼此通婚而融合在一起的时候,那种在智力、道德、体质上停滞不前的现象就会停止。制造业与商业同依赖制造业与商业生存的各国各地区之间进行的交往,就会为整个国家以及各个社会和家族注入新鲜血液。

制造业能力的发展对畜种的改良也具有同样重大的影响。在任何地方,只要建立了毛纺织业,羊的品种就会迅速得到改良。大量

---

① 按照查尔丁的说法,格伯利族是古波斯的一个部落,这个部落的人长相怪异,奇丑无比,笨手笨脚,就像一个蒙古后裔组成的部族。波斯贵族因为几个世纪以来一直同格鲁吉亚人和切尔克斯妇女通婚,所以他们就因貌美强壮而著称于世。普里特查德博士说,苏格兰高地的凯尔特人因没有和异族人通婚,所以他们在身高、体力和长相等方面就不如苏格兰低地人。帕拉斯在对比俄罗斯人和鞑靼人与相关部落对其后裔的影响时,也有同样的发现。阿扎洛证实,在西班牙人和巴拉圭人通婚的后裔更漂亮更强壮。异族通婚的好处不但在组成不同民族时优势明显,而且在同一个民族内部的血统方面也是如此。因此,克里奥尔黑人(出生于美洲的欧洲人同黑人的混血儿。——中译者)在天赋和体力方面,远远超过了那些不与异族通婚的部落并径直从非洲来到美洲的黑人。加勒比海人是唯一一个定期从其周边部落物色女人的印第安种族,他们在方方面面都优于美洲所有其他部落。如果这是自然法则,那么,中世纪那些城市的崛起和建立后昙花一现的进步,以及美洲人的精力充沛和体型优美,都可以在一定程度上得到解释。

制造业人口的增长带动了肉类的需求，农民势必想方设法引进优良畜产品种。对"良驹"的巨大需求，也势必使马种改良紧随其后。于是我们就再也看不到那些原始落后农业社会的瘦弱不堪的牛、马和羊的品种了，那是因为农业落后、各地忽视家畜交配的结果的侧面展示，这与那些愚蠢的主人是相称的。

许多国家由于从外国引进家畜品种，又对本国品种进行极大的改良，因此促进了本国生产能力的迅速增长。现在欧洲的所有蚕种是（在君士坦丁时代）由希腊僧人用空心杖从中国带到君士但丁的那几个蚕茧繁殖过来的，当时蚕种出口是受到严格限制的。法国之所以能生产优质的毛织品是因为它受惠于西藏山羊的引进。令人遗憾的是，动物的饲养和改良的主要目的向来都是为了满足奢华需要，而不是为了改善广大人民群众的福祉。旅行家的描述表明，他们在亚洲某些国家看到了一种牛，它既能负重又善于奔跑，几乎具有与马一样的优点，诸如载人、拉车等。如果能把这种牛引入欧洲，那么欧洲的农民受益将会多大啊！劳动阶级因此在生活资料、生产能力和便利方面，将会获得多大的改进啊！但是人类生产能力从树木和植物的改良和引入方面所获的收益，远要比从各种动物品种的改良方面和从不同国家输入动物方面获得的多。只要我们把自然生长的植物同改良的品种作比较，这一点立刻就变得一目了然。我们可以看到，各种谷物、果树、蔬菜以及橄榄的原始品种与改良品种相比，在形式和效用上的差异是多么大！人力用于品种改良，在获得营养与享受的机会方面，产生的效果是多么大！马铃薯、甜菜根和饲料根块等作物的种植，再加上改进的施肥方法与农业机器，已使农业收入比亚洲各族目前所得到的增加了十倍。

科学关于植物新品种的发现与改良已经做了很多，政府应对这一重要问题给予高度关注，这是为了本国经济利益应该做的事情。最近，据说在北美洲草原发现了一种草本植物，这种植物在最贫瘠的土地上的产出，比我们所知的在最肥沃的土地上生长的饲料作物的产量还要高。很有可能在美洲、亚洲、非洲以及澳洲广袤的原野上也生长着许多植物，但还没有得到利用；经过移植与改良以后，它们也许会无限地促进温带居民的繁荣。

很显然，大多数动植物品种的改良与移植，大多数与之有关的新发现，以及其他方面的一切进步、发明与发现，主要使温带国家受益，尤其是温带地区的制造业国家。

第19章 制造能力与国家工具能力
（物质资本）

　　国家从个人的身心力量，从社会、政治状况和制度，从它所掌握的自然资源，或者是从它所拥有的作为以前个人身心努力的物质产品的工具中（即物质、农业、工业与商业资本）获得了生产能力。在前两章里，我们已经分析了制造业对国家生产能力前三项来源的影响，本章和下一章，将着重分析制造业对最后一项生产能力来源的影响。

　　这里我们所理解的"工具能力"（instrumental powers）这个名词，被该学派称之为"资本"。用什么字眼来表示某一事物并没有多大关系，关键是选定的字眼（尤其是就科学调查而言）必须始终表示同一事物，不能多也不能少。但经常在讨论事物的不同方面时，有必要进行区分。现在流行学派称之为"资本"的这一名词，不仅包括有助于生产的物质手段，而且还包括有助于生产的精神的和社会的手段。但应该明确表明，它在谈"资本"时，它所指的究竟是物质资本——生产中的物质工具，还是精神资本——个人所固有的或个人从社会、政治和生存环境中得来的精神力量。如果不作出明确的区分，势必会导致错误的推论或掩盖错误的推论。不过，当前我们的主要目的是揭示这种在不准确、不完善命名的掩盖下所犯的错误，而不是创造新名称，因此我们仍然沿用"资本"这一名词，但是将分别对精神资本与物质资本，对物质的、农业的、工业的资本与商业的资本，对私人资本与国家资本，加以区别。

　　亚当·斯密（借用"资本"这一常用名词）提出了下列反对贸

第19章 制造能力与国家工具能力（物质资本）

易保护政策的论点，他的追随者们时至今日也恪守这种论调："一个国家的确可以通过采用这样的（保护性）规定，它比没有这些规定时能够更快地建立各种制造业，而且经过一段时间，这类制造业的确能够生产出与国外产品同样价格甚至更便宜的产品。然而，虽然可以通过这种保护性措施使国家工业更快地朝着它以后自动发展的方向发展，但这绝不是说，通过这些措施，社会工业总量或收入总量就可以有所增长。*整个社会的工业只能随着资本的增长而相应地增长，而社会资本则只能按照从收入中逐渐积累起来的储蓄量的增长而增长。*现在，这些措施直接导致了社会收入的减少。但是可以确定，既然收入减少，资本不能比在自由发展时增长得更快，那么最好让资本以及工业自由发展。"①

为了证明这一论点，该学派的发起人引用了那个著名的关于在苏格兰种葡萄如何不明智的例子，这个例子已被我们在前一章中批驳过了。

他在同一章节里还说，社会*岁入*只不过是国家工业每年生产的那些产品的*交换价值*而已。

上述论证中包含着这个学派反对保护性商业政策的主要依据。它承认通过保护措施能够建立制造业，能够生产比从国外购买的商品一样便宜甚至更便宜的产品；但它认为这类措施的直接后果是导致社会收入的减少（即国民工业每年所生产的那些东西的交换价值）。它因此就削弱了取得资本的力量，因为资本是从国民每年收入中得来的储蓄形成的，而资本总量又决定着国民工业的总量，后者只能随着前者的增长而相应地增长。保护性措施足以削弱工业，因为如果让工业按自然规律自由发展的话，本是可以水到渠成的。

在反驳这种推论时首先要指出的是，亚当·斯密在使用"资本"一词时，所持的观念只是那些收租者或商人在记账及制作损益表时对资本所持有的那种观念，他们都误把"资本"当成了由资本产生的那种交换价值的综合量，而这两者本来是鲜明对照的。

他忘记了他本人（在给资本下定义时）也曾把生产者的身心能

---

① 《国民财富的性质和原因的研究》，第四卷，第2章。

力包括在这个名词的涵义中了。

他错误地认为决定国家收入的只是国家物质资本的总量。但是相反地,在他自己的著作里却有着成百上千的证据,说明国家收入主要决定于国民身心力量的总量,决定于这些力量在特定社会与政治环境下的完善程度(尤其是靠了进一步完善的分工与国家生产能力联合实现的完善程度)。这实际上进一步说明,保护性政策虽然需要有一段时间的物质利益牺牲,但是这些牺牲,在取得交换价值的能力上,却可以得到百倍的补偿,所以它实际上只是国家的再生产的支出。

他忘记了对整个国家而言,增加物质资本总量的能力,主要是在于能够把未经使用的自然力量转变成为物质资本,转变成为有价值的、能产生收入的工具;而就单一的农业国来说,有着许多闲置的、原封未动的天然力量,只有通过制造业才能使之活跃起来,变得有用。他同样没有考虑到,制造业对国内外贸易、对国家的文明和实力、对国家独立自主地位的维护以及对由此取得的物质财富的能力等方面都有影响。

他没有考虑到,英国通过殖民手段取得了多么庞大的资本(马丁估计数额在二十五亿英镑以上)。

尽管在别的场合他曾那样清楚他阐明,中间商业环节的资本,只要还没有在某一国的土地上安家落户,就不能认为它是属于该国的。但他在这里却没有考虑到,这种资本的有效国有化,对本国制造业是非常有利的。

他没有考虑到,通过实施有利于本国制造业的政策,大量外国的精神资本与物质资本被吸引到了本国。

他错误地认为制造业会按事物的自然发展规律自发地形成并按自己的发展方向发展;他没意识到,为了国家的特殊利益,任何一个国家的政治势力总要对这种所谓的自然进程加以干预,使之朝着人为设定的方向发展。

他用模棱两可的方法和因而根本错误的表达方式引用了一个根本错误的例子,他试图举例证明:因为用人工方法在苏格兰酿酒这种做法不明智,所以用人为方法建立制造业也是愚蠢之举。

他把一个国家的资本的形成过程，简化为一个收租者的私人行为，收租者的收入确实取决于其物质资本价值，但他只有通过储蓄才能提高自己的收入，然后才能把收入转化为资本。

他没有看到，对商人来说这种储蓄理论是完全正确的，但如果整个国家都遵循这个理论，则必然导致贫困、狭隘、无能和国力衰败。既然人人竭尽所能热衷储蓄与节约，那么生产的动力就不复存在了；既然人人都只是考虑交换价值的积累，那么生产所需的精神动力就会减退。假如一个国家的国民都是这样一些如此愚昧的守财奴，那么这个国家就会为了担心负担战争费用而放弃保家卫国；只有当他们的全部财产因为外敌入侵而被掠夺一空时，他们才会意识到问题的真谛：国家财富只能通过与收租者完全不同的方式才能获得。

作为一家之长，收租者个人应遵循一个理论，这个理论应与这里提出的店主式的物质交换价值理论完全不同。他必须至少支出足够多的交换价值用于教育后代，使他们待日后财产转交到他们手中时，能够承担起管理重任。

国家物质资本的积累，应采取不同于收租者单纯储蓄的方式；国家物质资本积累所采取的方式与生产能力的积累所采用的方式相同，主要是通过国家精神资本与物质资本之间、农业、制造业和商业资本之间的交互作用。

国家物质资本的增长有赖于国家精神资本的增长；反之亦然。

农业物质资本的形成有赖于制造业物质资本的形成；反之亦然。

商业物质资本处处扮演着中介者的角色，在制造业资本与农业资本两者之间起着协调与补充作用。

在欠文明国家，在渔夫和猎户为主的国家，自然力量几乎无所不能，而资本的作用却微乎其微。国外贸易虽然会使资本有所增加，但是这样做（通过枪炮、火药和铅弹）会使自然力量的生产能力遭到彻底破坏。储蓄理论对一个猎人毫无益处，否则他必将没落或者改行做一个牧羊人。

在畜牧业为主的国家，物质资本会很快地增长，但是只有当自然力量能够同时为家畜提供充足的饲料时，这种增长才会实现。家畜以及生活资料增长以后，人口也会随之增长。一方面，大量牛群和大量羊群以及大牧场被分割成了许多小群或小块,另一方面,国外贸易诱导消费。向畜牧业为主的国家宣讲什么储蓄理论将是劳而无功的,国家必须从畜牧业国转变为农业国,否则也难逃贫困的命运。

就农业国家来说,它利用闲置的自然力量增加财富的空间虽然很大,但也是有限的。

农民自己可以储存粮食、改进土质、增加畜群数量,但是人口总是随着生活资料的增加而增长的。生活资料越丰富,人口也越增加,物质资本(即耕地和家畜)就会被增长的人口分割得更为零碎。但是光靠辛勤劳作是不会使土地面积扩大的,而且由于运输工具的缺乏——如前一章所述,这是因贸易不发达而导致的不可避免的欠缺结果——对于土地的潜在力量是无法充分利用的。另外,单一的农业国家最缺乏的是通过制造业以及由此产生的商业所赋予国家的那些手段、智力、活力、进取心以及社会发展,因此单一的农业国家的农业人口不久就会达到这样一个临界点,即农业物质资本不再与人口的增加保持同步,国家的资本总量虽然在不断增长,但国民的贫困却越来越明显。

在这种情况下,国家最主要的物产就是人,他们既然在自己的国家不能够丰衣足食,那么就要向国外迁徙。流行学派把人看成是一种积累资本,但对人口迁移的国家来说,这种说法却很难令它感到欣慰;因为人口的输出不但不会引致带回货物,反而会适得其反地造成大量物质价值(如工具、家具、货币等)的非生产性输出。

处于这样的情况,再加上国内分工还没有完全发展,因此无论是勤恳还是节约都不能增加物质资本(即个人的物质富裕)。

当然,作为一个农业国而绝对没有任何国外贸易的情形是很少的;国外贸易,就它所产生的影响而言,关于资本增长这一点,也会带来国内制造业的发生与发展,因为它由此使外国制造商与本国农民建立了商业联系。但是这种情况的发生毕竟只是局部的,而且缺陷极大:首先,这种商业活动只限于某些大宗产品,活动地区主要是在那些沿海口岸及通航河流一带;其次,这种商业关系总是极不规则的,遇到战争、商情变化、贸易法规的改变,或者遇到国外获得大丰收或输入方面的变化,这种关系常常会中断。

因此，要使农业物质资本有规律地并连续不断地大规模增长，只有在农业国建立起完全发展的制造业才能得以实现。

迄今为止，一国的物质资本绝大部分总是与土地密切相关，不论哪一个国家，地产、城乡住宅、厂房、工厂、供水设备、矿山等的价值大约要占国家全部资产价值的三分之二到十分之九。因此，凡是使不动产价值有所增减的，也会使国家物质资本总量有所增减，必须把这一点作为一个通则。很明显，具有同样肥力的土地，它的资本价值，邻近小城市的，比在偏僻地区的不知要高出多少倍，邻近大城市的，比邻近小城市的又不知要高出多少倍；至于制造业国家与单一的农业国家，双方土地价值相差悬殊，简直无法比拟。反之，也可看到，城市住宅与制造业建筑物连同它们的地基的价值，总是随着城乡商业关系的扩大或收缩或者是随着农业的兴衰作等比例地升降的。由此可得结论：农业资本的增长有赖于制造业资本的增长；反过来，后者的增长也依赖于前者的增长。①

---

① 比较下面这段刊登在 1883 年《时代》杂志上的这段短文：

"**制造业与农业**。美国农业部统计学家在最近一个报告中指出，农业土地价值的降低，正好与农业同其他工业增长的比率成正比。这就是说，凡是把劳动全部投入农业的地方，其土地价值小于只投入半数劳动力的土地价值；凡是只有三分之一的劳动力从事农业的地方，其土地和产品反而更有价值。事实上，统计数字已经证明，产业多样化对一个国家的意义重大，工厂越是靠近农场，就越会增加农场及其作物的价值。如果按农业人口占整个人口的比例将美国分为四个部分或类别，把农业人口少于 30% 的定为一类，把占 30%～50% 的划为二类，占 50%～70% 的划为三类，占多于 70% 的划为四类，那么我们就会发现，农业的价值与农业人口成反比，这一点也得到了进一步的证实。在纯农业部分，即第四类，每英亩土地的价值只有区区 5.28 美元，第二类为 13.03 美元，第三类为 22.21 美元，而在制造业地区则高达 44.92 美元。这就证明了产业多样化地区具有强大的优势。当然，不只土地价值更大，而且每英亩的产量也更高，因而发到工人手中的工资就越高。制造业和其他工业不仅给工业家带来了好处，而且同样给农民也带来了好处和利益。后者一定会更加努力抛弃对工厂的偏见，因为工厂的确使他们的财产增值而不是贬值。"——英译者注。

但是，当一个国家从农业国转变为工业国时，这种交互作用对制造业要比对农业更加有力。当从单纯的游猎状态转变到畜牧状态时，资本的增长主要体现为牲畜头数的迅速增加；而当从畜牧状态转变到农业状态时，资本的增长主要体现为耕地与剩余农产品数量的迅速增长；而由农业状态转变到制造业状态时，国家物质资本的增长主要是通过专门用于建立制造业的那些价值和力量而实现的，因为大量的、未曾利用的天然力量与精神力量由此转变成了精神资本和物质资本。制造业的建立不仅绝对不会有碍于物质资本的积累，恰恰相反，它不仅是国家有效利用农业储蓄、建立制造业的高招，而且是鼓励国家着重发展农业经济、建立制造业的首要的有效的手段。

在美国的立法部门常常听人提到，由于销路不畅，谷物的收入难抵成本，只好任其烂在田里。在匈牙利则听说农民被过多的产量压得透不过气来，而那里的制成品要却比英国贵两三倍。德国也许至今还记得出现类似情况的那些日子。由此可见，并不是一切剩余农产品在农业国家都是物质资本。进入制造业时期，农作物一旦收获入库，剩余农产品就成了商业资本，然后再卖给制造商，就转化为了工业资本。在农民手里无法利用的存货，到了制造商手中就成了生产资本；反之亦然。

生产使消费成为可能，而消费的需求又刺激生产发展。单一农业国家在消费方面依赖于国外的情形；如果情形不利，那些因消费需求而引起的生产就会消失。但是对于那些制造业和农业在自己国土上结合起来的国家来说，那种相互影响的作用是持续存在的，因此产量将不断增长，制造业和农业资本也将随之不断增长。

在农业兼制造业国家，（由于前面提及的那些原因）因为物质资本要比单一的农业国家丰富许多倍，因此前者的利率总比后者要低得多，使企业家可以有更多的资本，进而在更有利的条件下自由分配。因此，制造业国家与农业国新建立的制造业竞争时总占上风，后者总处于向前者负债的地位，前者的制造业和农业产品价格在市场上的不断波动以及货币价值的不断变动，将使后者在物质财富的积累、在道德以及节约习惯方面受到同等程度的危害。

第19章 制造能力与国家工具能力（物质资本）

流行学派把固定资本与流动资本进行了区分，而且把许多流动性的事物不可思议地归入了前一类，但对于这种区分却并没有加以任何的实际应用。这样区分的唯一有价值的一点，这个学派却熟视无睹。物质资本与精神资本大都是与农业、制造业、商业或其中的某些行业结合在一起的，不仅如此，实际上还往往与某些地区结合在一起的。例如，一果树在砍下以后，对制造商（假如他用它来生产木制品）和对农业从业者（假如他要把它作为果树培育栽种起来）来说，价值显然完全不同。又如，对所饲养的羊群，像德国和美国时常所发生的情况那样，进行大量屠宰时它们的价值，与用来生产羊毛的羊的价值，也显然完全不同。再如，葡萄园自有其价值，假如改作耕地，原来的价值就会丧失。帆船，如果用作木料或柴火，它的价值就比用作交通运输工具时要低得多。如果纺织业衰退，原来的厂房、水利设备和机器设备还有什么用处？同样的道理，个人所具有的生产能力，包括经验、习惯和技术，在劳动者被错置在非本职岗位上时，一般就会失去其价值的大部分。流行学派对于所有这类事物和资产，都笼统地称之为资本。在这一名称的掩盖下，可以随意地把它从一个使用范围挪到另一个使用范围。萨伊曾劝告英国把制造业资本转投到农业领域，但他却没有告诉我们如何实现这样一种匪夷所思的事情，看来英国政治家对这一点直到现在也还搞不清楚。萨伊在这里显然是把私人资本同国家资本相混淆了。一个制造商或商人可以把他的工厂或船只卖掉，然后用所得的收入购进田产，而整个国家却不能这样做，这样做的结果只会牺牲大部分物质资本和精神资本。该学派为什么要故意曲解这样清楚的一个事实，其中的道理不言自明：如果给予事物恰当的名称，就会露出真相，就会很容易使人明白，将一个国家的生产能力从一个使用范围内移转到另一个使用范围内是有困难的和危险的，而这一点决不会有利于"自由贸易"，但却常常是有利于国家保护的。

第20章 制造能力与农业利益

如果说有利于国内制造业的保护性关税被证明不利于制成品的消费者,而只能使制造商致富,那么对于这种不利情况感触最深的当属地主和农业从业者,因为他们是消费者中人数最多的和最重要的群体。但是可以证明,即便是这个群体,从建立制造业中获得的利益也比制造商本人获得的更多;因为这些制造业对农产品的需求在品种上和数量上都有所增加,农产品的交换价值得到了提高,这时农业从业者就能够在更加有利的情况下利用自己的土地和劳动力,地租、利润、工资等一切因此都可以提高;地租和资本有了增长以后,接着就会使地产价格和劳动价格有所提高。

地产的价格实际上就是资本化的地租,它一方面取决于地租的数额和价值,另一方面主要取决于国家现有的精神资本与物质资本量。

个人和社会的一切提高,尤其是国家生产能力的增长,其中更重要的是制造能力的增长,都足以使地租的数量增加,同时使地租对总产量的比率降低。在发展滞后、人口稀少的农业国家,例如波兰,地租可以占到总产量的二分之一或三分之一;在发展充分、人口稠密而富裕的国家,例如英国,地租比率则降低到总产量的四分之一或五分之一。不过比率虽低,但是,以实际价值量或以货币价值,尤其是以所能换得的工业品计算时,却要比高比率所含有的大得多。英国小麦的平均产量是二十五蒲式耳,其中的五分之一就等于五蒲式耳,而波兰小麦的平均产量是九蒲式耳,其中的三分之一却只有三蒲式耳;在英国五蒲式耳的价值平均是二十五先令到三十先令,而在波兰内地三蒲式耳的价值顶多不过是八先令到九先令。

不仅如此,制成品在英国至少要比在波兰便宜一半,因此英国的地主用三十先令货币的地租可以买到十码布,而波兰的地主用九先令的地租却很难买到两码布。由此可见,同为地主,虽然在英国的拿到了总产量的五分之一,而在波兰的拿到了三分之一,但前者比后者的境遇要富裕得多;英国的地主作为收租者所得的货币要比波兰的地主高两倍多,作为消费者时所得的制成品要高四倍。这说的是地主的情况,至于自耕农和雇农,尤其是作为制成品的消费者,英、波两国的情况也难以比拟。在英国二十五蒲式耳的产量除去地租后,分配于播种、耕耘、工资与利润方面的约占二十蒲式耳,其中后两项约占半数,即十蒲式耳,平均价值是六十先令或二十码布(按每码三先令计),而在波兰的九蒲式耳产量去掉地租后,分配于播种等四项上面的仅为六蒲式耳,其中分配给工资与利润两项的计占半数,即三蒲式耳,货币价值是十先令到十二先令,只能买到三码半的布。

地租是有效使用物质资本的一个主要手段,因此它的价格依赖于国家的现有资本量和供求比例。制造业国家由于国内外贸易的发达而积累了丰富的剩余资本,那里的利率又比较低,因此在那样一个制造业和商业发达的国家里,总有许多致富的人要把自己的剩余资本投向地产,因此就某一数量的地租来说,它的售价在这样的国家里要比在单一的农业国家里高得多:在波兰的售价约相当于十年或二十年的收入,在英国则高达相当于三十年或四十年的收入。

地租的售价在制造业和商业国家也比在农业国家高,土地本身的售价情况也相似。具有同等的自然产出力的土地,在英国的价值高于在波兰的约十倍到二十倍。

制造业既影响地租数额也影响土地的交换价值。亚当·斯密在他著作的第一部分的第9章末尾就曾注意过这一点,不过只是偶然提到,他没有把在制造业方面的重大意义恰当地表达出来。他把直接影响地租增长的那些*直接*原因(如土地本身的改良和在这些土地上饲养的家畜的数量和价值的增长)同间接原因加以区别,他把制造业列为间接原因之一。他用这种方式把*地租和土地价值增长的主要原因*(即*制造业*)放在几乎难以察觉到的次要地位;至于土地改良和牲畜繁殖,两者本身主要是制造业和由制造业而来的商业发展的结果,而他却把这些说成是增长的主要原因,或者至少是同等重要的原因。

亚当·斯密以及他的追随者绝对没有全面地认识到制造业在这方面的价值。

我们曾经提到,制造业及与制造业有关的商业的发展,使具有同等肥力的土地,在英国的价值高于在波兰的约十倍到二十倍。现在试将英国的制成品产值与制造业资本总值、农业产值与农业资本总值加以比较,就可以看出,这个国家财富的绝大部分表现在地产价值的增加上。

麦克奎恩①对于英国的国家财富和国民收入曾作过如下估计(单位:百万英镑):

Ⅰ.国家资本

1. 农业土地、矿业及渔业　　　　　　　　　2 604
    周转金——牲畜、农具、股票及货币　　　655
    农业经营者的家具和用具　　　　　　　　 52

    　　　　　　　　　　　　　　　合计　3 311
2. 用于制造业和商业的投资:
    制造业及制成品的国内贸易　　　　　　178.5
    殖民地商品贸易　　　　　　　　　　　　11
    制成品的国外贸易　　　　　　　　　　 16.5

    　　　　　　　　　　　　　　　合计　 206

    加上1835年(此估计在该年度作出)以后的增额　　12

    　　　　　　　　　　　　　　　合计　 218

---

① 《大英帝国统计》,伦敦,1836年。

城市各种建筑物及制造业建筑物	605
船舶	33.5
桥梁、运河及铁路	118
非农业用马匹	20

以上各项汇总得出全国资本总值（殖民地、外债及内债投资除外）

合计　4 305.5

II. 国内生产总值

1. 农业、矿业及渔业	539
2. 制造业生产	259.5

合计　798.5

从以上估计中我们可以看出：

1. 英国农业用地的价值占全国资产总值的26/43，是投资于制造业和商业资本总值的12倍。

2. 英国用于农业的资本总额占全国资本总额的3/4以上。

3. 英国的固定资产总值，包括

土地等	2 604
城市房屋及制造业建筑物	605
运河及铁路	118

合计　3 327

占英国国家资产总值的3/4以上。

4. 英国制造业和商业资本，包括船舶在内，不超过241.5百万英镑，只占全国财富的1/18。

5. 英国农业的资本总值是3 311百万英镑，产生的总收入是539百万英镑，产出比约为16%。而制造业和商业的资本总值是218百万英镑，年产值却达到了259.5百万英镑，产出比为120%。

以上首先必须注意的是，218 百万英镑的制造业资本实现年产值 259.5 百万英镑的这一事实，是英国农业资本能够达到 3 311 百万英镑，以及获得每年产值 539 百万英镑的主要原因。农业资本总值的绝大部分份额是土地和家畜总值。制造业使全国人口增加了一到两倍，为大规模的国外贸易、大规模的航运事业以及许多殖民地的取得和开发，提供了实现手段，从而使生活资料与原料的需求有了等比增长，使农业经营者同时得到了满足这种增长了的需求的手段和动力，使农产品的交换价值有了提高，由此又使地租的数额与售价以及土地本身的售价有了同比例的增长。假如这一项 218 百万英镑的制造业和商业资本被完全毁灭，那么我们将看到的不仅是 259.5 百万英镑制成品产值的消失，而且那 3 311 百万英镑的农业资本以及 539 百万英镑的农业产值中的绝大部分，都将化为乌有。那时英国在生产上所损失的将不仅是制造业产值 259.5 百万镑，土地价值也将跌落到与波兰相等的水平，即现有价值的 1/10 到 1/20。

由此可见，农业国在有利情况下用于制造业的一切资本，随着时间的推进，会使土地价值提高十倍。各地的经验和统计数据都证明了这个论断的正确性。制造业建立以后，土地价值和资本积累都会迅速增长，各地情况都是这样。任何人只要把法国（1789 年及 1840 年）、美国（1820 年及 1830 年）或德国（1830 年及 1840 年）的这类价值量比较一下，看一看这些价值量与制造业发展较差或发展比较充分的情况是如何地符合，那么他就会发现，上述观察会处处被证实。

造成这种现象的原因是生产能力的增加，而生产能力的增加是从有规律的分工与国家力量的整合中得来的，也是从处于国家支配下的那些精神力量与自然力量的有效使用和国外贸易中得来的。

从运输工具的改进中也可以看到同样的因果关系。运输工具的改进不但使运输事业本身有了收入，而且收回了在这方面所支出的成本，有力地促进了制造业和农业的发展，使这个地区的地产价值在相当长的时期内，可以提高到创立运输事业时所使用的实际物质资本价值的十倍的水平上。运输工具的改进使农业经营者获得了极大的利益，而农业经营者所处的地位与运输事业的从事者对比时却要有利得多，他对于所投资本可以有充分把握获得十倍的回报，而不必有任何牺牲；从事运输事业的人则必须把他的全部资本用在这个事业上。农业经营者的地位与新的制造业的建立者相比较时，有利的情况也相类似。

制造业对农业生产、对地租、从而对地产价值的影响既然这样巨大，对于一切与农业利益有关的各方既然这样有利，那么有人说保护政策只是有利于制造业者而以牺牲农业经营者的利益为代价，这又怎么能站得住脚呢？

农业从业者以及所有其他个人的物质富足程度，主要决定于这一点，即他们生产的价值要超过他们消费的价值。因此，与农业从业者有切身利害关系的主要是所生产的农产品是否有大量需求，是否有很高的交换价值，至于制成品价格是否低廉，对他并不是一个多么重要的问题。假如在保护措施的作用下，使市场情况有了改进，使农业经营者在出售他自己的产品时可以获得更大的利益，并且他的所得能弥补因他需要的那些制成品的价格的上升所带来的损失，那么就不能说他在有利于制造业的情势下受到了损失。凡是自己能够建立制造业的那些国家，这样的情况总是容易观察到的，尤其是在本国制造业建立初期，上述情况更为明显。因为在这个时候，投到制造业上的资本，大部分都是用于住宅和厂房的建造以及水利设施等方面的支出，这些主要有利于农业从业者。在制造业建立初期，农产品销路扩大，价值提高，不但抵消了制成品价格上涨带来的不利，而且略有节余。但是农业从业者在这个时期的受益无论多大，这些有利情况以后必然还要持续，因为在制造业发展的进程中，农产品的价格必然逐渐上涨，而制成品的价格则必然逐渐降低。

进一步地说，农业从业者和地主的富裕特别有赖于他们收入来源的手段，即土地的价值状况——地产价值至少要能维持原状。这不但是他们实现富裕的主要条件，而且往往也是他们全部经济生活的主要条件。例如，往往会发生这样的情况，农业从业者一年的生产超过了他的消费，但是他却发现自己陷入了破产的境地。这样的情形往往在这种情况下发生，即地产负债、信用发生波动，以及一方面当货币资本求过于供而另一方面地产却供过于求。在这个时候，会普遍发生货币贷款要求收回而地产则急于求售的情况,结果地产价值一落千丈,使许多最积极勤俭而有进取精神的农业从业者陷于破产的境地。这并不是由于他们的消费量超过了生产量,而是由于他们拥有的生产手段,即地产,无法控制地失去了大部分价值,从而使他们的信用受到破坏;地产价值既普遍锐减,那么以地产为抵押的货币负债数额与他们所有财产的货币价值,便不能再保持原有的比例关系。近五十年来,这样的危机在德国和美国曾发生过不止一次,有许多德国贵族就这样破产了;但是他们却始终没弄明白,使他们沦入这种境遇的,就是他们所认定的英国的那群善良的兄弟——托利党所采取的政策。但是在制造业蓬勃发展的国家,农业从业者和地主所处的情况却完全不同。在那里,由于土地生产能力和农产品价格都有了提高,因此农民所获得的不仅是生产价值超过消费价值的数额,地主所获得的也不仅是每年地租的增加额,还有地租的增加额所体现的资本数量。他的财产价值提高了一两倍,这并不是因为他增强了劳动强度或田地质量提高了或是他变得节约了,而是由于制造业的建立对他的财产价值产生了影响。这就使他有了进一步发挥身心力量、改良土地、增加牲畜头数的手段和诱因,他虽然在消费方面的花费有所增加,但是仍有更多的节余。他的地产价值提高以后,信用就有了提高,从而使获得改进所必需的物质资本的能力也有了提高。

亚当·斯密默默地回避了地产交换价值的上述情形。萨伊却与之相反,认为土地的交换价值无关紧要,无论价值是高是低,土地总是同样适合生产。这位专家被他的德文翻译者们奉为权威,而在他的著作里关于国家繁荣这一关系重大的问题,他却持有这样错误的见解,不能不说是件憾事。我们,与前两者相反,坚定地认为,再也没有比土地价值高低更可靠的检测国家繁荣程度的标准了,这方面的波动和危机,应当认为是能够影响到一个国家的最大的毁灭性的灾难之一。

对自由贸易理论的偏袒,使该学派陷入了错误的见解之中(因为它希望人们能够理解自由贸易这个名词)。有些纯农业国家同富强的制造业国家和商业国家进行着不受限制的商业往来,而地产价值与价格波动与发生危机最严重的,也正是在这样一些国家。

诚然,对外贸易也能使地租及地产价值增值,但是这种增值情形与因本国制造业的建立、制造业的生产有规律地持续增长以及国内制成品与国内农产品交换所带来的价值增长相比,前者的那种不确定性、不均衡性和不能持久性与后者相比是无法同日而语的。

只要农业国家还有大量未开垦的或耕作粗放的土地,只要更富强的制造业国家能够用制成品换取它们的大宗农产品,只要这些农产品便于运输方面,只要农产品的需求又能持续,并能随着农业国生产能力的增强而逐年增加,只要双方的贸易关系没有被战争或国外关税制度所阻断,那么国外贸易就会对地租与地产交换价值的增值产生巨大影响。不过,只要任何一方发生了变化或中止发生作用,那么国外贸易就会成为国家经济停滞的起因,不仅如此,还往往会导致国家经济严重并长期衰退。

国外需求的变化无常在这方面有非常有害的影响,例如,会由于战争、庄稼歉收、从其他地区输入的减少或由于任何其他的情况或变故,导致制造业国家对于生活必需品或原材料或某些主要农作物的需求增长等;它也会由于和平恢复、农业丰收、从其他地区输入的增加或由于政治措施,导致制造业国家对生活必需品或原材料或主要农作物的大部分需求又不复存在。如果上述需求持续的时间比较短,那么农业国家也许会由此获得一些利益;但是如果持续多年,而国家与所有私人组织的消费规模已经与这些需求相适应了,并且生产者也已经习惯于某种商品的消费了,如某些原来认为是奢侈的享受,现在对他来说已成为必需品,那么这样,农业国家就会蒙受不同程度的损失。尽管生产者的农业收益与地产价值已有所增长,凭借这一点,他改善了耕种与住宅状况,并添置了许多东西,但这一切如果没有地产价值的提高,他是绝不会这样做的。土地的买卖与租赁以及贷款,都是根据地租和地产价值提高的标准确立的。同时,个人的收入有了增加以后,国家本身的开支也必然会增加。因此,一旦这种需求突然中止,那么,生产与消费、降低了的地产价值与并未降低的货币贷款、根据租约应付的货币地租与租地上的货币产额以及国家的收入与支出都会失去平衡,由于这一系列的不平衡状态，就会引发国家在经济、政治、精神等各方面的破产、窘困、堕落等现象。发生在这种情形下的农业繁荣，它的作用就像鸦片或烈性饮料的刺激作用一样，只能引起一时的兴奋，但后果则是终生萎靡不振；又如同富兰克林电光试验中的闪光一样，虽然瞬间万物清晰可见，但过后却坠入了黑暗的深渊。

这种昙花一现式的农业繁荣比持久普遍的贫困情况要糟糕得多。要使繁荣真正给个人和国家带来好处，那么这种繁荣必须是持续性的。但是，只有在逐渐增长以及国家对于这种增长与增长的持续性能够提供保障时，这样的繁荣才能持久。较低的土地价值胜过价值的上下波动，只有循序渐进才能使国家繁荣昌盛。只有拥有自己的制造能力，发达国家才能对这种稳定持久的价值增长提供保障。

时至今日法国的葡萄种植园主们仍然认为法国的保护制度对他们产生了不利影响，要求在对英国进行最大限度的自由贸易时增加他们的地租。这种情况清楚地表明，国内制造能力对地租与地产价值产生的影响与国外贸易对两者产生的影响相比到底有多大，对此人们并没有一个清晰的看法。

鲍林博士在关于英法间商业关系的那个报告中本来是要表明，法国从英国多进口毛织品和多出口酒类产品能获取一定的利益，但是他所提供的资料却恰好可以用来证明一些与他自己论点相悖的事实。

鲍林博士援引法国1829年输入荷兰酒类计2515 193加仑而输入英国只431 509加仑的事实，以证明如果英法间存在着较自由的商业贸易，那么法国酒类对英国的销售量将会有如何大规模的增长。

英国人习惯于那些由葡萄牙、西班牙、西西里、特纳里夫岛、马德拉群岛、好望角等处输入的蒸馏酒、烈性啤酒以及各种性烈但价廉的刺激饮料，法国酒要大量运往英国销售，在这方面肯定会有阻碍；这些暂且不说，假设英国对于法国酒的消费确实能增长到与荷兰一样的程度，那么按照英国人口计算，它的消耗量将增加到五百万或六百万加仑，相当于现在法国酒类消费量的十倍到十五倍；从表面上看，这对于法国，尤其对于法国的葡萄种植园主，确实显得极为有利。

然而，假如对这个问题进行深入探究，那么我们将得出其他的结论。按照鲍林的观点当然主张彻底的自由贸易。且不提这点，只假定在尽可能获得自由贸易的条件下，毫无疑问，英国人将使他们的制成品（尤其是毛、棉、麻织品以及铁器、陶器）将占据很大一部分法国市场。即使按照最保守的估计也必须假定，由于法国制造业生产能力的下降，法国城市的居民将减少一百万人，用原材料与粮食供应城市居民的农民也将减少一百万人。根据鲍林博士自己的估计，法国人民对于酒类的消耗，在乡村是每人十六点五加仑，在城市每人三十三加仑，翻了一番。据此，法国制造业的能力会因自由贸易而减退，会导致它的酒类在国内的消耗量将减少到五千万加仑；而对外出口量仅仅增加了五百万或六百万加仑；这样的结果对法国的葡萄种植园主显然是有害无利的，因为酒类的需求，国内的所失超过了国外所得的十倍以上。

总之，显而易见，就酒类生产或者就肉类、谷类以及一般原材料与粮食的生产而言，凡是适于由自己建立制造业的大国，国内制造业生产对这类温带农产品的需求，比即使在最旺盛的出口贸易下对这类产品的需求，也将高出十倍到二十倍，进而对地租与地产的交换价值的提高也将发挥十倍到二十倍的作用。有些地区距离城市较远，虽然由于路政设施完善及商业往来上的便利与城市保持着联系，但就地租数额与地产的交换价值来说，与邻近大城市的地区比较，仍然远远落后；这一点也是上述论断的一个最有力的证明。

地租问题可以从价值观点或从生产能力的观点来加以研究，还可以从单纯的个人关系，即地主、农业从业者和劳动者之间的关系，或从社会与国家的关系这方面来加以研究。流行学派对于这一问题主要是从私人经济的观点加以考虑的。例如，一国在地租被消费时，实行这种消费行为的地区距离产生地租的地区越接近就越有利，而有些国家的情况则与这个情况相反，消费行为大都发生在一国元首所定居的地区；以君主专制国家来说，消费大都发生在一国的首都，与地租产生的地区距离很远，因此，对农业、对最有效用的制造业、对国家精神力量的发挥所能产生的正面影响只达到最低限度。据我们所知，流行学派在谈到地租时，对于这一点却避而不谈。当地租消费都集中在首都地区时，贵族地主除非居住在宫中或在担任一官半职，否则就不能享有权力或政治影响力。如果一切公众权力和势力都集中在首都，那么地主们就都会被吸引到了这个中心，他们要满足欲望，要找到尽情花费地产收入的机会，而这里几乎是唯一的理想地区；并且大多数地主越是习惯于首都生活，那么当他们在别的地区居住时，在社交方面、在高层次的精神与物质享受方面所得到的机会就越少，于是他们就越来越感到首都生活富有魅力和其他地区的生活无聊。因此，这就使首都获得了几乎所有那些由地租消费而产生的改善精神的手段，从而使其他地区失去了这些手段。在这种情况下，都市确实显得极富吸引力，因为它把精神生产者的一切才能，把绝大多数生产奢侈品的行业，都集中在了一起，而各个地区却使农业经营者丧失了改进农业、提高精神力量和物质手段的工业。

在法国，尤其是在专制统治下，都市的才智和辉煌，超过了欧洲大陆的任何城市，但法国在农业方面却进步很少，各省在精神文化以及实用工业方面都很缺乏。在很大程度上，上述情形就是个中的原因。贵族地主越是能与宫廷生活相脱离，越是能在立法与行政管理上产生影响，那么通过代议制与行政制度，参与各省和各城市管理地方事务及参与国家立法行政的权力越是广泛，进而使人们居留在各省时越是能够受到尊重，那么产生地租的地区的吸引力就越大，就越能够多吸引贵族地主和教育程度高且富裕的公民到那里去居住，此时地租的消费对各地方精神力量与社会制度的发展、对农业的改进以及对促进人民群众有用的工业的发展所产生的影响作用也就越大。

英国的经济情况为此论述提供了证明。英国的地主一年中的绝大部分时间是在自己的田庄上度过的。这一事实在多方面促进了英国农业的发展。直接促进的方面是，由于地主为他自己打算，会把地租收入的一部分用于农业改进，或用来支持佃户所承担的这类改进工作；间接促进的方面是，地主自己的消费对附近一带的制造业和精神及文明的提高起到扶持作用。这样我们就可以部分地解释为什么德国和瑞士，虽然大城市不多，缺乏重要的交通工具，国家制度方面也远远落后,但在农业和文明程度上,却比法国要高出很多。

亚当·斯密和他的学派在此问题上所犯的错误,我们虽在前面已论述过,但这里还可作进一步的说明。他的错误在于没有能清楚地认识到制造业对地租的增长、对地产自身的市场价值以及对农业资本所产生的影响;还在于对这一点没能加以充分说明,却相反地将农业和制造业作了对照;在那样对照的情况下,当然显得农业比制造业对国家要有价值得多,并且也要重要得多,显得农业造成的繁荣,要比制造业所造成的繁荣持久得多。亚当·斯密在这里只是重复了重农学派的错误见解,只不过在方式上略有些改进而已。他显然被一些现象所迷惑——就是我们已经借助于一些英国国情的统计数字加以论证的——(即使在最富足的制造业国)农业物质资本的重要性超过制造业物质资本的十倍到二十倍;实际上,就是在价值上,每年的*农业生产*也大大超过*制造资本*。同一现象足以使重农学派在把农业和制造业进行对照时,高估农业的价值。表面上看起来,农业使国家富足起来的力量,显得要比制造业高过十倍,因此对国家的重要意义比起制造业来要高出十倍,也就值得给予多于十倍的考虑。但事实并非如此。如果研究一下农业繁荣的根本原因,我们就会发现主要是由于制造业的存在。英国所以会有三千三百一十一百万镑的农业资本,主要是由于二百一十八百万镑的制造业资本的存在。运输工具的情况也是这样:靠近运河一带的土地价值所以会提高,是由于用于建造运输工具的开支的缘故。如果运河上的运输工具遭到了破坏,那么我们也可以把原来用于交通运输的水用来灌溉河边的土地,这样显然也能使农业资本、地租等等有所增长;但是即使假设由此使得这一带土地的价值有了大大的提升,那么这一点对农业也显然是有利的,然而以运河周围地产的总计价值计算,较之运输工具存在时的情况相比较,相差何止十倍。

用此观点,从一国的制造业资本大大小于农业资本这一情形来考虑,得出的结论势必与现在及以前那些学派所得出的结论在性质上完全不同。现在看起来似乎是,制造业本身所需要吸收并加以运用的资本与农业对比下为数越小,制造业力量的维持与扩大,即使对农业从业者来说,也就越加值得重视。的确,农业从业者尤其是食租者和地主们，现在应当看到，维持与发展国内制造业对他们有利，即使所必须筹集的资本对他们来说，没有获得直接报酬的希望情况也是如此；这同开凿运河、修筑铁路和修建公路的情形一样，即使这些事业没有实际净利，然而享受利益的仍然是他们。有些制造业与农业最接近，是农业最必需的，如面粉厂，将这些制造业与上述观点联系起来看，就可以充分证明，这种见解的正确性是毫无疑问的。试将离开面粉厂较远的同处于厂址周围的地产价值与地租相比较，就可以发现面粉厂对地产价值与地租是有重大影响的，可以发现在具有同样自然肥力的情况下，土地的总值与建设面粉厂的成本对比时，所增长的不只是一倍而是十倍到二十倍，即使在建厂时地主们需共同负担，一切设备归厂主，但地主方面所获得的利益仍然是巨大的。这样的情况在美国远离城市的半开垦地区是很常见的，在那里，当个人没有足够的能力和财力建设这类工厂时，地主们就会欣然提供帮助，或通过提供劳动力，一起动手或捐赠木材等。实际上，这类情况在比较古老的文明国家也曾发生过，尽管形式不同。毫无疑问，我们可以在这里找到许多古代封建制"公共作坊"利益的根源。

正如面粉厂的情况那样，锯木厂、炼油厂、灰泥厂以及冶铁厂的情况也都是如此；处处情况都证明，地租和地产价值的增长程度是根据这些地产距离工业的远近程度，特别是根据这些工业与农业间商业交往的紧密程度来决定的。

那么，毛纺织、制麻、造纸、纺纱等厂的情况，以及推而广之，所有制造业的情况又怎能不是这样呢？我们至少可以看到，任何地方的地租和地产价值，总是随着地产距离城市的远近程度完全等比例地增长的，总是随着城市人口稠密与工业活跃的程度完全等比例地增长的。如果计算一下那些范围较小地区的地产价值和在那上面所花费的资本，再计算一下投在各种工业上的资本价值，并把双方的总值进行比较，就会发现，前者超过后者至少十倍。但如果就此得出结论，认为把物质资本投放于农业上比投放于制造业上更为有利，认为扩大农业资本对农业本身最为有利，那么就大错而特错了。农业物质资本的增长主要有赖于制造业物质资本的增加；凡是不能认识到这一事实的国家，不管大自然对农业多么有利，不但不能在财富、人口、文化和力量方面取得进展，而且还会退化。

尽管如此，地租和地产所有人却常常认为那些旨在建立国内制造业的财政和政治规则仅仅是一种使制造商致富的特权，而一切义务则由他们（土地所有者）来承担。这些人在开始从事农业时清楚地认识到，如果在邻近地区建立一个面粉厂、锯木厂或冶铁厂，那他们就会受益匪浅，因此他们也愿意作出巨大牺牲，以促成这些工厂的建立；但是当他们作为农业从业者其利益获得增长时，他们就不再能清楚地懂得，本国制造业的充分发展，将给整个国家的农业带来何等巨大的利益，以及为了他们自己的利益，他们也必须作出牺牲，否则这个目标就无法达到。因此，除了几个文明程度非常高的国家外，大部分国家的土地所有者虽然清楚眼前利益，但却不够精明，无法领会那些只有更宽阔视野才能看到的长远利益。

我们还不能忘记，流行学派理论实际上加剧了土地所有者思想上的混乱。斯密和萨伊处处把制造商争取保护制度的努力说成是受自我利益驱使的，而与此相反，认为那些宣称从来没有为自己提出这类要求的地主却慷慨大方，对他们大加赞赏。但看起来好像是，土地所有者只是表面上不在意这种大公无私的美德，而实际上是很在乎这种美德的。因为在大多数最重要的制造业国家，这些地主们最近已提出类似要求并已获得了保护，尽管（如我们在别处论述过的那样）这一措施对他们极为有害。如果说这些土地所有者过去为了本国制造能力的建立曾经作出了牺牲，但他们现在的做法却同乡村中的农业从业者为了在自己周边地区建立面粉厂或冶铁厂而作出的牺牲没有什么二致；如果这些土地所有者现在为了自己农业的发展也要求保护，那么他们这样做同以前那些乡村地主们一样，那些工厂在他们的帮助下得以建立，然后要求工厂主们帮助他们开垦土地，毫无疑问，这是一种愚蠢的要求。农业、地租以及地产价值只能随着制造业和商业的繁荣而同比增长，如果原材料与粮食进口受到限制，那么制造业就不能繁荣昌盛。各地的制造商都有同感。不过事实尽管如此，但多数大国的土地所有者还是得到了有效保护，原因不只是一个，其中之一便是，在实行代议制的国家，土地所有者在立法方面影响巨大，制造商不敢坚决反对地主们提出的愚蠢要求，担心可能反而会促使地主们支持自由贸易原则，所以制造商宁可赞同土地所有者的要求。

于是流行学派劝说土地所有者说，用人为方法建立制造业就像在寒冷地带用温室种植葡萄来酿酒一样，愚不可及；制造业应当按照自己的规律自然产生；农业为资本增长所提供的机会远远超过了制造业；一国的资本增长是不能用人为的方法实现的；法律和国家的规章制度只能诱导不利于财富增长的条件。最后，不得不承认制造业对农业确有影响，就尽量把这种影响降低到最低的程度。（据说）在任何情况下，如果制造业对农业确有影响，那么任何对制造业有害的因素对农业也同样有害，因此制造业对地租的增长虽也有所影响，但也只是*间接的*，不过流行学派却硬要说人口与牲畜的增加、农业的改进、运输工具的改善等等，对地租增长是有直接影响的。这里所说的关于*直接*影响与*间接*影响的区别的情况，就同这个学派在许多别的方面（例如关于精神修养方面的效果）所作出的区别一样；上面曾提到过的那个例子这里也可以应用：如同树上结的果实，在该学派看来显然是一个间接结果，因为果子是生长在小枝上的，小枝是大枝的成果，大枝是主干的成果，而主干又是根部的成果，只有根才是土壤的直接产物。明明在任何大制造业国家人们都可以一眼看出制造业本身才是人口、牲畜、运输工具等增长的主要原因，但现在却硬要把人口、牲畜、运输工具等等说成是地租增长的直接原因，把制造业说成是地租增长的间接原因，这种颠倒黑白的说法，岂不是同上面所举的例子一样强词夺理吗？该学派把制造业的效果和制造业置于同等地位，而且还把制造业的主要地位说成是主要原因，而把制造业本身放在次要地位上说成是间接原因，这难道公平合理吗？像亚当·斯密这样一位具有深刻洞察力的天才，所持的论点却如此颠倒是非、与客观事实相去甚远，这除了企图要故意掩盖制造业对国家的繁荣和国家力量、对地租和地价的增长所起的作用以外，还会有什么别的原因呢？这除了要回避对保护性制度有利的辩护和解释外，还会有其他什么动机吗？自从亚当·斯密对地租的本质进行研究以来，该学派在这方面的表现特别令人遗憾。

李嘉图以及后来的穆勒、麦卡洛克等等,都认为地租是依赖于土地本身所固有的自然生产能力而产生的。李嘉图的整个理论体系即以此为依据。但如果他到过加拿大,并亲自游览过那里的山区和平原,那他就会相信自己的理论是完全站不住脚的。由于他所考虑到的只是英国的情况,因而就陷入了错误的观点,因为英国的土地和草原产生了丰厚的地租,他便假定这是由自然生产能力产生的,并认为所有的土地和草原一向都是这种情况。实际上,土地原有的自然生产能力极为有限,它能为使用者提供的剩余产量极少,单凭这微小的自然生产能力产生的地租少得简直不值得一提。例如,当整个加拿大还处在狩猎的原始状态时,所生产的肉类和皮革,还不够一位牛津大学政治经济学教授的薪水。又如马耳他遍地都是杂石,以那里土地的自然生产能力来说,任何时候都不能产生地租。

如果我们把所有国家的文明发展过程从古到今都浏览一遍,看看这些国家是如何由狩猎时代进入游牧时代然后由游牧时代进入农业时代的,继而再往前进展,我们就不难使自己深信,不论哪一个地方,最初都没有地租,都是随着文明的发展、人口的增长以及精神与物质资本的积累,地租才从无到有并而逐渐增长起来的。把单一的农业国同农业兼制造业和商业国家比较一下就可以看出,在后一类国家里靠地租生活的人比前者要多二十倍。例如,根据马歇尔对英国的统计,1831 年英格兰和苏格兰的人口是 16 537 398 人,其中收取地租的有 1 116 398 人。在波兰,在同样面积的土地上,我们绝对无法找到这个数目的 1/20 的收租者。如果我们把研究对象从一般推及到个体,然后再来研究一下地租的来源和起因,我们便可以发现,这种地租实际是一种生产能力的结果,但是这种生产能力并不是造物主的恩赐,而主要是人类直接地或间接地通过其中所积累的精神与物质劳动和资本以及社会发展所形成的。实际上,我们可以看到有许多地段的土地,如采石场、沙坑、牧场等等,虽然从来没有人力进行耕种但同样可以产生地租,这种地租只是附近文化、资本和人口增长形成的结果。但是,我们还可以看到,有些地段的土地虽产生少量的地租,但它们的自然生产能力却已被破坏殆尽,因为这些土地没有别的用途,只是用来供人们在上面坐卧行走、吃喝玩乐、工作学习——只能做建筑工地。

地租产生的基础是土地对土地占有者所提供的专有利益或优势；这种利益或优势的大小，主要决定于占有者在其所在社会所拥有的精神和物质资本的量，同时也取决于地产的特有位置和性质，以及以前所投的资本提供给占有人的取得物质价值或满足身心要求与享乐的机会。

地租是一种资本的利息，这种资本是附着在自然蕴藏的资源之上的，也可以说是一种资本化的自然蕴藏资源。然而，有的国家只是将农业方面的自然蕴藏资源加以资本化，由于单一的农业模式所固有的缺点，因此在资本化方式上也是有缺陷的，在这样的情况下，土地所产生的地租与农业和制造业都发达国家的土地所产生的地租简直不能同日而语。这些国家的收租者大都居住在能提供制成品的国家。但是，一个农业先进、人口众多的国家在建立了自己的制造业后，它就会（如我们在前面章节所证明那样）不但得以使那些特别适用于制造业而以前没有利用的自然力量加以资本化，而且还可以把绝大部分有助于农业的制造力量也加以资本化。因此，像这样一个国家的地租的增长，将无限超过发展制造业能力所必需的物质资本的利息。

第21章 制造能力与商业

迄今为止，我们仅仅谈到农业同制造业之间的关系，因为它们构成了国家生产的基本要素，也因为如果搞不清它们之间的相互关系，就无法正确地理解商业的真正作用和地位。如同流行学派所坚持的那样，商业的确同样具有生产性，但单就生产方式而言，商业又完全不同于农业和制造业。农业和制造业真正生产商品，而商业只是促成农民与生产商之间、生产者与消费者之间进行商品交换。因此，必须根据制造业和农业的利益与需求规范商业，而不能反过来。

但是流行学派却恰恰颠倒了这一准则，它们奉行亚当·斯密倡导的放手不管、任其自由的原则。商人对此的喜欢程度不亚于强盗、骗子和窃贼，就此而言，把这一说法作为准则更令人疑云丛生。这一理论仅仅关注现有价值，而不考虑创造这些价值的力量，把整个世界只简单地看成一个*单一的*商人共和国，因此，这种歪曲事实、毫无保留地把制造业和农业的利益拱手相让、使其屈从于商业需求的做法，是这一理论的必然结果。流行学派没有认识到，商人可能会以损害农民和制造商的利益为代价，以损害国家的生产能力为代价，甚至以牺牲国家的独立为代价，达到自己的目的（即通过交换获得价值）。这一切对他来说毫无二致，行业及其性质决定了商人不必为难自己，不会在乎他进口或出口商品的方式会对国家道德、繁荣或国力产生什么后果；他像进口药品那样随意进口毒药，他通过进口鸦片和烈性酒使国家衰落。只要商人的收支因此平衡并获得增长，那么无论他是通过进口还是通过走私给成千上万的人带来了职业的谋生手段还是使他们沦为乞丐，都与他的商人身份毫无关系。如果那些穷困潦倒之人希望通过移民逃避国内的悲惨状况，那么那些商人还可以通过为他们办理移民而大发横财。在战争期间，他们供应敌人枪支弹药。假如可能，他们甚至可以向外国出卖本国的土地和牧场，在他们卖得寸土不剩时，他们就把自己放到船上出口自己。

因此，显而易见，商人的个人利益与整个国家的商业利益大相径庭。在这方面，孟德斯鸠曾作过精辟论述："国家对单个商人加以限制，那是为了整个国家的商业利益；自由富裕的国家对商人的限制最严格，专制统治的国家对商人的限制最宽松。"① 商业源自制造业和农业；没有一个国家在本国国内这两个产业实现高度发达之前，可以实现国内外贸易的大规模发展。以前，的确有个别城市或城市联盟，通过外国商人和外国农民能够进行大规模的商品交换，但是，自从农业兼制造业兼商业的国家雨后春笋般地兴起以来，就很难想象还会出现像汉斯同盟那样拥有单纯交易贸易的城市了。无论如何，就其性质而言，这种贸易形式极不可靠，同那种基于本国自己生产的产品的贸易形式相比，几乎不值得考虑。

国内商业最主要的商品包括食品、盐、燃料、建材、纺织材料，还包括农业和制造业所需的工具和补充材料，以及制造业所需要的农业和矿业生产的新型原材料等等。在制造业发达国家，这种国内交易规模远远超过任何一个单一的农业国家，二者根本无法比拟，不可同日而语。那时，在单一的农业国家，因为各种农产品的匮乏和缺少运输工具，农民只能为自己生产必需品，而不考虑土地更适宜生产什么作物。因为缺少交易方式，他们必须自己生产自己需要的大部分产品。因为缺乏改进的运输工具，燃料、建材、粮食和矿产等产品没有什么市场，所以也就无法成为跨区贸易的商品。

因为这些产品的市场需求有限，所以促使人们储存产品或资本积累的诱因就不复存在。因此，单一的农业国家用于国内商业的资金几乎为零；因此，所有的生产商品，尤其是那些气候好坏决定产

---

① 《法的精神》，第二十卷，第12章。

量的商品,其价格上下波动幅度巨大。所以,一个国家越是局限于农业,其发生食物紧缺和饥荒的危险性就越大。

一个国家的国内商业主要是伴随着国内制造业的发展、交通运输工具的改进以及人口的不断增长而发展的,其重要性超过单一的农业国的十倍到二十倍,超过最发达的国外贸易的五倍到十倍。如果有人把英国的国内商业同波兰或西班牙的进行对比,那么他会证实这一观察。

只要温带地区的农业国家一直局限于粮食和原材料生产,那么其对外贸易就不会取得重要地位。

第一,因为农业国向少数几个拥有制造业的国家出口,而这些国家自己也从事农业,并且因为它们拥有制造业和自己延伸的商业活动,所以其农业体系虽比单一的农业国家更加完善,但这种出口既不确定也不稳定。这种纯产品贸易总是投机性很强的,获得的利润大多数都落入到了投机商人的手中,而没到落到农民的手中或使农业国家的生产力增强。

第二,因为用农产品换取国外制成品,在很大程度上受外国的限制性政策和战争的影响而时常中断。

第三,因为纯农产品的出口的主要受益国大都靠近海岸或有通航能力的河流两岸,因而无法使内陆地区获益,但这些内陆地区却是农业国家的主要组成部分。

第四,因为拥有制造业的国家可能发现,从其他国家或新开拓的殖民地采购生活资料和原材料更符合自己的利益。

因此,德国出口英国的羊毛就因为英国从澳大利亚进口羊毛而锐减。随着英国从西班牙、葡萄牙、西西里、西属与葡属各岛以及好望角进口葡萄酒数量的不断增长,法国和德国对英国的出口量逐年下降。加拿大木材的进口则降低了普鲁士木材对英国的出口。事实上,英国已有精心安排,主要由东印度群岛供应棉花。假如英国能够成功地恢复原有的商贸航线,假如新成立的得克萨斯州变得强大,假如叙利亚和埃及、墨西哥和南美各国的文明程度不断提高,那么,美国的棉花种植园主也会开始感到,他们自己的国内市场将使他们的需求得到最安全、最可靠和最持久的保障。

在温带地区，迄今为止，一些国家的绝大部分国外贸易均源于本国的制造业，所以只有通过发展本国制造能力，同国外的贸易才能得以维持和增长。

只有那些以最低成本制造各种产品的国家，才能与气候条件不同、文明发展程度不一的各国发生贸易关系，才能满足各种需求；或者当原有的需求不复存在时创造新的需求，才能把各种各样的原料和粮食纳入交换的范畴。只有这样的国家才能用各种物品装满船只，运送生产成品到那些无生产能力的遥远的国家和市场。而只有当这些出口成品的收入足以抵偿航运成本时，才有可能在返航时运回便宜货物。

温带地区的国家最主要的进口商品是热带产品，如糖、咖啡、棉花、烟叶、茶、染料、可可、香料，这些商品一般统称为殖民地产品；到目前为止，绝大部分产品都是用制成品交换的。因此，这一交换过程交织着温带地区的制造业国家的工业进程，体现着热带地区国家的文明进步和生产发展。这一现象起源于荷兰与英国，它最大限度地表现了劳动分工与生产力量的有力结合。

在发现绕好望角航线以前，东方国家在制造业方面远远胜过欧洲。那时，除了部分贵金属和少量衣料、麻织品、军火、铁制品以及一些奢侈品外，东方国家很少使用欧洲产品。陆路运输的运费极其昂贵，不论是运进还是运出，人们都不敢奢望通过出口普通农产品和一般制成品（即使生产过剩）从东方国家换取丝织品和棉织品、糖和香料等。因此，无论我们看到什么关于当时东方商业重要性的文献记载，我们都要结合当时的情况加以理解。在当时至关重要的东西，或许现在已经无足轻重了。

通过从欧洲内陆和美洲获取大量贵金属，以及通过绕行好望角航线直接同东方进行交易，热带产品贸易在欧洲变得越来越重要。但是只要东方国家制造的产品供大于求，那么这种贸易就无法在全球占据重要地位。

这种贸易之所以能达到目前的重要地位，是通过欧洲人在东、西印度群岛的殖民地拓展，通过在北美洲和南美洲大面积地种植甘蔗、咖啡、棉、稻和靛青等，通过往美洲和西印度群岛贩运黑奴，通过欧洲制造商与东印度群岛制造商的有利竞争,尤其是通过荷兰和英国对世界其他国家统治的不断扩张加以实现的。荷、英两国不像西班牙和葡萄牙那样靠榨取手段,而是采用制成品换取殖民地产品的方法寻求和获取利益。

目前,此类贸易是航运贸易的最重要的组成部分,它使用了欧洲大量的商业和制造业的资本,每年都有价值成千上万的产品通过这类贸易从热带地区国家运到温带地区国家,这些产品几乎无一例外的都是用制成品交换的。

用制成品交换殖民地产品,给温带地区的国家的生产力带来了种种益处。这些产品,如糖、咖啡、茶和烟叶等,其中的一些既可以促进农业和制造业的生产,一些还可以当做营养品直接食用。用于交换这些殖民地产品的制成品的生产涉及大多数制造商。制造业和制造业交易规模因此得以扩大,利润更加丰厚。相应地,这一贸易使用了大量的船只,雇用了许多船员,因此越来越多的商人从事贸易活动。随着各方面的发展,人口增长加快,从而大大增加了对本国农产品的需求。

制造业生产与热带产品生产相互促进,增加了英国人对热带产品的平均消费量,达到了法国人的两到三倍、德国人的三到四倍和波兰人的五到十倍。

而且,殖民地生产仍有能力进一步扩大,我们只要粗略计算一下生产用于贸易的那些殖民地的产品所需的土地面积,这一趋势就变得一目了然了。

如果按一千万生丁纳(德国重量单位名称,一生丁纳约合五十公斤。——中译者)计算目前棉花的消费量,而每英亩(合四万平方呎)平均产量只有八生丁纳,那么这个消费量共需一百二十五万英亩土地。如果我们估计贸易中的糖的数量为一千四百万生丁纳,按每英亩生产十生丁纳计算,那么生产这个量只需要一百五十万英亩的土地。

如果我们假设其他商品(咖啡、米、靛青、香料等)的贸易量,与以上两种主要产品的贸易量相等,那么,生产所有现在投入贸易的殖民地产品所需要的土地不会超过七百万到八百万英亩;这一面积可能还占不到地球表面适宜种植这类植物的土地面积的五十分之一。

英国人在东印度群岛、法国人在安的列斯群岛、荷兰人在爪哇岛和苏门答腊岛的出现足以证明，这类产品的产量大幅增加将很有可能。

尤其是英国，它从东印度群岛进口的棉花已经是以前的四倍，英国报纸信心十足地表示，在今后的几年内，英国（尤其是如果它能够顺利地获得通往东印度群岛的老商业航线的话）对殖民地产品的全部需求，单靠从印度采购就可满足。如果我们考虑到英属东印度地区幅员辽阔、土壤肥沃以及该地区工资低等因素，那么这一预期就没有什么夸张之嫌了。

在英国通过这种方式不断从东印度群岛取得优势的同时，荷兰在这一地区的拓展进程也在加快。随着土耳其帝国的土崩瓦解，非洲、西亚和中亚大部分地区的生产能力也将得到释放；得克萨斯人将把北美的种植面积扩大到整个墨西哥；有序的政府将在南美各国站稳脚跟，这些热带国家的巨大生产能力将发挥得淋漓尽致，农作物产量将得到提高。

如果热带地区各国殖民地产品的产量比以往有明显提高，那么它们从温带地区各国获得制成品的手段也会随之增加，从而会得到更多的产品。相应地，通过出售更多的制成品，制造商将能够消费更多的殖民地产品。随着这种产品交换的不断发展，随着交换方式的不断翻新，同上个世纪相比，热带地区的国家的农民同温带地区的国家的制造商之间的贸易往来（这是世界范围内的重大贸易活动），将以前所未有的规模迅猛发展。

目前这种世界性的贸易的增长以及可以预见的增长，一方面是由于制造能力的巨大进步，另一方面是由于水运和陆路交通工具的不断改进，再一方面是得益于政治进程的不断推进和发展。

大机器生产和新发明的不断涌现，摧毁了东方不尽完善的制造业，而结果对欧洲制造业却极为有利。欧洲能够为热带地区各国提供大量廉价的纺织品，因此使这些国家有了提高劳动能力和生产能力的动机。

运输工具的极大改进，大大缩短了热带地区各国与温带地区各国之间的距离，由于经营风险降低、运输时间缩短、运费下降以及操作更加规范，因而两个地区之间的贸易往来更加频繁，贸易量得到了迅猛增长。而且一旦蒸汽机越来越普及，一旦铁路运输系统不断向亚洲、非洲和南美洲延伸，那么这种贸易往来还会得到无限增长。

随着南美洲摆脱了西班牙和葡萄牙的殖民统治，随着土耳其帝国的分崩离析，南美洲大片肥沃的土地得到了解放并获得了自由。这片土地的人民正翘首以待，期望世界上的文明国家能够以和平而又和谐的方式引导他们沿着文明、有序与繁荣的道路不断前进。他们希望能给他们带去制成品，并以制成品换取他们的农产品，除此之外别无他求。

人们可能会看到，这里还有足够的发展空间，适合具备开发自己制造能力的欧洲和北美各国全面发展制造业，扩大对热带国家的农产品的消费，并以同样的力度扩大他们同这一地区的直接贸易往来。

第 22 章　制造能力与航海——海军力量与殖民地的开拓

　　制造业作为国内外大量商贸活动的基础，同样是所有大规模商运船队赖以生存的基本条件。因为内陆运输最主要的职能是为制造商提供燃料与建筑材料、原材料与生活物资，所以海运和内河航运在单一的农业国家无法获得成功。然而，因为沿海航运是培养船员、船长和造船业的基地和补给站，因此，单一的农业国家缺乏建立大规模海上航运的基础。

　　就像我们在前一章中所描述的那样，国际贸易活动主要是用制成品交换原材料和自然产品，尤其是交换热带国家的农产品。但是，温带地区的农业国只能为热带地区的国家提供它们自己生产的产品，或者它们无法利用的产品如原材料和食用物品，因此，人们不能期望这些国家之间以及它们同热带国家之间的贸易往来能使海上运输有所发展。它们对殖民地产品的消费数量，必然只能局限于它们向制造业兼商业的国家出售农业产品和原材料的量，所以它们只能间接地购买这些物品。然而，在一个农业国与一个制造业兼商业的国家之间的贸易往来中，绝大多数海上运输都被牢牢地控制在了后者的手中，即使在它的势力范围之内，《航海法》也无法保障后者能够分得最好的一份。

　　除了国内和国际贸易以外，海洋渔业也需要占用大批船只。但是农业国从这个产业中照例什么也得不到或得到的份额少得可怜。因为农业国对海产品的大量需求不存在，而制造业兼商业的国家出于维持本国海军力量的考虑，习惯于专为自己的海洋渔业而对国内市场加以保护。

舰队从私人商船上招募水手和舵手。过去的经验一再告诫我们,不可能像培训陆地部队那样把水手培养合格,而必须经过海上和国际航运以及海上捕捞的磨炼方能胜任。国家的海军力量总是与该国的海运事业的发展息息相关的,因此,在单一的农业国家,要想发展海军力量几乎没有可能。

增强制造业的能力、发展由此产生的内外贸易、壮大沿海和海上航运力量、扩大海洋渔业规模和拥有令人尊敬的海军力量,最好的手段就是*开拓殖民地*。

母国向殖民地提供制成品,并反过来从那里获得剩余农产品和原材料。这一交换为母国的制造业增添了活力,并因此使其人口不断增长、国内对农业品的需求随之增加、拓展了海运事业、强大了海军力量。母国在人口、资本与进取精神等方面的优势,通过殖民地开拓找到了有利的发挥途径,而这一切又为母国带来了好处,因为大多数靠殖民地发财的人把他们挣的钱带回国内,交到了母国的银行中,或者把收入带回母国进行消费。

农业国家虽然早就需要开拓殖民地的手段,但它们却不具备利用和维持殖民地的力量。它们不能提供殖民地匮乏的东西,而它们能够提供的,殖民地自己却早就拥有了。

用制成品交换天然产品是目前殖民地地位得以继续维持的基础条件。出于这个原因,当美国感到有必要且自己已有力量发展制造业、从事海运业并可以同热带地区各国进行贸易时,它就宣布独立,脱离英国的殖民统治。也是出于这个原因,待到加拿大发展到同等水平时,它也会谋求脱离英国。随着时间的推移,出于同样的原因,在澳大利亚将会兴起一些农业兼制造业兼商业的发达的国家。

但是,温带地区的国家和热带地区的国家的交换有其自然原因,并将始终如此。所以,印度放弃制造业也就等于放弃了从英国的统治下独立出来的命运。因此,亚洲所有的热带国家都将慢慢地归顺到温带地区制造业兼商业国家的统治之下。因此,现在被殖民化了的热带地区的那些岛屿已经很难摆脱这种状况并求得解放了,那些南美国家将在某种程度上永远依赖于制造业兼商业的国家。

英国之所以占有如此众多的殖民地，完全是因为它那超强的制造能力，如果其他欧洲国家也想效仿英国，参与开垦荒芜土地和使野蛮之邦或本来文明后来重回野蛮的国家变成文明之邦，并从中分得一杯羹，那么，它们必须首先发展自己的本国制造业、海洋业以及壮大自己的海军力量。假如它们在这些方面的努力受到了英国制造业、商业和海军优势的阻止，那么，唯一能够对付这种无理行径的办法就是把各种力量联合起来。

第23章　制造能力与流通工具

流行理论提出的这些原则，与所谓的"重商"主义关于贵金属流通和贸易平衡的观点相抵触。过去二十五年的经验证明，这些原则部分是正确的，但部分却存在重大的缺陷。

经验（尤其是俄罗斯和美国的经验）已经反复证明，农业国家的制造业市场在同已经具有制造业优势的强国进行自由竞争时，其进口的制成品的价值往往会大于其出口农产品的价值，因此时常会出现大量的贵金属突然流失的现象，导致农业国的经济，尤其是在其国内流通主要靠纸币的情况下，陷入混乱，给全国带来灾难性的后果。

流行理论坚持认为，如果我们如同供应其他商品那样为自己供应贵金属，那么，不管贵金属的流通量的大小，其产生的影响并无二致，因为这主要取决于所有交换商品的价格关系，无论该商品的价格是高还是低。汇率失调的作用，就如同对那个国家大量出口的一种奖励。这种汇率的上下变动会产生有利效果：金属货币的储备、进出口贸易的平衡以及该国的其他经济条件，都会在事物的自然演变过程中以最安全最稳妥的方式进行自我规范。

单从某个国家的*内部*交换来看，这个论述完美无瑕，城镇与城镇之间、城镇与农村地区之间、省与省之间以及联盟内部的国与国之间的贸易往来已经向我们证明了这一点。如果任何一位政治经济学家认为用国家法规规范美国各州之间、德国关税同盟下的各邦之间、英格兰、苏格兰与爱尔兰之间的进出口贸易，胜过任何自由贸易，那么这个人是相当可怜的。假设地球上不同国家之间确实存在一个类似的联盟，那么，相信事物自然进程的这一理论肯定符合现实情况。但是，如果在当前世界条件下，仍然坚持认为在国际交换过程中，事情的发展还会产生同样的效果，那么就再也没有比这个说法更加荒诞不稽的了。

目前，独立国家的进出口贸易主要受国家的贸易政策和实力，以及由此对世界形势和外国及其他民族产生的影响，还有占有殖民地和建立国内信用以及战争与和平等的影响，而不是流行理论所说的那种事物的自然演变进程的规范和控制。相应地，各种局面的形成方式与社会的形成方式截然不同——各个社会在持久和平与利益完美结合的基础上，在政治上、法律上和行政上团结起来，构成了一个整体。

现在让我们以英国和美国之间的贸易状况为例进行对照。假如英国时不时地向北美市场投放大量的制成品，假如英格兰银行利用提高或者降低贴现率的手段，极度刺激或限制向北美出口或提供信贷，假如因此英国的制成品在北美市场泛滥，那么，其结果必然是可以在北美市场上以比英国还便宜的价格买到英国的制成品，甚至其价格有时候比产品的成本价还要低。假如美国因此而处于向英国负债的状态，同英国交易过程中处于不利的地位，那么，在两国之间完全不受限制的自由交易过程中，这种无组织的状态会轻易地自我调整。美国生产的烟叶、木材、谷物和其他农产品以及各种生活资料，比英国的便宜许多。英国运到美国的制成品越多，就越能诱使美国的种植者采取更多的办法生产有价值的商品以换取制成品；为他们提供的信用越有保障，就越会驱使他们更加努力地寻求更多的偿还债务的手段；英国的汇率越是对美国不利，美国农产品出口的诱惑力就越大，因此美国农产品在英国产品市场上的竞争就会越来越取得成功。

美国农产品的大量出口，必然使不利的兑换率迅速自我调整。事实上，兑换率也不会达到极为不利的程度，因为虽然过去一年内英国大量制成品的进口使美国负债累累，但美国预期，这种状况将通过来年的扩大生产和增加出口实现平衡，接着，货币市场和信用状况将轻易得到改善。

如果英国制造商和美国农场主之间的交易像英国制造商和爱尔兰农场主之间的交易那样几乎不受限制,那么,事情的发展就会出现这种预期结果。因为现状是,美国既无法实现农产品的出口与它们所进口的英国制成品保持平衡,又无法用这些农产品偿还因进口这些制成品而形成的债务。现在美国向英国的出口受到的限制有限,而实际上英国对美国的出口却毫无限制。在这种情况下,假如英国对美国烟叶课以重税,把关税由500%提高到1000%,假如它通过关税使美国木材进口成为不可能,而且只在饥荒之年才能进口美国粮食,那么结果必定大不相同。在这种情况下,英美两国之间的汇率难以实现自我均衡,美国只有通过向英国输送大量的金银才能偿还对英的债务。

但是,这种金银输出势必损害美国的纸币流通,必然导致美国的银行信用崩溃,随即导致地产和流通商品价格的普遍的巨大的波动,尤其引起那些容易扰乱和毁灭国民经济的商品价格和信用的混乱。假如果真如此的话,那么我们可能会看到,一旦美国各州发现它们不能通过国家《关税法》恢复其进出口平衡,那么以上这些现象就会时常在美国出现。

由于破产和消费下降的缘故,过一段时间英美两国之间的进出口将达到一个双方都能够互相忍受的程度。这种说法并不能够宽慰美国。因为对商业和信用造成的巨大破坏和震动,以及消费量的急剧下降,随之而来的将是给个人福祉和幸福以及公共秩序造成灾难。人们无法很快脱离这种灾难恢复元气,并且灾难的频频发生必将长期带来毁灭性的后果。

即使流行理论认为贵金属流通量的大小无关紧要,国家间所进行的只是物物交换,不管这种交换用的贵金属的流通量是大还是小,对个人都无足轻重,但这一论断也不能给美国人带来多少宽慰。对生产商或土地所有者来说,无论他的一件产品或拥有的物品价值10法郎还是100法郎,只要他能用10法郎购得的必需品或享受和花100法郎购得的物品的数量或享受一样,那么这一切都没有什么两样。但是,只有当价格长期连续保持在同一水平时,价格的高与低才无关紧要。

但是，如果价格经常剧烈波动，就会造成混乱，使个人经济和社会经济陷入混乱状态。如果任何人用高价购买了原材料，那他就不可能靠通过低价出售其产品而收回原材料耗掉的那部分贵金属；同样，如果任何人用高价购买了地产且一部分款项是地产抵押的贷款，那么，他将丧失还款能力甚至失去房产，因为价格下降后，可能整个地产仅仅与贷款价值等值了。无论谁在价格高的时候租赁了房产，事后都会发现自己因价格下降而破产了，及至无力履行契约。价格的波动幅度越大，发生的频率越高，对国民经济的条件尤其是信用所造成的毁灭性后果就越严重。有些国家完全依赖外国制造业的需求及其产品规模，且贸易活动的媒介主要以纸币为主，贵金属的异常流入或流出造成的不利影响在这些国家显得尤为突出。

在一个国家，银行能够投入和保持的纸币流通数量，取决于其拥有的贵金属货币量的大小，这个事实人们已经达成了共识。每个银行都会按金库中所储存的贵金属货币量，尽力增大或限制其纸币流通量和货币业务。如果其货币资本或储蓄量增加较多，银行就会放出更多信贷。通过这种信贷，借方给出的信贷得到增加，从而增加了消费量，提高了价格，尤其是地产价格；相反，如果银行明显地感到贵金属出现了外流的状况，那么它将时不时地对信贷加以限制，从而使借方以及借方的借方的信贷和消费下降，这样依此类推，就影响到了那些靠信用把国外制成品带入国内消费的人群。在这些国家，任何贵金属的非正常不断外流，都将使国家的整个信用系统、商品市场，尤其是全部地产的货币价值，陷入一片混乱之中。

据说，美国最近一次和前一次商业危机的爆发，起因是美国银行和纸币制度。事实上，美国银行的确以前面提到的方式发挥了推波助澜的作用，促成了危机的爆发。但是，危机爆发的主要原因在于，自从"折中"的方案引进之后，英国制品的价值大大超过了美国出口产品的价值，使美国对英国负债累累，高达成千上万，以至于美国已无法用产品予以偿还。我们可以找到证据，证明超量进口伴随着危机的爆发。一旦（随着和平的到来或者美国海关降低进口关税）英国进口美国的制成品数额巨大，危机就爆发。而当美国通过关税限制进口商品的价值超过本国产品出口价值的时候，这种危机就未曾出现过。

有人深究，危机爆发的原因是因为美国花费巨资开凿运河和修建铁路，而这些资金大部分都是从英国借的贷款。而事实真相是，这些贷款使危机的爆发延迟了数年，而危机一旦爆发，贷款则加剧了危机的危害程度。但是很明显，这些贷款之所以发生，是因为进出口造成的不平衡。假如没有这种不平衡，也就没有必要甚至更不可能发生贷款。

当美国因为大量进口制成品而向英国负债但却无法用产品只能用贵金属偿还的情况下，因为不平等汇率和利率有利于英国，因此英国能够迫使美国用铁路、运河和银行股票或美国政府债券偿还贸易逆差。

英国制成品对美国的进口越是超过美国农产品的出口，那么英国对这些证券的需求就越旺盛，而美国从事公共业的动力也就越来越强。投入这些企业的资金越多，对英国制成品的需求就越来越多，与此同时，美国进出口就越不成正比。

一方面，如果说美国银行提供的信用促进了英国制成品对美国的进口，另一方面，英国银行提供的低息信用也发挥了同样的作用。英国贸易与制造业委员会的一份正式报告证实，这些贴现率导致英国银行拥有的现金从八百万英镑减少到了两百万英镑。这样，一方面削弱了美国保护制度应有的效果，有利于英国制造业同美国制造业进行竞争，另一方面，也为英国投资美国股票和政府债券提供了便利，创造了条件。因为在英国，贷款利率只有百分之三，而美国证券商和借贷人提供的贷款利率却高达百分之六。只要这种局面维持不变，那么美国的债券就不愁在英国找不到买主。

这些交易条件带来了表面的繁荣，尽管这些条件正在慢慢地摧垮美国制造业。美国农民把大部分剩余农产品卖给了在公共事业部门工作的用英国资金支付工资的工人，而这些产品在自由贸易条件下可以出售到英国，或在适度制造业保护政策下可以卖给本国的工人。但是，在国家利益之间存在冲突和分歧的情况下，这种非正常的局面不会持续很久。美国受到压迫的时间越长，那么危机一旦爆发，其对美国造成的影响就越不利。债权人可以通过信用延期长期留住贷方，但如果贷方靠债权人不断增加贷款而维持经营，而他的生意却每况愈下并越做越糟糕，那么他破产的可能性就越来越大；反过来，如果他硬撑下去，那么他遭受的损失将更惨重。

造成美国破产的原因是因为美国的粮食歉收和欧洲大陆的保护制度，它促使英国采取了异常措施，把大量金银从英国输送到了国外。所以我们说，这是欧洲大陆采取保护措施的结果，因为假如欧洲大陆市场一直向英国开放，那么，英国将通过向欧洲大量出口制成品从欧洲大陆进口大量粮食，因为英国的金银——即使暂时流到了欧洲大陆——将在短时间内随着制成品的出口的不断增加而流回英国。如若果真如此的话，那么，毫无疑问，欧洲大陆的制造业将会成为英美两国的贸易活动的牺牲品。

然而，在这种情况下，英国银行只有通过限制信用、提高贴现率才能挽救自己。通过采取这些措施，不但英国对美国股票和政府债券的需求会有所下降，而且已经流通的那部分政府债券面临的市场压力也会越来越大。这样，美国不但丧失了进一步通过出售债券弥补贸易亏空的手段，而且它们多年来可以用股票和债券偿还的对英的所有债务也应该用现金支付。现在看来，美国流通的现金已经属于英国了，看来现在英国可以任意支配自己拥有的基于整个美国银行和纸币制度的全部现金了。然而，如果英国动用这笔现金，那么美国的银行和纸币系统将如同一座用纸牌建造的房子那样弱不禁风，顷刻间将土崩瓦解，必将导致地产价格赖以存在的基础崩溃，而大多数个人赖以生存的经济手段也将不复存在。

美国银行试图通过延迟现金支付以避免崩溃局面的出现，至少这是目前唯一可行的缓兵之计。一方面，这样做可以赢得喘息之机，以便争取用新收的棉花偿还英国债务，这在一定程度上可以减轻外债的压力。但是它们希望通过延迟支付手段减少信贷，以期缩减英国制成品的进口而扩大本国的出口，达到实现进出口平衡的目的。

但是，棉花出口到底能不能提供有效的手段来均衡英国制成品的进口这很令人怀疑。因为二十多年来，棉花的生产不断超过消费，并且随着产量的不断增加，价格越来越低。一方面，棉纺织业恰好遇到了麻纺织业的激烈竞争，而麻纺织业因机械设备得到了巨大的改进而迅速发展。另一方面，棉花种植者还要面对来自得克萨斯、埃及、巴西和东印度群岛的种植者的竞争。

人们应该认识到，在任何情况下，消费英国制成品最多的美国各州，从棉花出口中获得的好处却是最小的。

在这些州，就是那些靠谷物种植与畜牧业获得英国制成品的那些州，危机以另一种形式出现了。英国制成品的大量进口抑制了美国制造业的发展，所有增加了的人口和资金被迫转移到了西部新开发的地区。在新开发区建成之初，对农产品的需求量很大，但随着它们的生产能力的提高，经过几年的低产徘徊，这些地区的农产品有了剩余。因此，西部各州在随后的数年内，将通过新开凿的运河和新修建的铁路，可以把剩余的农产品源源不断地运往东部各州。而在东部各州，由于外国竞争不断削弱其制造业，消费人口已经下降，而且还将不断下降。由此可见，产品和土地贬值的现象必将出现。所以，如果美利坚合众国不及时采取措施，遏制住前面提到的金融危机发生的根源，那么，生产谷物的各州的农民普遍破产将在所难免。

因此，我们前面谈到的英国和美国之间的贸易关系使我们认识到：

第一，一个在资金和制造业能力方面远远落后于英国的国家，绝对不能允许英国在其制成品市场上取得压倒一切的竞争优势，从而使自己长期对英国负债，使自己的金融机构依附于英国，使自己的农业、工业和商业陷于危机之中。

第二，英国国家银行可以操纵在它影响之下的美国市场，能够压低英国制成品的价格，使其有利于英国制造业而不利于美国制造业。

第三，英国国家银行通过运作，能够影响美国人连续数年消费它们的进口商品。这些商品价值巨大，远远超过了美国通过出口农产品可以偿还的能力范围，使得美国不得不在连续几年之内靠输出股票和政府债券弥补贸易赤字。

第四，在这种情况下，美国只能用现金进行内部交易和维持银行和纸币系统的运转。而只要英国银行感到有必要并且愿意，它就可以通过操作,把这些资金的大部分吸纳过去为己所用。

第五,在任何情况下,金融市场的任何波动对各国经济造成的影响都是灾难性的,尤其是在那些银行系统和纸币制度建立在拥有一定数量的贵金属基础之上的国家。

第六,如果一个国家的进口与出口维持在同一水平并保持平衡,那么,金融市场的任何波动和由此引起的种种危机就可以得以避免,就能够建立和维持一个稳固的银行制度。

第七,相对于一个外国制成品在国内制造业市场竞争顺利而本国农产品的出口受到外国限制的国家来说,这种平衡很不容易维持;反之,相对于一个不依赖外国提供制成品、可以自由处理自己产品的国家来说,这种平衡不容易被打破。

俄罗斯的经验也证明了这些说法。我们也许还记得,俄罗斯因为向英国敞开了大门,结果英国的制成品拥了进来,以绝对优势占领了俄罗斯市场,使俄罗斯帝国的公共信用出现了很大的混乱。自从俄罗斯于1821年实行关税制度以后,类似混乱的局面就再也没有发生过。

显然,流行理论陷入了所谓的重商主义错误的另一个极端。如果我们坚持认为只有贵金属才能构成国家的财富,并且一个国家只有出口大于进口保持顺差,且顺差用贵金属支付时才能致富,那么这一看法当然是错误的。但是,如果流行理论坚称,在当今的世界形势下,一个国家流通的贵金属不管多少都没区别,也没有多大意义,那么我们担心拥有的贵金属太少也毫无意义;我们应该扩大贵金属的输出,而减少贵金属的输入。这种推理方式只有在以下这种情况下才是正确的:我们认为所有的国家都联合在同一法律制度之下,如果这些国家对我们产品的出口不加任何限制,且我们只用我们自己的农产品交换制成品,如果战争与和平带来的变化不会引起生产与消费、价格与货币市场的波动,如果大型信用机构不为了本国特殊利益而把影响延伸到其他国家。但是,只要存在不同的国家利益,那么,明智的国家政策将建议各个大国通过贸易政策保护自己,防止足以破坏整个国民经济的货币巨大波动和价格的剧烈起伏。只有把国内制造业和农业生产放在一个适当的平等位置,保持进口与出口的平衡，那么才能达到这个目的。

流行理论显然没有充分区分清楚单单*拥有*贵金属和贵金属在国际交换中的*支配*力量。即使在私人交换过程中，显然也有必要将这两者区分清楚。没人愿意把钱留在身边，都试图尽快把钱挪出房间。但是与此同时，每个人都希望能够随时支配他所需要的钱的数目。与财富相比，实际拥有多少现钱显得无足轻重。一个人越是富有，他就越不在乎他实际拥有多少现钱，只要他能够随时支配他人存放在保险箱里的现金。然而，一个人越是贫穷，支配他人手中现钱的能力就越弱，就越在乎手头有多少现钱可以满足他的需要。对工业发达或落后的国家来说，情形同样如此。如果英国通常不大在乎流到国外的金条或银条的数量的多少，那么它一定非常清楚地认识到，一定时期内的大量贵金属的外流，虽然一方面会引起货币升值和贴现率的提高，但是，另一方面，会使纺织品价格下降，这样，它就可以通过大量出口纺织品，或者通过变现手头的股票和政府债券，很快就能重新拥有贸易发展所需的现金。英国就像一个腰缠万贯的银行家，虽然口袋里一分钱也不装，但只要他愿意，就可以随时从附近的或更远的商业客户那里随意支取。但是，如果单一的农业国也出现类似的情形，大量现金不断外流，而它的条件却不那么有利，因为它从国外获取所需现金的手段极为有限，这不仅仅是由于它的产品的*交换价值*和农产品的价值很低，而且由于外国法律给它的出口设置了重重障碍。农业国就像一个穷人，他不但不能从商业伙伴那里拿到钱，而且当富人遇到困难的时候还会向他伸手。因此，即使穷人手中有钱，也不能说是自己的。

一个国家获得国内贸易通常所需现金的*支配能力*，主要是通过拥有或生产这些商品和价值，这些商品的价值交换方式与贵金属的价值交换方式有着几乎同样的便利条件。

相对于流通的商品和各种财产而言，流行学派经济学家在评价国际贸易时，既没有考虑到贵金属的支配能力，也没有考虑到方便财产交换的多样性。如果我们从这个方面考察私人交换过程中所涉及的各种有价值的商品，那么我们就会发现大多数此类商品都是固定财产，它们只有在所在地才能进行交换；即使在当地，进行这种交换成本也非常高，困难重重。这类财产，即不动产和固定的工厂及设备，所占一个国家全部财产的比例超过四分之三。不管一个人拥有多大的地产，他总不可能把田地和牧场送到城市为自己换取钱财或商品。他的确可以用这些财产作抵押以获得更多的贷款，但前提是他必须找到愿意借钱给他的贷款者。贷款者离借款人的居住地和财产越远，借款人如愿以偿需求得到满足的可能性就越小。

相对于固定在土地上的财产而言，大多数农业产品（殖民地产品与部分价值较低的产品除外）在国际交易过程中具有相对便利的交易条件。大多数产品的价值，如建材、柴火、制作面包的原料、水果和牲畜等，只能通过在产区周边合理距离的范围内出售才能实现，一旦产品过剩，为实现其价值，就必须把剩余产品储藏在仓库里，留待日后出售。即使这些产品可以出口到国外，但其销售对象仍局限于某些制造业兼商业的国家中。即使在这些国家，这些产品的销售仍受到关税的限制，受购买国年景好坏的影响。美国内陆地区可能储备了大量的牲畜和农作物，但它们却无法通过出口剩余产品设法从南美洲、英国或欧洲大陆获取贵金属。但是，具有普遍用途的有价值的制成品，却具有无法比拟的交换便利条件。平常，这些商品可以在全世界所有开放市场上找到销路；在危机爆发时期，它们同样可以（以较低价格）在那些保护性关税只在平常发挥不利作用的市场进行销售。显然，这些商品的交换能力几乎接近于贵金属的交换能力。英国的经验表明，如果农业歉收导致金融危机爆发，那么，扩大纺织品出口，促使外国股票与债券大量外流，很快就会恢复平衡。外国股票和公债显然是以往纺织品出口顺差的结果，它们成了这个制造业发达国家手里可以随时要求农业国家兑付的大量票证。当它急需贵金属时，这些证券的兑付的确会给个人持有者造成损失（如同金融危机时期制成品的情形那样），不过，这些做法对维持一个制造业发达国家的经济地位仍然极为有利。

尽管贸易平衡原则遭到了流行学派的冷嘲热讽，但是以上这些观察却鼓励我们表达这样的观点：独立大国之间必然存在着某种性质的贸易平衡。一个大国的贸易如果长期处于不利状态，那是非常危险的。贵金属长期大量外流，必然导致国内信用系统和物价水平发生重大变化。我们这样说并不是希望重新恢复所谓的"重商主义"提倡的那种贸易平衡原则,也不是坚持认为国家应该为限制贵金属输出而设置什么障碍,或者认为每个国家应该保留一定数量的贵金属,或者说大国贸易中出现的数百万的进出口差额是多么举足轻重。我们否定的是,就像亚当·斯密在他专门论述这个问题的那一章①的结论中所说的,一个独立的大国"尽管每年进口产品和纺织品的价值可能远远大于其出口,尽管这个国家拥有的贵金属数量在逐年大量减少,进而不得不在国内以纸币代替其流通,更进一步地讲,尽管这个国家可能让外债不断继续增加和扩大,但是这个国家的财富却在逐年同步增加"。②

这是亚当·斯密提出的并自始至终被其学派所坚持的观点,是一个经验多次证明自相矛盾、本质上不合常理的观点,我们在这里用一句话把这个观点加以定性并用以反驳亚当·斯密自己强硬的观点:"荒诞无稽"。

必须弄明白,我们在这里谈论的不是那些以生产贵金属为赢利目的的国家,因为在那种情况下贵金属作为商品出口,与制成品的出口没什么两样,性质是一样的。我们也不讨论贸易平衡差额问题,因为在这种贸易条件下,如果一个国家用自己的口岸城镇的价格标准衡量进出口,那么得出的结果一定是差额扩大。在这种情况下,相对于整个国家的商业利润总量来讲,每个国家的进口都大于出口(这种情况只说优势不谈劣势),这是显而易见和毋庸置疑的。同样,也不表示我们会否认一些非常情况:出口越多意味着损失就越大于所得,比如因为船只失事造成的财产损失。这种店主式的计算和比较进出口交换价值的做法,产生了许多虚幻现象,流行学派巧妙地运用了这些假象,目的是让我们相信:任何独立大国进出口比例的极度失调都不会给国家造成极其不利的影响。这种异常状态虽然不是永久状态,但涉及数额却异常惊人,如法国在1786年和1789年、俄国在1820年和1821年以及美国采取了"折中方案"后的情形

---

① 《国民财富的性质和原因的研究》,第四部,第3章。

② 参见附录四。

那样。

最后，我们希望说明（这一点必须特别注意）的是，我们要讨论的不是那些殖民地，不是那些附属国，也不是那些小国和独立的单一城镇，而是那些完整的独立大国，它们拥有自己的商业系统，拥有农业和工业系统，拥有货币和信用系统。

殖民地的出口可以不断地大量超过进口，而不必考虑结果是财富的减少还是增加，这显然同*殖民地*的性质是相辅相成的。只要殖民地的出口和进口*总额*连年保持增长，那么殖民地就会随之不断繁荣。如果殖民地产品的出口长期连续超过制成品的进口，那么其主要原因可能是殖民地的地产主在母国居住，而他们的收入形式却是殖民地商品、农产品或者从这些商品和农产品中获取的货币。然而，如果出口殖民地的纺织品大大超过了从殖民地进口的农产品，那么其主要原因可能是随着移民或者贷款的逐年增加，大量资金流入了殖民地。当然，后面这种状况对殖民地的繁荣极为有利。这种状况可以延续至几个世纪，而且在这种情况下，商业危机爆发的频率很低或者说几无可能，因为殖民地既不受战争威胁，又不受敌对性商业政策的威胁，更不受母国银行商业运作的威胁，因为殖民地不但没有属于自己的独立的商业、信用和工业系统，反倒常常受到母国信用机构和政治措施的有力支持和大力保护。

这种有利状况在英美之间的存在长达一个多世纪，目前仍然存在于英国与加拿大之间，并且将来有可能在英国与澳大利亚之间延续几个世纪。

但是，殖民地获得独立以后，就着手逐步发展自己的生产能力、制定政策、建立独立的商业和信用制度，具备一个独立大国应有的特征，这时这种状况就会发生根本变化。此时，当这个新兴国家意识到自己已经从一个殖民地变成了一个独立国家，并且通过不断努力已经具备了精神、物质和经济条件，有能力成为制造业兼商业的国家时，这个以前的殖民地就会颁布有利于自己航运和海军力量的法律，制定有利于本国国内工业发展的关税制度，成立自己的国家银行。结果，母国方面立即采取措施，限制前殖民地国家的航运、商业和农业生产的发展，并运用信用机构积极行动，极力维护本国的经济条件。

正是在美国的英国殖民地在美国独立战争前出现的这些现象,成了亚当·斯密用来证明我们前面曾提到过的自相矛盾的观点的证据,即一个国家可以不断增加金银输出,减少贵金属流通,扩大纸币流通,增加对别国的负债,同时稳步实现繁荣。亚当·斯密没有引用这样的例子来证明他的观点,即两个国家在一个时期内相互独立,它们的航运、商业、工业和农业同其他大国存在竞争,他仅仅向我们展示了一个殖民地和母国之间的关系。假如他生活在当今时代,现在开始著述该书,那么,他一定会非常小心,避免以美国情形为例,因为今天这个例子所证实的,恰恰与当初他想揭示的论点相反。

在这种情况下,有人可能会极力反对我们的看法,认为假如美国重新回到英国殖民地的地位,是不是会得到无与伦比的好处。对这个问题我们的回答是:是的,假如美国不懂得如何利用自己的独立地位来开发和发展自己的工业以及建立独立于外部世界的商业和信用系统的话。但是有人又会提出,是不是显而易见,假如美国继续以英国殖民地的形式存在,英国就永远不会通过《谷物法》,英国也永远不会对美国的烟草课以如此高的关税,那么大量木材将源源不断地从美国出口到英国,英国将舍弃在其他国家促进棉花生产的想法,想方设法让美国垄断这一商品并维持垄断,结果是美国最近几十年来经常发生的危机就没有可能发生。是的,假如美国发展制造业,假如它不想建立自己持久的信用系统,假如它不愿意或不能发展海军力量,那么这一切都有可能。但是,假如果真如此的话,那么波士顿市民把茶叶丢进海里将成为徒劳之举,那些鼓动独立和发展壮大的慷慨陈词将成为过眼云烟,那倒不如尽快重新回到英国的怀抱,依附于英国,继续做它的殖民地。如果真的这样,那么英国会支持美国而不是对它加以限制,英国反而会对同美国棉花种植和谷物生产进行竞争的国家加以限制,而不是联合可能的有力竞争者同美国进行竞争。英国银行也将在美国设立分行,英国政府将提倡向美国移民和输出资本,彻底破坏美国的制造业,支持美国的原材料和农产品出口到英国,对美国悉心呵护,避免商业危机在北美爆发，使殖民地的进口和出口总是保持适度平衡。总之，美国奴隶主和棉花种植主将美梦成真。实际上，过去的一段时期，就这些种植主的爱国精神、利益和要求来说，他们更期望上述所描述的这种依附地位，而不是什么国家独立和美国强大。只有那些对自由和独立充满渴望和激情的人，他们才会梦想工业独立。不过他们的热情不久就降温了，在上个世纪的最后二十五年，美国中东部各州的工业繁荣简直令他们憎恶。他们试图劝说国会，称美国的繁荣依赖英国对美国的工业统治。这一主张说如果美国重新成为英国的殖民地，美国就会变得更加富有、更加繁荣，除此之外，还有其他什么意思吗？

如果自由贸易的捍卫者公开劝告所有国家屈服于英国，成为英国的附庸国，并作为交易条件从成为英国殖民地中获取应得的利益，显然在经济方面，这个依附条件比半独立条件对他们更加有利，因为处于半独立状态下的那些国家，没有自己独立的工业、商业和信用系统，更不用说在英国面前摆出一副独立的姿态，那么在我们看来，他们关于金融危机、贸易平衡以及制造工业的辩论将更加前后一致。假如在《麦修恩条约》订立之后，葡萄牙由一个英国总督统治，假如英国把它的法律和民族精神移植到葡萄牙，把这个国家（像东印度帝国那样）置于它自己的翅膀的庇护之下，难道我们就看不出葡萄牙会获益匪浅吗？难道我们不会预见到这样的情形会对德国和整个欧洲大陆多么有利吗？

是的，印度失去了制造业力量，它让给了英国，可是它在国内农业生产和农产品出口方面不是受益很大吗？过去在印度首领统治下的战争不是也停火了吗？印度本国的王公贵族们不是生活富裕了吗？他们不是早已积聚了丰厚的私人收入了吗？难道他们没有发现自己已经从繁重的公务堆中彻底解脱出来了吗？

（尽管根据这些人，如亚当·斯密，在证明自己的荒谬的观点时所使用的方法进行推理，得出的结论如此）但有一点更应引起注意：尽管亚当·斯密否认贸易平衡的存在，不过这位著名学者仍然承认一种现象的存在，他称之为"国家消费与生产平衡"。但如果把它摆在明处仔细观察，我们就会发现这不是什么其他东西，其实就是我们所说的贸易平衡。一个国家的进出口贸易如果保持适度平衡,那么,就国内交换而言,可以确信这个国家所消费的价值并不大于所生产的价值。而与此同时,假如一个国家连续数年(像美国最近几年的所作所为那样)进口的外国制成品的价值远远大于其产品出口的价值,那么就国内交换而言,就可以确信,它消费的外国商品的价值要远远大于其国内生产的产品的价值。法国的危机(1786～1789年)、俄罗斯的危机(1820～1821年)和美国自1833年开始的危机,除了能证明这点,还能证明什么呢?

在结束本章之际,请允许我向那些认为贸易平衡理论是不值一驳的人提出几个问题:

为什么国家贸易平衡一旦出现了明显的长期不利的局面,伴随而来的必定是国内商业危机、价格剧烈波动、财政困难以及公共信用机构、商人、制造商和农民的普遍破产,并且总是毫无例外地给这些国家(殖民地除外)造成损失?

为什么在那些贸易平衡明显对其有利的国家,人们看到的情形却恰恰相反?为什么在那些与这类国家有贸易往来的国家发生的商业危机给它们带来的破坏性影响很短暂且转瞬即逝?

自从俄罗斯可以自己生产绝大部分所需的制成品以来,其贸易平衡就明显长期对它有利,自此以后,再也没有听说过其经济形势出现过什么混乱,且国内繁荣逐年得以实现,这是为什么?

为什么类似的原因也给美国造成了同样的影响?

为什么实施了"折中方案"之后,美国的制成品进口激增,导致贸易平衡连续数年出现逆差,随之而来的是这个国家的国内经济大规模混乱?

为什么我们现在看到,即使美国各种原始产品(棉花、烟草、牲畜、谷物等等)异常丰富,在各地的价格也降到了一半,但这些州却无法同时实现进出口的平衡,无法满足它们偿还英国债务的需要,无法使自己的信用建立在稳固的基础之上?

既然不存在什么贸易平衡,既然贸易平衡是否对我们有利意义不大,既然流往国外的贵金属或多或少无足轻重,那么为什么英国在农业歉收(唯一出现贸易逆差的情形)的情况下忧心忡忡和战战兢兢，极力试图实现进出口平衡？为什么要仔细估价每一盎司输入或者输出的黄金或白银？为什么英国国家银行要想方设法急于阻止贵金属的输出而积极鼓励输入？我们还要问，既然贸易平衡是一个"被驳倒了的谬论"，为什么此时此刻我们没有看到一份英国报纸不把这个"被驳倒了的谬论"当成这个国家生死攸关的大事？

为什么在美国，同一批人在"折中方案"实施之前把贸易平衡说成是被驳倒了的谬论，而在该方案实施以后，却在不停地辩解，说什么被驳倒了的谬论是这个国家至关重要的头等大事？

既然自然趋势本身会为每一个国家恰好提供它们所需的足够数量的贵金属，那么为什么英国银行要通过限制信用、提高贴现率而使事情转向对它有利的方向发展呢？在美国的进口减少到与出口适度持平之前，为什么美国银行经常不得不停止用现金支付呢？

第 24 章　制造能力与事业的稳定性和延续性原则

如果我们对各个工业部门的发端和进程进行一番调查研究，那么我们就会发现，这些部门是通过逐渐拥有改进了的操作方法、机械、建筑物、生产优势、经验和技能，以及那些有利于它们的购买原材料和销售产品的知识和商业往来关系而不断发展壮大的。由此我们可以断言，（作为规律）完善和扩大既有事业比开创新事业更加容易。我们到处可以看到，经过几代人经营的老买卖比新开的店赚的钱多。我们还会发现，如果在一个国家类似的工业部门很少，那么要想建立新部门将难上加难，因为在这种情况下，师傅、领班和工人要么必须在国内接受培训，要么从海外招聘，因为这个刚刚创办的事业能否赢利尚未得到验证，因此资本家对能否成功还没有信心。如果我们把任何一个国家的不同时期的各类工业状况进行对比，我们就会发现，如果没有什么特殊原因，它们就会代代相传，不论是产品价格低廉程度，还是在数量和质量方面都会取得显著进步。但是，我们也观察到，如果受外部危害性原因的影响，比如战争、土地荒芜、压迫性和专制性的行政或财政措施或狂热性措施（如《南特敕令》的撤销），那么，整个国家的全部工业或工业的某些部门将后退几个世纪，甚至会被远远地抛在原先落后于它们的国家之后。

人们一看就明白，人类制度和工业发展都有规律可循，这个自然法则在事物的发展进程中发挥着重要作用，如同劳动分工和生产力联合的自然规律那样。这一法则代代相传，人们为了共同的目标而团结起来，并为了实现它而齐心协力、共同奋斗。

正是这个法则使世袭王国在维护和增强国力方面，比选举王国的经常性改朝换代更为有利。

工业、商业和航海业之所以能够在那些宪政国家获得巨大成功，正是因为部分地得到了这个自然法则的保证。

只有运用这个自然法则，我们才能够部分地解释印刷术的发明对人类进步所产生的影响。印刷术使人类长期积累的知识和经验传承给后人成为可能，这种传承法比传统的口头传承法更完善、更彻底。

古代国家把人分为不同等级，应归因于部分地认识到了该自然法则。要求"子承父业"的古埃及法也是基于同样的法则。看来在印刷术发明和普遍推广之前，这些法则与艺术和贸易的延续及发展有着密不可分的关系。

正是部分地基于这一考虑，行会和贸易协会才得以成立。人文科学得以延续和不断完善，并且代代相传，在很大程度上应归功于古代神职阶层，归功于修道院和大学。

神职阶层、骑士阶层以及教皇职位之所以权势显赫影响巨大，是因为这样一个事实，即它们在几个世纪以来为了一个共同目标前仆后继，为前人未完成的事业而奋斗不止。

在取得物质成就过程中，该法则的重要性显得尤为突出。

各个城市、修道院和一些团体都建立了自己的事业，建立这些事业的费用可能超过了它们当时全部财产的价值。因此，它们只有把几代人的全部积蓄都集中起来，才能找到实现共同目标的手段。

让我们看看荷兰的运河和堤坝系统，该系统是荷兰用几代人的劳动和积蓄修建起来的。只有经过几代人的不断努力，才有可能完善国家的运输系统，或建成一套完整的防御工事系统。

国家信用制度是当代政治最为完美的创举之一，也是国家的幸事。因为该制度可以把现代一代人取得的成就和为之奋斗所需的费用分摊给后人，有利于民族精神的代代相传，是国家生生不息、发展壮大、增强国力和提高生产能力的有力保障。但是，如果公债运用不当，成了国家的无效消费，那么不但不会促成未来几代人事业

第 24 章　制造能力与事业的稳定性和延续性原则　219

的发展，反而会早早地剥夺人们建设国家伟大事业的手段；或者如果偿还国债利息的负担没有放在资本方面，而是重重地压在了劳动阶级的消费上，那么这种做法将遭到唾弃。

国债是当代人从后代那里借的钱。举债要么对当代人特别有利，要么对后人特别有利，或者符合二者的共同利益。如果只是为了前一种情况，那么这个做法应该受到反对。但是，在其他情况下，如果举债的目的是为了维持和壮大国家实力，提高国民福祉，而所需的手段又超出了当代人的能力范围，那么只有靠举债才能实现，而这种情况就属于后一类。

在当代人的支出中，用于改善运输条件给后代带来的利益最明显也最为特殊，尤其是因为这项事业通常除了能够增强后人的生产能力外，不仅仅要按持续提高的比率支付利用这些费用的利息，而且还可以获得分红。因此，当代人（只要他们没有获得丰厚收入）不但有资格把建设经费和由此产生的合理利息留给后人支付，而且如果他们自己承担全部的负担或大部分的负担，那么这对当代人自己和国家经济的真正基本原则都有失公允。

我们在讨论国家工业延续性这个话题时，如果我们返回到工业的主要组成部门，那么我们就会发现，延续性对农业影响重大，一旦受到外界的干扰而一度中断，那么同制造业相比，农业受到损害的程度既不非常明显又不太严重，而且还可以轻而易举地对不良后果迅速采取补救措施。

不论农业受到的破坏或干扰程度有多么严重，农民的个人要求和消费，农业所需的技巧和知识的普及，以及农业的操作所需的工具的简单化，都足以防止农业彻底崩溃。

即使农业遭到战争破坏，也能够很快恢复元气。因为不论敌人还是外国竞争者都无法把农业生产手段和土地带走。要想把耕地变成不毛之地，或剥夺一个国家居民从事农业的能力，需要压迫数代人才能如愿以偿。

但是对制造业而言，即使轻微和短暂的停滞，也会造成影响，如长期中断，则会造成致命影响。某个制造业的生产工艺和技能需求越高，维持经营所需的资本越多，投入这个工业特殊部门的资本越多，那么造成的损害程度就越大。因为制造业的停滞，机器设备和生产工具的价值就会下降，就会成为一堆破铁烂木，厂房建筑就会变成一片废墟，工人和技工会被迫移民他处，或者转而从事农业以维持生计。因此，经过几代人辛苦经营和不懈努力而创造的生产能力和财富的联合体在短期内将丧失殆尽。

随着工业的建立和持续发展，相关商业得以产生。工业发展的同时，商业也会反过来支持和影响其他工业和商业部门，因此，一个工业部门的毁灭，预示着其他工业部门的毁灭，最后，整个国家制造能力的根本基础就会遭到毁坏。

人们坚信，工业的稳定持续发展会产生巨大的影响，工业停滞会造成无可挽回的损失，因此，人们产生了为保护本国工业征收关税的想法，而不是由于一些制造商和商人的喋喋不休或对特权的无理要求。

如果保护性关税不起作用，比如制造商因缺少出口贸易而痛苦挣扎，政府无力为工业停滞采取补救措施，那么我们就会看到制造商即使明知亏本也要在坚持生产，这种现象司空见惯。因为他们怀有一线希望，希望有朝一日时光倒转，可以把那些因为停产而造成的损失弥补回来。

在自由竞争中，竞争的双方总是希望同自己竞争的制造商或商人低价出售产品从而造成亏损，迫使竞争者中断事业。目的不仅仅是使我们自己经营的企业免遭停滞，而且还要迫使对方中断事业，希望将来有可能以较好的价格出售产品，补偿业已造成的损失。

在任何情况下，追求垄断是制造工业的本质特征之一。这一现象往往证明了保护性政策的合理性，而不是令人生疑。如果追求垄断的过程仅仅发生在国内市场，那么势必会降低产品的价格，提高生产工艺，从而促进国家的繁荣。但在同样条件下，如果国内工业受到了来自国外的强大压力，那么工业停滞和国内工业水平的下降必将时常发生。

例如，某个国家的制造工业已经持续了一个世纪，并积累了大量的资本，且商业活动遍及全世界，还通过大型信用机构（通过它的运作能够压低商品价格、诱使商人出口）主宰着整个金融市场，那么其制造生产能力（尤其是受到机械化的大力帮助和促进后）除了在拥有资本和影响销售的手段方面受到限制外没有任何其他限制，这一有利条件会促使这个国家向所有其他国家宣战，发动一场毁灭性的战争。在这种情况下，其他国家想要"在事物自然的进程中"（如亚当·斯密所言）仅仅凭借农业取得的一些进步进而建立大规模的制造业和成就一番事业，或者使那些在战争导致的商业停滞期间发展起来的制造业能够"在事物自然的进程中"继续得以维持，简直毫无可能。道理就如同为什么一个儿童或男孩同一个男人摔跤时很难取胜甚至无法抵挡一样。拥有商业和工业优势地位的（英国）制造业有着得天独厚的条件，与其他国家新兴的或未成熟的制造业相比强过千百倍。例如，前者可以用最低的工资雇到大量经验丰富的技工，得到最好的技术人员和监工，拥有工艺最完美而价格最便宜的机械设备，不论买入还是卖出产品都对它极为有利。甚至购买原材料和出售商品时使用的运输工具也最便宜。制造商从银行和信用机构那里获得的延期偿付的利率也最低。英国商业经验丰富、工具先进、建筑优美、安排周到、衔接顺畅，这一切只有经过几代人的积累才能建立起来。它国内市场庞大，同样不错的是，还有众多的殖民地市场。因此，在这种情况下，如果英国要控制国外市场，那么英国制造商就会感到胸有成竹，并且可以大量抛售制成品，为自己的业务持续发展和在以后数年内拥有多种信用销售手段提供有力的保障。如果一一列举并认真考虑这些优势，那么我们就很容易相信，在自由竞争条件下，我们仅仅指望什么"事物的自然进程"的作用就可以同如此强大的国家进行竞争，简直愚蠢可笑。而我们的情形则是，首先工人和技术人员有待于培训，机械制造业和合适的运输工具仅仅处在建设阶段，制造商即使在国内市场都没有得到保护，更不用说什么重要的出口市场了。即使在最为幸运的条件下，制造商能够得到的信用也少得可怜。如果英国爆发了商业危机，而英国银行又操纵了市场，那么人们连一天都不能确定大批外国的商品会不会涌入国内市场，使国内商品价格下降，使出售产品的价值难以补偿他们用于生产的原材料的价值，因而导致自己的国内制造工业连续数年停滞不前。

如果这样的国家永久屈尊于英国制造业的霸主地位，只要能为英国供应它自己不能生产的或者不从其他地区购买的东西就心满意足，那也无济于事。它们会发现，即使这种依附地位也不能给它们带来永久的利益。例如，美国为了争取为英国供应粗棉的优势而牺牲了它们最富有、最开化的自由劳动之州的幸福，甚至可能牺牲了它们整个国家伟大的未来，而这一切又给美国人民带来了多大的实惠呢？是不是它们就能因此限制英国不从其他地区购买这种原材料呢？如果德国满足于用自己的上等羊毛从英国换取制成品来满足自己的需要，同样无济于事。这样的政策难以避免澳大利亚高级羊毛在以后的二十年时间内会充斥整个欧洲市场。

如果我们考虑到这些国家在战争期间会失去出售农产品的手段，因而丧失购买外国制成品的手段，那么这种依赖状况就显得更加可悲。在此期间，一切经济考虑和经济制度都被抛在了脑后。正是自给自足、自我保护的原则，劝告这些国家自己加工农产品，抛弃敌国制成品。在这种形势下，采取战争禁止制度无论带来多大的损失，都应忽略不计。无论在战争期间农业国付出了多大的努力和牺牲建立起了自己的制造业和事业，一旦战争结束恢复了和平，来自制造力强国的竞争很快就会卷土重来，将战争期间建立起来的一切破坏殆尽。总之，这是建设与破坏、繁荣与灾难的永恒交替。如果这些国家不努力奋斗，通过实现国家劳动分工，把它们自己的生产力量联合起来，以保证它们自己的工业利益生生不息代代相传，那么它们必然要经历这一交替过程。

第 25 章 制造能力与生产和消费的激励

人在社会中具有生产力,不仅仅是由于他能直接生产产品或创造生产能力,而且还因为他能够创造生产和消费的诱因,以及生产形成的诱因。

艺术家通过自己的作品发挥作用使人类情操高尚纯洁,影响社会生产能力。但是,享受这些作品的先决条件是拥有这些物质形式,而拥有的途径必须靠购买。因此,艺术家同样起到了诱导物质生产和勤俭节约的作用。

书籍和报纸通过提供信息影响精神和物质生产,但想要获得必须花钱,因此,这些书籍和报纸提供的享受乐趣,也是物质生产的诱因。

对年轻人的教育使社会高尚,但是父母为使子女受到良好教育,要付出多大的心血啊!

为不断进化,使社会更加美好,人们在精神和物质生产方面要付出多少艰苦卓绝的努力啊!

我们可以居住在用木板搭建的木屋中,也可以居住在宽敞的别墅里,我们可以穿用几弗罗林(英国银币,1 弗罗林相当于 2 先令。——中译者)购买的廉价衣服,也可以穿精美高档的服装来遮雨避寒。金银装饰品和器皿用起来不会比铁锌制品更加舒服,但拥有前者的优越感是激发人们身心不断努力、崇尚秩序的诱因。由于这种诱因,社会拥有了绝大部分的生产力。即使一个人靠私有财产生存,仅仅忙于保护、增加和消费自己的收入,但他也同样以各种方式影响着精神和物质生产。首先,他通过消费支持了艺术和科学,支持了艺术各行各业的发展。其次,他发挥了社会物质资本的保护者和增加者的职能。最后,他的表现激起了社会其他阶级的竞相努力。如同一个学校通过提供奖学金鼓励学生努力学习那样,虽然最后只有少数几个学生获奖,但仍然发挥了鼓励全校学生努力学习的作用。同样的道理,拥有大量的财产和由此表现出来的各种现象,影响着整个文明社会。但是,如果巨额财产是靠侵占、靠巧取豪夺或靠欺骗获取的,或者对财产的拥有和对成果的享用有不可告人秘密,那么这种鼓励作用就无从谈起。

制造性生产要么制造生产工具,要么提供满足人们生活需求的手段。最后两种有利手段经常紧密结合。无论何地,区分社会阶层的标准是各阶层的人们的居住环境、生活水准、家居水平、衣着档次、车马奢华程度、仆人的质量和数量以及外貌等。而对于商业化水平较低的地方,这种区分产生的优越感虽有但很轻微,几乎所有的人都生活拮据,衣着简陋,出人头地的愿望也不明显。但好胜心理会随着工业的不断繁荣而产生并与日俱增。在制造业发达的国家,虽然每个人消费的制成品的质量参差不齐,各有高低,但几乎所有人都生活舒适并穿着体面。凡是认为自己有工作能力的人,没有一个人愿意看上去寒酸邋遢。因此,制造工业通过诱导社会促进生产,而农业、简陋的家庭作坊式的制造业、原材料和粮食生产却无法提供这种诱因。

当然,各种生活方式之间存在着巨大的差异,人人都感到了吃好喝好的诱因,但却不能让我们把它当中吃饭。一句德国谚语说得好,"人们看我的衣领,而不看我的肚子"。如果我们从小就习惯于粗茶淡饭,那我们可能就不会想着去改善,我们消费的食物也可能仅仅局限于周边地区能够生产加工的食品范围之内。温带国家的消费范围得以扩大,是因为首先购买了热带产品。但是,要想增加产品数量,提高产品质量,改善全国人民享用产品的程度(就像我们在上一章里叙述的那样),那么只有依靠发展制成品贸易才能得以实现。

殖民地产品,除用于制造业的原材料以外,其他的显然是刺激产品,而不是生活必需品。无人否认,无糖大麦浓咖啡和无糖摩卡咖啡同样有营养,这些产品中都有一定的营养成分。然而,考虑到它们几乎没有可能被当做国内粮食的替代品,因而它们在这方面的价值就显得无关紧要了。至于香料和烟草,它们当然是纯粹刺激品,它们只通过提高大众的享受程度,从而对社会产生积极效果,刺激人们更多地从事脑力和体力劳动。

在许多国家,一些靠工资或租金生存的人习惯于把下层阶级的生活习惯称为奢侈,这种错误观念盛行一时。这些人看到劳动者津津有味地品尝起加糖咖啡就感到吃惊,他们对这些人以前以粥果腹就心满意足而表示遗憾。他们叹息农民已经换掉了破旧不堪的家纺粗布旧衣,换上了羊毛制服。他们担心有朝一日难以把女仆同女主人区分开来。他们赞许以往几个世纪在法律上限制着装的规定。劳动产生了两种截然相反的结果:一种是在一些国家劳动者丰衣足食,过上了体面人的生活;而另一种结果却是劳动者满足于粗茶淡饭和粗布陋衣。如果我们把这两种结果进行对比,就会发现,前者舒适度的获得,不但没有以社会整体福祉为代价,反而有利于社会生产能力的增强。在前一种情况下,劳动者的日常劳动量是后者的三到四倍。试图规范着装,限制奢华,会毁掉广大人民群众的进取心,助长身心懈怠和滋生懒惰情绪。

在任何情况下必须先有产品然后才能有消费,因此,通常生产必然先于消费。然而,实际上在有些国家,通常是消费先于生产。同单一的农业国相比,制造业发达的国家因为有大量资本的支持生产受限不大,所以它们通常用农业国将来获得的收成作抵押,让后者提前消费它们的产品。单一的农业国在前者未生产前就消费了,前者以后再生产,因为后者已经提前消费了。同样的情形在城镇和乡村之间的关系中也可以看到,并且更加明显:制造商同农业生产者的关系越密切,前者提供给后者的消费诱因和消费手段就越多;后者越感到受到激励,就会生产越来越多的产品。

最有影响的刺激因素是国家的公民与政治制度。一个人不可能通过诚实努力和拥有财富就能从社会的一个阶层上升到另一个阶层,也不可能从社会最底层上升到最高层。财富的拥有者必然不愿公开露富,不愿公开享受财富成果,唯恐他人指责他骄傲自大、行为不端。从事贸易的人得不到公众的荣誉，没有资格参与行政管理、立法和陪审团。农业、工业和商业取得的卓越成就也得不到社会的尊重和社会及公民的认同。这些地方缺乏至关重要的消费动机和生产动机。

每一部法律和每一项规章，都对生产或消费产生力量，要么加强要么削弱。

授予专利权是对创造性思维的一种奖励。对这种奖励的期望激发了思维力量，并引导这种力量朝着改善工业的方向发展。这种奖励制度给社会创造性思维带来了荣誉，并根除了缺乏教育国家中的那些有害的、源于旧习惯的、旧行为模式的偏见。这种制度为仅仅具备思维才能的人的发明创造提供了必要的物质手段，因为通过向资本家保证他们可以分享预期利益，就可以鼓励资本家支持发明者。

有些产品本国有能力生产，而外国提供的同类产品比国内的好，于是，保护性关税对生产这类产品的国内工业就会起到激励作用。它为企业家和追求新知识、新技能的工人获得了回报并提供了保障，为国内外资本家提供了有利于他们的投资，并保证为他们在某一特定的时期内获得丰厚的收益提供手段。

第 26 章　作为建立与保护国内制造能力主要手段的关税制度

我们不准备叙述那些在效率和可应用性上不存在任何问题的促进国内工业发展的手段，这些手段主要包括教育设施（尤其是技工学校）、工业展览会、提供奖励、改进交通运输、专利法等。总之，那些旨在促进工业发展、促进与规范国内外贸易的法律与制度，都不在我们的讨论范围之内。在这里，我们仅仅讨论促进工业发展手段的关税制度。

根据我们的理论体系，我们认为，只能把禁止进口或征收进口关税当做例外。对于自然产物的进口只应当征收关税，而绝不应当征收旨在保护本国农业生产的关税。在制造业发达的国家，主要对热带进口的奢侈品而不是对谷物、牛等普通生活必需品征收关税。但是，热带地区国家，或者是人口稀少、疆域有限的国家，或者是人口严重不足的国家，或者是文明程度十分落后及社会与政治制度非常不健全的国家，只能对制成品进口征收关税。

但是，无论征收何种关税，都应当适度，不要使进口和消费因此而受到限制，否则，不但国内的生产能力将受到削弱，而且增加税收的目的也将受挫。

只有在以进一步促进和保护国内制造能力为目的时，并且只有在幅员辽阔、人口众多、资源丰富、农业先进、高度文明和政治健全的国家，当有资格与农业、制造业和商业都很发达并拥有最强大的海军力量和军事力量的强国保持平等地位并与之抗衡时，采取保护措施才顺理成章。

要想达到保护的目的，既可以通过禁止某些制成品的进口，也可以通过对这些商品征收足以完全禁止或部分禁止进口的高额关税，还可以通过征收适中的进口税。所有这些保护措施当中，没有一个是一律有利或一律有害的。究竟哪一种比较合适、比较实用，取决于该国的特定环境及其工业状况。

战争对一国保护制度的选择会产生巨大影响，因为战争往往迫使该国采取战时禁运制度。在战争期间，交战各方之间的交换中断，各国不论其经济状况怎样，都必须努力，想方设法实现自给自足。因此，一方面制造业欠发达国家的商业，另一方面制造业最先进的国家的农业生产，在战争期间都会受到巨大鼓励。在制造业欠发达的国家（尤其是战争已经持续数年之久时），商业发展到了一定的程度，因此即使战争结束，到了和平年代，它们也会连续数年禁止进口那些由于战争而禁止进口的制成品，因为它们还无法在这些产品上同制造业最发达的国家进行自由竞争。

大和平实现以后，德国和法国都面临着同样的局面。假如在1815年，法国像德国、俄国和美国那样，任凭英国竞争畅通无阻，它也将难逃同样的厄运。绝大部分在战争时期发展起来的制造业将惨遭不幸，也就不要指望在以下这些方面取得进步了：制造业部门、国内交通、外贸、内河航运和海运、土地（顺便一提，在此期间，法国土地价值增长了一倍）、人口与国家收入。这个时候，法国的制造业仍处在婴儿期，国内运河数量很少，矿山还没有充分开发，由于政治动荡与战乱频频，资本积累少得可怜，技术人员匮乏，培训不到位，缺乏真正合格的工人，勤奋与企业精神还没有产生。国家关注的更多的是战争，而不是和平事业。战争期间勉强积累起来的部分资本，主要还用于农业方面，而此时的农业也已千疮百孔，极度衰落。这样，法国首次意识到了英国在战时取得的巨大进步，也首次有可能从英国引进机械、技术、工人、资本和企业精神。同时，它也意识到了要想维护本国的工业利益，保护国内市场，必须动用各种力量，充分利用全部自然资源。这种保护政策效果非常显著。没有别人，只有盲目的世界主义者才会忽视这些效果，或坚持说什么如果法国采取同别国自由竞争的政策，那它就会取得更大的进步。

难道德国、美国与俄国的经验还没有证明其结果会适得其反吗？

如果我们认为从1815年以来采取的禁止制度有益于法国，那么从这一点上讲，我们就不愿为法国执行该政策过程中所犯的错误或保护过度进行辩护，也不愿为法国继续坚持这个过度保护政策的实用性和必要性进行辩护。法国用进口税限制原材料与农产品（如生铁、煤、羊毛、谷物、牲畜）的进口，这是一个错误。如果它的制造业有了长足的发展并站稳了脚跟，但还仍然不愿转而采取适度的保护制度，并通过允许有限竞争，激发本国制造商的进取心，那么它就会犯更大的错误。

关于保护性关税，我们有必要区分两种情况：一种情况是，有的国家打算从自由竞争政策转向保护政策；另一种情况是，有的国家准备用适度保护性政策取代禁止性政策。在前一种情况下，刚开始时的税率必须低，然后逐渐提高；而在后一种情况下，刚开始时的税率要定得较高，然后逐渐降低。

如果一个国家的制造业以前没有通过关税得到充分保护，当它感到有必要进一步发展制造业时，那它必须首先致力于发展生产一般消费品的制造业。首先是这类工业品的总值大大高于昂贵的奢侈品总值。因此，前一类制造业能够充分调动大量的自然的、精神的和个人的生产力。由于事实上发展制造业需要大量的资本，因而这就诱导人们大量储蓄资金，诱使国外资本和各种力量纷纷涌进国内，帮助自己发展事业。由于欠发达国家需要的主要是日常用品，温带地区的国家所以能与热带地区的国家进行直接贸易，主要是因为它们能够生产这类产品，所以这类制造业的发展，必然有力地促进人口的增长、国内农业的繁荣，尤其是促进对外贸易的扩大。假如一个国家自己用的棉纱和棉织品都靠进口，那它就无法同埃及、路易斯安那或巴西进行直接贸易，因为它无法供应这些国家所需的棉制品，也无法把原棉从它们那里带走。进一步地讲，因为总价值巨大，因此这类商品总是发挥着特殊的作用，保持着进出口的基本平衡，使国家总能保持国内流通所需的货币量，或者提供给国家同等的货币量。因此，只有实现这些重要工业部门的繁荣并保持不衰，才能获得并维持国家工业的独立。因为一旦发生战争，会给贸易带来混乱，如果影响的仅仅是昂贵奢侈品的购买，那么后果无足轻重，但如果出现一般商品的紧缺并引起价格上涨，而农产品的大量销售突然发生中断，那么将带来严重的灾难。最后，就此类商品而言，不必过于担心因走私或虚报物价造成关税的流失，普通商品较之昂贵的奢侈品，其走私或虚报行为更易于防范。

制造业和制造厂如同缓慢成长的植物，任何保护性关税如果突然割断了它们业已存在的商业关系，影响了这种关系给国家创造的利益，那么这样的保护性关税一定对国家不利。这类关税只应随着国内或从国外吸引来的资本、技术才能和企业精神的增长比例而提高，只有当一个国家具备了条件可以自己利用先前用于出口的剩余原材料和天然产品时，关税才能按比例提高。但是，关税提高的比例应该事先确定，这一点尤为重要。只有这样，才能保障国内的或从国外吸引过来的资本家、技工获得报酬。必须信守诺言，在规定的时间之内维持既定的税率不变，不要任意降低，因为对任何悔约行为的担心，都必将大大破坏保障报酬的效果。

从自由竞争转向保护制度时，进口税应当提高到什么程度，以及从禁止制度转变为适度的保护性制度时又应当降低多少关税，这些不能由理论来决定，而是取决于落后国家与先进国家之间的特有状况和相对状况。比如美国，它必须考虑三个特殊因素：原棉出口到英国的情况、农产品与海产品出口到英属殖民地的情况以及国内高工资的情况。这样，同任何其他国家相比，它就可以从英国把更多的资本、技工、企业家吸引过来并从中受益。

一般可以这样假定，假如任何技术型的工业不能通过最初的40%～60%的保护税率得以建立，不能在20%～30%之间的税率不断保护下持久存在，那就说明该工业制造能力相当弱。

造成这种能力弱的原因很难轻易克服。比较容易克服的一类是，国内交通运输工具的缺乏，以及技术知识、有经验的工人与工业企业精神的缺乏。比较难解决的一类是，人们缺乏吃苦耐劳的精神，文明、教育与道德水准不高，不热爱正义，社会缺乏健全有力的农业系统，以及由此导致的物质资本的匮乏，尤其是政治制度不完善，公民自由与公正无保障，领土不完整。在这种情况下，根本无法阻

第 26 章 作为建立与保护国内制造能力主要手段的关税制度

止走私贸易的猖獗。

对那些仅仅生产高档奢侈品的工业,无需作过多的考虑和过度保护。这是因为:首先,此类生产需要的技术和技能水平很高;其次,此类生产的总值与全国总产值相比无足轻重,很容易用农产品和原材料或者用普通用途的制成品交换高档奢侈品的进口;再次,即使战争期间进口中断,也不会因此造成太大的不便;最后,走私行为很容易漏逃对这类产品征收的高额保护税。

技术水平和机械制造工艺尚未取得长足进展的国家,应该允许免税进口精密机械,或者适度征税,直到它们有能力像先进国家那样自己生产这些机械。从某种意义上讲,机械制造业是制造业的制造者,因此,对进口外国机械征收的任何关税都是对国内制造业能力的限制。因为机械能够对整个国家的制造业能力产生巨大的影响,具有重大意义。所以,国家在对待机械制造业方面,不应该依赖于战争带来的机遇和变化,如果这个特殊制造业在适度进口的关税制度下无法进行竞争,就应该要求国家给予直接扶持。在战争爆发初期,机械制造业的维持与发展可能会为国家提供急需品;如果因战争而长期中断,那么可以为战后建立新的工厂提供参照模式。就此而言,国家至少应该鼓励和直接扶持国内机械制造业的发展。

根据我们的制度,只有在这种情况下才可以考虑运用退税的办法:如果一些半成品仍然依靠从国外进口,例如棉纱;必须依靠相当程度的关税保护才能使某个国家逐渐具备自己生产这种产品的能力,那么这种情况就应该考虑退税。

把奖励作为鼓励出口和支持本国制造业在中立市场同先进国家进行竞争的永久措施,这种做法也不可取。如果用奖励的办法鼓励已经取得进步的制造业的产品占有国内市场,那就更不可取了。但在有些情况下,可适当作些调整,把奖励当做临时性的鼓励手段。例如,在战后恢复初期,一个国家消沉的企业精神很需要外部的刺激与帮助才能促使生产得到有力和持续的发展,才能发展同制造业不发达国家的出口贸易。但即使在这类情况下,也应该认真考虑到,国家给企业家个人提供的无息贷款以及其他优惠条件会不会发挥积极作用?或者为使初期的试验性冒险产生效果,那么国家应该从国库中拨出一部分资金注入新成立的公司,并允许私人以优惠利息投资、占有公司股份等。不过这样做会不会达到鼓励公司成立的预期目的呢?类似上述提到的例子,我们可以谈谈一些试验性的事业的发展,比如向那些私人商业活动还没有得到发展的远方国家发展贸易和航运,建立通往这些遥远国度的航线、开发新殖民地等。

第 27 章 关税制度与流行经济学派

流行学派（在关于保护性关税发挥作用这一问题上）没有区分天然或原始产品与制成品。基于这类关税总会对原始或天然产品造成危害这一客观事实，流行学派得出了错误的结论，认为实施这类关税同样会对制成品的生产产生不利影响。

在建立制造工业方面，流行学派没有对两类国家进行区分：一些国家不适宜发展制造工业；而另一些国家则由于其领土的性质、全面发展的农业、文明，由于它们今后的繁荣、持久与强大有充分的保障，显然有资格建立自己的制造工业。

该学派没有认识到，一个相对落后的国家如果在完全自由竞争的制度下同先进的制造业发达国家进行竞争，即便它非常适宜发展制造业，但如果得不到保护性关税的保护，也绝不可能使自己的制造业能力获得全面发展，国家永远不可能获得完全独立。

该学派没有考虑到战争对保护制度的必要性产生的影响，它尤其没有意识到，是战争促成了强制性禁止制度的产生，而海关实行的禁止制度不过是战时实施的禁止制度的必然延续。

它试图引用国内自由贸易产生的利益作为证据，证明只有在国际贸易绝对自由的前提下，国家才能实现高度的繁荣和昌盛。但各国历史证明，其结果恰恰与此相反。

该学派坚持认为保护制度必将使国内制造商处于垄断地位，从而使他们产生松散怠惰的情绪，而实际上，国内竞争一直在充分地发挥着作用，激励着制造商和商人们不断进取。

它或许要我们相信，对制成品征收保护性关税对制造商有利，但却牺牲了农民的利益。但事实证明，国内制造业能力的存在给国内农业带来了巨大利益，相形之下，农民因保护制度而作出的牺牲几乎可以忽略不计。

作为反对保护性关税的主要观点，流行学派提出了海关费用和走私带来的弊端等问题。当然，我们不能否认存在弊端，但是，同为国家的存在、国力的繁荣采取的一些措施相比，是不是有必要兴师动众太把弊端当回事过于认真考虑呢？难道常备军和战争的弊端可以成为一个国家忽视国防的理由吗？如果坚持认为保护性关税一旦远远超出界限，使走私活动有利可图，那么这样的关税也仅仅有利于走私贸易而对国内制造业没有好处呢？这种说法只适用于海关制度不健全、疆域狭小和边界不规则的国家，只适用于边境地区发生的消费，或适用于被征收高额关税的总量不大的奢侈品。

经验处处告诉我们，如果海关管理井然有序，关税设计合理，那么在疆域广阔和领土完整的国家，走私贸易根本无法阻碍保护性关税目标的实现。

关于海关专项费用，即使取消保护性关税改为征收收入关税，那么大部分费用也必将发生。即使是该学派也不认为大国可以放弃收入关税。

而且，该学派并不对所有保护性关税都予以谴责。

亚当·斯密承认在下述三种情况下应对国内工业予以特别保护：第一，当做*报复*措施。如果外国对我们向该国的进口进行限制，这时候我们采取报复性措施有望迫使它取消限制。第二，为了*国防*。如果在公开竞争的条件下国内无法生产满足国防需求的产品。第三，用作*平衡手段*。如果对国外产品征收的税低于国内同类产品。萨伊一概反对以上各种情况下采取的保护性措施，但认可在第四种情况下可以采取保护性关税，即对那些事隔数年之后有望赢利、不再需要加以保护的工业部门，在其发展初期可以采取保护措施。

因此，正是亚当·斯密把报复性原则引入了贸易政策之中，这一原则将导致采取最荒唐最具破坏性的措施，尤其是如亚当·斯密所主张的那样，如果外国同意取消限制，那么就立刻废止报复性关税。假设由于英国对德国的谷物和木材征了税，后者就采取报复性措施，通过排外法，人为地建立自己的制造业能力。如果英国被迫重新向德国的谷物和木材开放口岸，那么德国会愿意眼睁睁地看着自己付出了巨大牺牲而建立起来的制造工业毁于一旦吗？这真是愚蠢之极。尽管英国限制进口，但德国自己的一些制造业能力仍有可能发展，在这种情况下，假如德国默默地服从于英国采取的所有限制措施，不去鼓励这些制造业能力的增长，而是采取刺激措施，那结果不知要强多少倍。

报复性原则只有同*国家工业发展*原则相一致并能够起到协助目标实现的作用时，才合理实用。

是的，其他国家应该通过限制英国制成品的进口，对英国限制它们农产品进口的做法进行报复，这样做既合理又有利，但只有*当那些国家有条件建立并永远维护自己的制造业能力*时，才能如愿以偿。

关于第二个例外情况，亚当·斯密不仅证明了保护供应战争需要的制造业的必要性，例如军火和弹药的生产，而且还证明了实行我们所理解的意义上的全部保护制度。因为通过建立自己本国的制造业能力，对本国工业的保护就能够促进国家人口的增长，增加物质财富，提高机械能力和增强国家独立，因而增强国防手段，其提高程度与仅仅依靠发展军火和弹药制造业要强过无数倍。

也可以对亚当·斯密的第三种情况这样形容：既然我们自己的产品的税收负担要大于外国同类产品，那么我们就有充分理由对外国产品征收保护性关税。与外国制造工业相比，我们制造工业中的那些薄弱环节为什么就不能作为我们保护本国工业、抗衡外国工业具有压倒性竞争优势的正当理由呢？

显然，萨伊认识到了亚当·斯密这种例外情况中的自相矛盾的一面，但他提出的那种替代方案也好不到哪里去。因为在一个有资格凭借自身自然条件和文明程度建立起自己制造业能力的国家中，通过实行持续和强有力的保护措施，几乎每个工业都必然要实现赢利。要求国家工业的重大部门或整个国家工业在*区区几年之内*达到完善实在是荒唐之举，如同要求制鞋匠的徒弟必须在短短几年之内学会制鞋一样。

为坚持自己的观点,证明绝对自由贸易的优点和保护制度的缺点,流行学派习惯于仅仅引用几个国家作为例子。以*瑞士*为例,它们证明即使没有保护制度,工业也可照样获得发展,国际贸易的绝对自由构成了国家繁荣最为安全的基础。*西班牙*的命运被用来向寻求保护性制度援助和保护的各国证明,这样做的后果是令人恐怖的和具有毁灭性的。就像我们在前面一章里所提及的那样,英国的情形为一切有能力发展制造业能力的国家提供了一个可以效仿的绝好例子,现在却被这些理论家用于支持他们的论断,认为工业制造能力是自然赋予某些国家的特有的禀赋,像酿造勃兰登葡萄酒的能力。在地球的所有国家中,英国首先得到青睐,大自然赋予了它全力发展制造工业和大规模商业的命运和能力。

现在让我们细细考虑这些例子。

瑞士,首先必须说明,它并不能算是一个国家,至少从其国土面积讲不算一个大国,它充其量只能算是一个由几个自治区组成的集合体。它没有海岸线,夹在三个大国之间,缺少建立本国贸易所需的海运业或与热带国家直接通商的一切诱因。它无须考虑建立海军力量和组建或获得殖民地。瑞士现在中等偏下水平的繁荣的基础,是在其归属德意志帝国那个时期打下的。从那时起,瑞士几乎一直未受内乱纷扰,通过一代又一代人的不断积累,各届政府对资本又几乎没有什么支出需求,所以资本得到了持续增长。在过去的几个世纪中,欧洲遭受专制狂妄统治、战争与革命的轮番蹂躏,许多人为了逃避祸乱,希望把他们的资本和才能转移到别国,这时,瑞士给这些人提供了避难场所,瑞士因此从海外获得了大量财富。德国从来未对瑞士采取过严格的商业限制政策,这就使后者的大部分制成品拥有了德国市场。再者,瑞士工业向来不是全国性的,不生产大众用品,而主要生产奢侈品,因此瑞士产品极易被走私到邻国或被输送到世界上其他遥远的国度。此外,其地理位置最适宜于开展中间贸易,这在一定程度上对它特别有利。瑞士对三个邻国的语言、法律、制度和基本情况了如指掌,这个千载难逢的机遇为它发展中间贸易和其他方面的发展提供了便利条件。公民自由、宗教自由与教育的普及,唤起了瑞士人的活力与开拓精神,促使瑞士人认识到

国内农业发展的空间有限、本土资源短缺,从而必须转向国外寻找发展机会。瑞士人通过在国外服役、从事商业和各种工业活动,积累了大量的财富,并带回国内。在这些特殊的条件下,瑞士生产奢侈品的工业获得了精神资源和物质财富。如果这些工业能够在没有保护性关税的条件下向国外销售产品并得以维持,那么我们并不能因此就得出结论,认为大国这样的特殊情况是不足以引为例证的;因为大国所处的环境完全不同,所以也决不能就因此得出结论,认为情况完全不同的大国可以效仿类似的政策。瑞士国家支出不大,拥有独特的优势。大国只有像瑞士一样,把自己分解成为几个自治区,才能获得这种优势,但这样却要使自己受外敌的侵扰。

任何明智之人都必须承认,*西班牙*防止贵金属输出,尤其在它自己生产的这类商品出现大量过剩的情况下仍然执迷不悟,这是愚蠢的行为。然而,把西班牙工业和国民福祉的下降归咎为对制成品进口的限制,这是个错误。假如西班牙没有把摩尔人和犹太人驱逐出境,假如从来没有发生过宗教法庭对异端的审判,假如查理五世在西班牙允许宗教自由,假如西班牙把教士和僧侣都变成了人民的教师,并把他们的巨额资产改作俗用,或者至少减少到维持他们实际需要的水平,假如这些措施能使公民自由取得稳固地位、封建贵族得到改造、君权受到限制,总之,假如宗教改革能够促进西班牙的政治发展,就像英国的发展情况那样,假如同样的精神能够传播到殖民地,那么西班牙禁止与保护政策的实施极有可能产生与英国同样的效果,或许还不止如此效果还会更好。因为在查理五世时代,西班牙在各个方面都比英国和法国先进。在所有国家中只有荷兰领先于西班牙,假如西班牙具备把国外人才和资本吸引到国内的条件,那么它完全可以通过保护政策将荷兰的工商业精神转移到国内,而不是把本国的人才和资本排挤到国外。

至于英国获得制造业和商业优势的缘由,我们已经在第 5 章进行了阐述。

英国的商业政策之所以能够最大限度地利用国家天然资源,充分发展国家生产能力,是因为它特有的公民、精神和宗教自由及其完善的政治制度。但是谁又能否认别的国家同样有能力达到这样的自由程度呢？谁又敢斗胆断言大自然拒绝给予别的国家发展制造工业的必要手段呢？

就自然资源而言，英国拥有丰富的煤铁资源，这一事实常常被援引，作为英国注定要成为制造业国家的原因之一。确实，在这方面大自然非常偏爱英国，但是也还可以提出异议，即使在那些天然产品（煤、铁）方面，大自然也没有像继母那样亏待其他国家，良好运输设施的匮乏，是其他国家没有充分利用这些自然资源的主要障碍，这些国家大量水利能源尚未得到利用，其成本低于蒸汽动力，必要时这些国家能够利用其他燃料解决缺煤问题，许多别的国家的铁制品的生产能力无穷无尽，它们甚至还可以通过贸易交换从海外购买的原材料。

最后，我们不得不提一下基于关税互惠基础之上的*贸易条约*。流行学派不赞成这些条约，认为没有必要而且有害，但据我们看来，贸易条约却似乎是逐渐消除各种贸易限制的、引导世界各国逐渐走向国际交往自由之路的最有效的手段。当然，当今世界上一些此类贸易条约的样本并不令人满意，也并不值得效仿。我们在前几章中已经展示了《麦修恩条约》给葡萄牙以及《伊甸条约》给法国造成了怎样的严重后果。看来正是基于互惠关税产生的这些危害性影响，该学派才对贸易条约表示反对。因为按照该学派绝对商业贸易自由的原则，执行那些条约应使缔约双方同样受益，而非使一方严重受损而另一方却获益匪浅，而实际情况却是，以上两个条约的经历与该原则期望的结果恰恰相反并相互矛盾。然而，如果我们对造成不成比例后果的原因加以分析和研究的话就会发现，为了借助条约扩大原材料的对英出口，葡萄牙和法国在缔约之后就放弃了它们在制造业方面早已取得的成就，并放弃了将来有望取得的新成就，这对英国极为有利。结果我们还发现，订立条约以后，它们的工业发展状况每况愈下，从高水平下降到了低水平。因此，从这一点上看只能这样说：一个国家，如果为了通过条约同外国进行竞争而牺牲了自己的制造业能力，从而在今后把自己永久地束缚在低水平的单一农业上，那么这实在是愚蠢之举。但是，如果通过订立条约，农产品和原材料与制产品之间的相互交换得到了促进，那么我们就丝毫不能说这些条约是有害的并予以反对。

我们前面阐述过的农产品与原料的自由贸易，对所有国家工业的各个发展阶段都有益。由此可以这样说：任何能够减轻或消除禁止或限制这类商品自由贸易的条约，都必将对缔约双方产生有利影响，譬如，法国与英国订立的条约促进了两国葡萄酒和白兰地与生铁和煤之间的交易，法国与德国订立的条约促进了两国之间的酒类、油类和干果与玉米、羊毛和牲畜之间的交易。

根据前面的推论，保护制度只有与国家的工业发展水平相适应才有利于国家的繁荣。任何过度保护都无济于事，完善的国家制造业能力只能逐步实现。由于同样的原因，处于不同工业发展阶段的两个国家，为了交换各自的制成品，可以通过订立互利条约而实现互惠。相对落后的国家，在自己还不能通过生产精致的制成品（比如精纺棉织品和丝织品）获利的时候，仍然可以为先进的国家部分地提供它们需要的粗级制成品。

如果各缔约国的工业发展水平大体相当，它们之间的竞争既处于均势、没有破坏性或抑制性，又不至于出现一方垄断一切的局面，而只是像国内竞争那样，起到促进共同进取、完善和降低生产成本的激励作用，那么它们订立这类条约也许更加合理、更加有利。大多数大陆国家的情况就是如此。比如，法国、奥地利和德国关税同盟可能仅仅期望通过相互之间实行低保护性关税，取得非常繁荣的效果。这些国家也可以与俄国订立互惠条约以实现各方互利。这样，所有大陆国家一致担心的就只有占优势的英国的竞争了。

因此，从这个观点可以看出，英国在制造业、商业、航运业以及殖民地等方面所占的优势，对相互关系日益密切的各个国家构成了现在的最大的障碍。尽管人们也必须同时承认，英国在努力争取这种优势地位的同时，曾经大大提高了而且依然在日日提高着全人类的生产能力。

第三部分

学　　派

第28章　意大利的国民经济学家

意大利在政治经济学的理论与实践方面，一直是所有现代国家的先驱。贝奇奥伯爵不辞辛劳，为我们扼要介绍了意大利这方面的情况。只不过人们对他的著作有不同看法，认为他墨守成规，对流行理论过于盲从，缺乏独创性，所以没能准确地指出意大利国家工业衰落的根本原因——国家缺乏统一，这是因为意大利被世袭君主制统治的联合大国所包围，处于教会统治之下，各共和邦和城市丧失了自治自由。假如他对这些原因进行深入研究，那么他就不会不理解马基雅维利的《君主论》的特殊用意了，就不会把这位作者一笔带过，只是偶尔作为参考提到他。①

贝奇奥在其著作中谈道，马基雅维利在给他的朋友基察第尼的一封信里（1525年），主张意大利各个政权应该联合起来一致对外，并且因为这封信后来传到了克力门七世教皇的手中，所以他对"神圣同盟"（1526年）的成立产生了巨大影响。通过这番评论，我们可以联想，同样的意图一定是《君主论》一书强调的主要内容。一看完该书，我们的推论就得到了证实。《君主论》（1513年）的目的显然是要引起梅迪奇家族关注这个观点：时代在召唤他们把意大利统一成一个整体，并且给他们指明了实现这一目的的办法。从书名和形式来看，该书似乎要泛泛地讨论专制政体的性质，但书名和形

---

① 在该书付梓后不久，作者本人造访了德国，第一次听说冯·兰克（Von Ranke）博士和杰维纳斯（Gervinus）用和作者同样的观点批评了马基雅维利的《君主论》。

式无疑是因谨慎起见而精心选择的。他只是偶尔提到了不同的世袭君主及其政府。作者处处考虑的是意大利只能有一位统治者，诸侯国必须推翻，各个王朝必须摧毁，封建贵族必须俯首称臣屈服，各共和国的自由必须斩草除根。为建立一个意大利帝国，那个统治者应该想方设法甚至不择手段，无论高尚美德还是阴谋诡计，无论聪明才智还是鲁莽，无论勇猛还是背叛，无论幸运还是机遇，他都必须充分施展并加以运用。为了达到这个目的，他心中藏有一个秘诀，这个秘诀的力量在三百年后得到了充分体现，那就是必须组建国家军队，要想保证军队取得胜利，必须要有新的纪律，要发明新的武器，发明新的战术。①

如果作者的论述给他人留下了质疑的空间，怀疑他偏心，那么，他的最后一章却使人们消除了这些疑云。他在最后一章里平铺直叙，宣称外国侵略和国内分裂是意大利国内罪恶猖獗的基本原因；（幸运的是）梅迪奇王朝当时统治着托斯卡那和教会各邦，它受天意召唤，完成了这一伟大使命；当前是引入一个新*政权*的最好时机，一个新的摩西必须出现，把他的人民从埃及的奴役中解救出来，伟大的事业胜过一切，能够授予国王荣誉并获得声望。②

任何人从其他各章的字里行间中都可以看出该书的真正意图，但让人看得更明白的却是作者在第9章中谈到的教会对各邦的态度。他说的这番话只是个反语："教士拥有土地但并不治理，他们有领土

---

① 在马基雅维利的《君主论》出版前后，马基雅维利所有的著作都表明，这些想法几乎在他的心目中萦绕已久了。要不怎么可以解释他作为一个平民百姓、一个学者、大使和政府官员，又没有服过役，怎么会对战术有那么深刻的研究，怎么有能力撰写一部军事题材的著作，让他同时代的那些士兵们兴奋起来呢？
② 伟大的弗里德里希在其《反马基雅维利》中，在谈论君主的普遍权利和义务时，把《君主论》当做科学著作来对待。值得注意的是，他把马基雅维利的著作逐章对照，但是就没有提到最后一章或第26章，标题是"把意大利从外国人手中解放出来"。不仅如此，他还插入了一章马基雅维利的著作中没有的文章，标题是"论不同形式的谈判和宣战的正当理由"。

权但却不予以保护；这些幸福乐园直接受到上帝的保护，批评它们就意味着不恭不敬和傲慢无礼。"他用这种风格的语言而没用普通的语言，使人们明白其真正的涵义：这个国家没有为勇敢的统治者设置特殊障碍，尤其是对梅迪奇王室来说，因为其亲属占据着教皇职位。

既然马基雅维利对共和制情有独钟，那我们又如何解释他向那位自己推荐的统治者提出的关于共和国的劝告呢？就是这样一位热情的共和者，伟大的思想家和文学天才，卓越的学者和爱国志士，却向未来的统治者献书，力劝他彻底摧毁共和邦的自由，他这样做的动机，除了可以归结为他心存私心，为一己之利而去讨好巴结君主，还会有其他更合理的解释吗？无可否认，马基雅维利在写《君主论》的时候贫困落魄潦倒，对未来充满的焦虑与不安，使他急切地期盼和希望得到马基雅维利王室的御用和支持。但他于1513年10月10日在自己住的乡间陋舍中给在佛罗伦萨的朋友贝托里写的一封信，使人们消除了这种疑虑。①

然而，尽管如此，仍有一些有说服力的理由使人们相信，他写这部书并不仅仅是为争取个人利益而取悦于梅迪奇王室，而是为了推进一项霸权计划的实现。这项计划并不有悖于他的共和国的爱国观念，虽然按照今天的道德标准来说它不怀好意，有违公德，应受到谴责。他的著作和后来他在政府部门供职期间的表现证明，马基雅维利谙熟过去各个时期的历史，对各国当前的政治形势了如指掌。这样的眼光，既然能够看清遥远的过去，又能洞察周边的一切，必定能够认清遥远的未来。即使在十六世纪初叶就已经认识到了建立意大利国家武装的优势，这样一个人物也必将能够看到小共和邦并存的时代已经成为过去，大国君主的时代已经到来；也必将能够看到，在当时的条件下，国家地位只能凭借篡位夺权获得，只能用独裁维持，当时意大利各邦的寡头政治构成了国家统一的最大障碍，最终必将得到破坏，有朝一日国家统一必将带来国家的自由。马基

---

① 这封信在其著作《关于马基亚维利＜君主论＞的主要思想》中首次发表。1810年，米兰。

雅维利显然是希望抛弃早已过时的少数几个城市的自由，使之成为专制政体的牺牲品，希望借此实现国家统一，从而保证子孙后代们享受更多更高尚的自由。

意大利首部关于政治经济学的论著可以追溯到那不勒斯的安东尼·舍拉（1613年），内容是为"各个王国"提供充裕的金银的手段。

萨伊和麦卡洛克似乎只看过该书的题目而没有通读过全书，评价说该书只是关于货币问题的书。该书的题目的确表明，作者在论述的过程中，错误地认为贵金属是财富的唯一组成部分。但是如果他们认真阅读，吃透内容，他们或许可以从中受到启发。因为尽管安东尼·舍拉深深地陷入了金银的多寡是财富象征的错误看法之中，但他对财富起因的表述却极为清晰，有其独到之处。

当然，他把采矿当做贵金属的首要直接来源，但是他对获得贵金属的间接手段论述得非常公正合理。按他的说法，农业、制造业、商业和航运业是国家财富的主要来源，肥沃的土壤是繁荣的可靠来源，虽然由于种种原因，制造业仍是更为行之有效的资源，但主要原因还是因为制造业是广大商业的基础。这些来源的生产性取决于人民的素质（例如他们是否勤奋、积极、有事业心、节俭等），也取决于当地的自然和环境条件（例如一个城市是否适合发展海上贸易）。但是，在众多的起因中，舍拉把它们归总为政体、公共秩序、城市自由、政治保障以及法律的稳定性。他说："在那些每个继任统治者都颁布新法律的国家，不可能实现繁荣。因此，教皇统治的邦国就不可能像政体和立法稳定的邦国那样繁荣昌盛。对照前者，人们通过观察，可以看到延续了几个世纪的法律和立法体系对威尼斯公共福祉产生了怎样的影响"。这是政治经济学的精髓，尽管其目的似乎只是获取贵金属，但基本上仍以其自然合理的论断而著称。萨伊的著作虽然包含了安东尼·舍拉当时未曾预见到的一些政治经济学的思想和问题，但就其一些主要观点上，尤其是关于政治形势对国家财富产生的影响进行适当估计方面，同舍拉的著作相比相形见绌。假使萨伊对舍拉加以认真研究，而不是把他的著作置之不理，那他就不会在其著作《政治经济学概论》中开宗明义地认为，"就政治经济学而言，不应把国家政体考虑在内，因为无论处于哪种政体统治之下，均有贫富之分，问题的关键是行政管理必须行之有效"。

我们并不打算比较各种政体，或对某种政体*绝对*偏爱，厚此薄彼，人们只要看一看美国南方各州的情况就会确信：若在实行民主政体条件尚未成熟的人民当中推行民主政体，那必将导致公共繁荣的明显倒退。人们再看一看俄罗斯的情况就会意识到：如果人民的文明程度较低，那么在君主专制统治下，国家的富裕程度就可以得到显著提高。但这绝对不是证明，在任何形式的政体统治之下，人民都变富裕了，即已经达到了最大程度的经济富裕。历史更确切地告诉我们，只有在那些政治体制（不管是以民主共和制、贵族共和制还是有限君主制的名义）能够保证其国民享受高度个人的自由和财产保障，行政管理能够保障人民拥有努力实现自己目标的高度积极性和力量，以及高度保持这些努力的稳定性和持久性的国家，人民才能实现高度的富裕，即制造业和商业呈现出一派繁荣的景象。因为在一个文明高度发达的国家，行政管理*在一定时期内*行之有效并非举足轻重，重要的是行政管理的有效性应该*持久*和*令人舒畅*；下一任政府不能毁掉上任政府业已取得的业绩，科尔伯特三十年的治理不能被《南特敕令》的取消所取代，应该持之以恒，连续几个世纪遵循同一个体系和追求同一个目标。只有在这种利益能够得到真正体现（不像在专制统治之下那样，国家治理总是随着统治者的个人意志而朝令夕改）的国家的政体中，行政管理的稳定性和持久性才能得以保证，正如安东尼·舍拉的正确观察那样。但是，无疑还存在着不同程度的文明。事实证明，在有些情况下专制政体远比有限君主政体更有利于经济和思想的进步。这里我们指的是具有以下特征的不同时期：奴隶制和农奴制、野蛮和迷信、国家分裂以及种姓特权。因为在这种情况下，国家政体不但要保证国家利益，而且还要保证罪恶继续猖獗，而摧毁后者正是专制政体的本质和利益之所在，同时也可能出现一位具有远见卓识的著名统治者，可能使国家连续几个世纪长盛不衰，保证这个国家继续存在并在将来不断取得新的进步。

因而，萨伊把政治排除在了其学说之外，这一见解的正确性只能是有条件的。在任何情况下，行政管理应该有效是当务之急，但行政管理的效率取决于政体形式。显然，只有那些能够最大限度地促进任何国家的道德和物质财富的增加和不断进步的政体形式，才是最好的。国家不管在什么政体统治下，都会或多或少地取得进步。但是，高度经济发展只有在这样的国家才能得到实现：政体形式能够保证经济发展高度自由，富有活力，保证法律和政策的稳定性以及制度的高效性。

安东尼·舍拉以实事求是的态度，而不是通过以往学说的表象，或通过自己决意提倡和付诸实施的原则来看待事物本质。他对意大利各邦的条件进行了对比，发现广泛的商业活动能够创造巨大的财富，广泛的商业活动来自高度发达的制造业能力，而后者发展的前提条件则是公民自由。

柏卡里亚的观点充满了重农学派的荒谬教条。就分工原则而言，作者的确是要么自己发现要么从亚里士多德那里得到了劳动分工的原则，要么是在亚当·斯密之前，要么是与他同时发现或获取的，但是他比亚当·斯密的分析更为深入，因为他不但把这一原则运用到了某一制造业的分工上，而且指出，是社会成员的职业分工促进了公共福祉的提高。同时，他与重农学派一样，毫不犹豫地宣称制造业是非生产性的。

伟大的哲理法学家菲兰哲里的观点最狭隘。受到荒谬的世界主义的影响，他认为英国通过实行保护性政策，助长了非法走私贸易，削弱了自己的商业地位。

作为一个务实的政治家，威利不会犯同样大的错误。他承认有必要保护国内工业和抵制国外竞争，但他并没有或不能看到，采取这一政策的前提是国家的强大和统一。

第29章 工业体系（流行学派误称为"重商主义"）

在群雄逐鹿大国纷纷崛起的时代，世袭君主政体以及公权力量的集中带来了全民族的大团结，绝大部分的商业和航海业，以及由此产生的财富和海军力量（就像我们在前面所指出的那样）全部都集中到了城市共和国或者这些城市共和国联盟的手中。然而，这些大国制度越发展，这种必要性就变得越来越明显：必须把这些力量和财富的主要来源建立在国土的疆域之上。

君主坚信只有拥有城市自由，这些力量与财富的源泉才能生根发芽，繁荣昌盛，于是他们支持城市自由，赞成建立行会。这两项措施被视为与封建贵族相抗衡的制约力量，贵族们一直企图独立，仇视国家统一。但是这个权宜之计看起来不够充分，原因有三：首先，个人在*自由*城市和共和邦中享有的全部好处，远远高出君主政府在它们的自治城市中能提供的或者愿意提供的全部好处。其次，因为对于一个长期主要从事农业的国家来说，要想在自由竞争中顺利取代那些通过几个世纪不懈努力早已获得制造业、商业和航海业方面优势的国家，简直是难上加难，甚至几无可能。最后，因为在大君主国内，封建制度实际上已经阻碍了国内农业的发展，因而阻碍了国内制造业的发展。因此，事情的本质促使大国君主在政治上纷纷采取措施，限制外国制成品的进口和外国商业及航海业的发展，支持本国制造业、商业和航运业的发展。

过去，这些国家是通过征收原材料出口税增加收入的，现在他们改变做法，主要征收制成品进口税。后一项政策产生的益处激励着那些城市文明高度发达的国家的商人、海员和制造商,他们带着资本迁移到这些大君主国家,同时也激发了这些国家国民的事业心。民族工业有所发展之后,国民自由程度得到了提高。封建贵族们发现,为了自身的利益,有必要向工业、商业和农业的从业人员让步。这样,农业以及本国的商业和工业取得了进步以后,就会对国民财富的另外两个因素产生互利影响。我们讲过,由于这些制度并且这些制度得到了宗教改革的支持,使英国连续几个世纪在生产能力、自由和国力等方面取得了长足的进步。我们曾经论述过,在法国,这个制度是如何在一定时期内取得了成功,以及又是怎么由于封建制度、教会制度和专制制度没有得到改进,进而使这一制度遭遇不幸的。我们也已经说明,波兰是如何由强盛变衰落的,因为其君主选举制度缺乏影响力和稳定性,不足以带来强大的城市自由制度以及改革封建贵族制度。由于实行这样的政策,在商业和制造业城市以及在那些处于城市政治影响范围之外的农业地区,兴起了一个农业—制造业—商业一体化的国家——一个和谐、紧凑的国家整体。在这个国家,和谐一致代替了原先君主、封建贵族和城市市民之间存在着的巨大差异;另一方面,农业、制造业和商业结成了联盟,相互影响,互惠互利。与以往的联盟相比,这是一个无与伦比的共同体,因为过去仅仅局限在一个城市共和国的狭小区域内的制造能力现在得到了扩展,拥有了一个更为广阔的发展空间;因为现在可以支配所有的资源,因为不同的制造业部门以及农业内部的劳动分工和生产能力的联合得到了无限施展,卓有成效;因为不同阶层的农场主已经与制造商和商人们在政治上和商业上结成了联盟,因而使他们之间的和谐得以永久维系,制造业和商业力量之间的互利也永远得到巩固和保障;最后,制造业和商业发展带来了文明,农场主可以分享文明带来的好处。农业—制造业—商业一体化的国家就像一个遍及全国的城市,或者是一个升格为城市的乡村。这个联盟在促进物质生产发展的同时,也必然促进了精神力量的同步发展,实现了政治制度的完善、国家收入的增加、军事力量的增强和人口的增长。因此,今天我们看到,那些农业、制造业和商业首先实现了全面发展的国家,可以在这些方面傲视群雄,昂首挺立于世界各国前列。

工业体系并没有以书面的形式界定过,也不是学者们精心设计出来的一个理论,它只是在实践中发挥作用,直到传记作家斯图尔特从英国的实践中推衍出大部分理论,如同舍拉通过观察威尼斯的情况推衍出了他自己的理论系统一样。不过,不应把斯图尔特的著作当做科学作品。他用大量篇幅讨论货币、银行、货币流通——商业危机——贸易平衡和人口问题。即使现在我们也可以从这些讨论中学到不少东西,但是其论述方式缺乏逻辑性和条理性,甚至同一个观点也有可能被重复十次。对政治经济学的其他问题要么夸大其词,要么只字不提。他既不对生产能力也不对价格构成要素进行彻底讨论。在通篇文章中,他似乎只了解英国的经验和情况。总之,他的论著涵盖了英国和科尔伯特政府实践的优缺点。与后来的体系相比,工业体系的优点在于:

第一,它清楚地认识到了本国制造业的价值及其对本国农业、商业、航运业以及对国家文明和力量所产生的影响,而且对这种效果进行了毫无保留的阐述。

第二,它指明了有条件建立制造业能力的国家发展工业通常可以依赖的正确手段。①

第三,它建立在"国家"这个观点基础上,把国家看作是一个单一的实体,处处考虑国家的利益和情况。

但是,这个体系也因存在如下几个主要缺点而遭受指责:

第一,它通常没有认识到一国工业发展的基本准则,以及使这些准则发挥作用的条件。

第二,结果,它可能误导那些因气候而不适合发展制造业的规模较小的和未开化的国家贸然实行保护性制度。

---

① 斯图尔特说(第一部,第 24 章),为了促进工业,一个国家应该有所作为,并允许和加以保护。假若没有考虑到通过对毛纺织业从业者给予支持和优惠条件,并严格限制外国纺织品的进口,那么英国从毛纺织品贸易中获得了巨大效益,法国还能引进毛纺织业吗?难道还有其他建立新制造业的方法吗?

第三，它经常寻求对农业的过度保护，尤其是过度保护原材料的生产，因而损害了农业，孰不知农业已经自然而然地得到了充分保护，不会受到国外产品的竞争的冲击。①

第四，它通过不正当的措施限制原材料的出口，寻求对制造业的扶持，从而使农业遭受损失。

第五，它没能够教导那些已经取得制造业和商业优势的国家，可以通过允许在本国市场进行自由竞争，防止自己的制造商和商人出现懒散懈怠的情况。

第六，在刻意追求政治目标上，它忽视了所有国家之间的世界关系，忽视了整个人类社会的目标，因此它会误导各国政府施行禁止性的制度，而实际上单靠保护性制度已经足够了，或者靠适度的保护性关税制度就能够达到目的。

第七，它完全忽视了世界主义的原则，它并没有认识到未来各国结成的联盟，永久和平的建立和全球贸易自由化，是所有国家努力奋斗的共同目标，也是更多的国家的努力方向。

然而，因为该学派把贵金属看做是财富的唯一构成要素而受到了后来学派的错误指责，其实贵金属也是商品，与其他有价值的物品毫无二致。由此，该学派认为，我们应该尽量多地向其他国家出售，尽量少地从其他国家购入。

上述指责无法确切断言，无论是科尔伯特政府，还是英国自乔治一世以来的各届政府，它们对贵金属的重视程度都失去了理性。

建立它们自己的制造业、航运业和对外贸易是它们的商业政策的目的，这个政策虽然有许多缺点和不足，但总体而言它却取得了重大成果。我们注意到，自从1703年订立《麦修恩条约》以来，英国每年向东印度群岛出口了大量贵金属，但它并不认为出口有害。

乔治一世的大臣们在（1721年）禁止从印度进口棉织品和丝织品时，并没有把一个国家应该尽量多地向国外人出售产品而尽量少地购买外国的产品这一理念作为采取此项措施的理由。这种荒诞不经的观念是后来的一些学派嫁接到工业体系上的。这些学派主张，

---

① 参见附录三。

第29章 工业体系（流行学派误称为"重商主义"）

一个国家只有通过出口自己的制成品，从外国进口原材料和生活必需品，才能获得财富。英国把这一准则当做国策加以执行，并沿用至今，而且凭借执行这种政策，英国变得富有强大。对于一个有着悠久文明和农业实现了高度发达的国家而言，这是唯一正确的准则。

第 30 章 重农或农业体系

假如科尔伯特的伟大事业能够取得成功，假如《南特敕令》的撤销，路易十四的崇尚虚荣、痴心妄想及其后继者的淫逸奢侈，没有把科尔伯特播下的种子扼杀在萌芽之中，从而使法国的制造业和商业取得丰硕成果；假如法国教会的巨额财产有幸被交给了人民大众；假如这些事件促成了权力强大的议会下院的成立，并在下院的影响下封建贵族制得到了改革，那么重农体系就绝对不会出现。显而易见，这一体系是从法国的现状中产生的，并且只能适应于当时的情况。

在重农体系出现初期，教会和贵族控制着法国的大部分地产。农民耕种着这些土地，但他们却生活拮据，广受农奴制的压迫，他们处在迷信、无知、怠惰与贫困的境地。土地的所有者虽然拥有生产手段，但他们却追求骄奢淫逸的生活，对农业既不关心也无兴趣。土地的真正耕种者也缺乏改进农业的物质的手段。贪得无厌的专制君主对农业生产的无尽索取，加重了封建制度对农业的压迫，教士与贵族享有的征税自由使这种压迫变得越来越难以承受。在这种情况下，那些依靠本国农业生产力与广大群众消费的主要行业就不可能取得成功，只有那些专为特权阶级生产的奢侈品的行业才能够保持繁荣。这样，物质生产者既不能大量消费热带国家的产品，也不能用自己的剩余产品购买热带产品，所以对外贸易受到了限制，而国内贸易也受到了省际关税的抑制。

形势错综复杂，在这种情况下，一些有识之士在调查研究了造成赤贫和悲惨状况的原因之后，他们坚信，只要农业没有摆脱束缚，只要土地和资本的拥有者对农业不感兴趣,只要农民依然依附他人并处于迷信、怠惰与愚昧状态,只要赋税依然不减且各个阶层负担不均,只要国内关税限制依然存在,那么对外贸易就不能发展,就无法实现国家的福祉。没有比这些有识之士得出的这一推论更顺理成章的事情了。

但是(我们必须记住),这些有识之士要么是国王或宫廷的御医、朝内宠臣,要么是贵族和教士的知己或朋友,他们不能也不会向专制势力或贵族和教士公然宣战。他们传播自己观点的唯一方式,是把他们的改革计划暗藏于一种深奥的体系之中,恰如早期或晚期的时候他们把政治与宗教改革的思想蕴藏于哲学体系中那样。法国与重农主义者同时代的一些哲学家,看到国内形势一片混乱,民不聊生,曾力图从更广泛的博爱主义与世界主义的范围中去寻求安慰(有点像一家之长,在对家庭分裂局面感到绝望和束手无策的时候,往往会暂避酒肆,寻得一时宽慰)。现在重农主义者也采取同样的办法,他们抓住了普遍自由贸易的世界主义思想,作为包治百病祛除弊端的灵丹妙药。他们通过提升自己的思想,抓住了真理,然后把这些思想付诸实践,通过进一步挖掘,他们发现了土地"净收入"这一概念,并以此作为发展他们那些事先想好了的思想的基础。这样就产生了该体系的基本准则:"因为土地产生净收入,所以农业是财富的唯一来源。按照这个准则,可以推断出一切美好的前景:首先,封建制度必将废除,如有必要,一并废除土地所有制;其次,应从作为一切财富来源的土地上征收所有赋税,然后贵族与教会享有的免税待遇必须终止;再次,必须相信制造商是非生产性阶级,它们不应纳税,也就不应受到国家的任何保护,这样海关必将取消"。

总之,人们想方设法通过采用最为荒谬的论点,来论证那些他们早已决定予以证明的伟大真理。

可以不必进一步考虑国家以及国家相对于其他国家所处的特殊环境与情况,因为从《方法百科全书》中可以看得非常清楚,它说:"个人福祉是以全人类的福祉为前提的。"因此,在这里,不必再考虑什么国家、战争以及国外贸易的措施等问题了,因为历史和经验要么必然被忽视,要么必然被歪曲。

该体系表面上是为了维护土地所有者的利益而攻击科尔伯特的政策和制造商享有的特权,但实际上它却有力地打击了土地所有者享有的特权。法国农民遭受的苦难的罪过被加在了可怜的科尔伯特头上,而世人皆知,法国自从科尔伯特执政以来,才拥有了自己的伟大工业。即使是头脑最迟钝的人也懂得,制造业是促进农业和商业发展的主要手段。这些哲学家完全忽视了《南特敕令》的废除、路易十四肆意发动的战争以及路易十五的挥霍无度。

魁奈在其著作里——列举了人们对他的体系提出的反对意见,并逐条予以解答。人们感到惊讶:他强加在反对者头上的那些论点显得异常合情合理,而他反驳这些反对意见时的论点却荒诞无稽。尽管如此,他的荒谬却被与这位改革家同时代的人们当做智慧接受了,因为其体系的倾向性符合法国当时的情况,并且同那个世纪盛行的博爱主义与世界主义思想相吻合。

第31章 交换价值理论体系

（流行学派误称为"工业体系"）——亚当·斯密

亚当·斯密关于国家与国际形势的学说，仅仅是重农体系的延续。与重农体系一样，该学说忽略了国家本质，试图全面排除政治学和国家力量，假定世界上存在着持久和平和世界大同，低估了国家制造能力的价值，低估了获得这种力量所需要的手段的重要性，要求绝对贸易自由。

亚当·斯密完全以与他之前的重农主义者同样的方式，陷入了根本错误之中而不能自拔，也就是说，他将国际贸易的绝对自由当做一个准则，该准则是根据普通常识得出的，并不是在经过缜密研究和懂得历史在多大程度上支持这一观点后得出的。

斯图尔特告诉我们，在亚当·斯密著作于1776年出版前的二十一年（即1755年），他出席了一个学术研讨会，他在会上的发言中宣称应优先考虑实行普遍的贸易自由：

> 政治家和设计者往往把人们当做原材料用来制作某种政治手工艺品。这些设计者在处理人类问题时扰乱了自然状态。要使自然达到目的，人们只要放任自流，任其发挥。要使一个国家脱离最野蛮的状态和实现最大程度的富裕，前提条件是和平、适度税收和完善的司法制度，其他一切事物都会在自然的进程中各行其是。任何政府如果为了维护自己的地位而采取有悖于这一精神和违背自然规律的行为，试图把资本挪作他用或者限制人类社会在自然进程中的自我发展，那就会变为暴虐专制的政府。

亚当·斯密的这个基本思想被不断地证明和诠释成了他以后的全部著作的唯一目标。他的这一思想得到了魁奈、杜尔哥以及重农学派其他重要成员的进一步证实，他是在1765年访问法国时与这些人相识的。

显然，斯密把贸易自由思想视为学术发现，可以成为其学术威望的基础。因此，他在其著作中不遗余力地摒弃或驳斥不支持这个思想的任何观点，并把自己当做绝对贸易自由的专门拥护者，他在这种精神状态下进行思考和著述，是多么顺理成章啊！

他有了这样的先入为主的观点，又怎么能指望他在评价人与物、历史和统计数据以及政治措施与这些措施的制定者时，不是以它们与他的基本原则相一致还是相抵触为标准而改用其他标准去评价的呢？

从前面引用的斯图尔特的这段话中可以看出，亚当·斯密的全部体系仅局限在一个小小的范围内。他认为，国家权力除了执法、尽量少征税之外，其他什么事情都不能也不应去做。在他看来，任何试图建立制造业、促进航运业、扩大对外贸易、用海军力量保护对外贸易、开拓或占有殖民地的政治家，就是一个设计者，只会阻碍社会进步。在他看来，*国家*并不存在，它只是一个集体，即许多个人居住在一起的集体。这些个人自己最清楚哪些职业对他们最为有利，他们最会为自己选择促进符合自身发展的手段。

只有当调查研究的主要对象是受影响的客观事物——物质财富，也即事物具有的交换价值，而不是影响这些事物的力量时，这种消除国家与国家的力量、提升个人主义的地位、使其成为一切有效力量的创造者的论调似乎才显得有道理。唯物主义必须支持个人主义才能把个人从国家、国家统一、生产力量的全国性联合等方面获得的巨大力量的增长隐藏起来。因为只有个人生产价值，没有能力创造价值的国家必须限制自己的行动范围，只能在唤起、保护与促进个人生产力量等方面发挥作用，因此，必须创立一个单一的价值理论，使其作为国家经济学而流行于世。按照这种理论，可以把政治经济学的实质概括为：财富存在于对具有交换价值的物品之中；个人劳动与自然力量和资本共同作用才能生产出具有交换价值的物品。

通过劳动分工，劳动的生产能力得以提升；资本积累通过储蓄和超出消费的生产得以实现。资本总量越大，劳动分工越细，生产能力也就越大。个人利益是对劳动与节约的最有效的刺激。因此，最明智的治国之策是不给私人工业的发展设置任何障碍，而是要关注良好的司法制度。而通过国家立法的措施，诱导国家为自己生产可以从国外以更便宜的价格购买的产品，这一举措是非常愚蠢的。因此，一个指明了财富的构成要素、详尽地剖析了财富的生产过程、彻底揭露了以前各个学派存在的错误的完整体系，因为缺少了其他体系，因而不被认可。它的错误一目了然，该体系实际上只不过是一个关于一个国家的全体个人或全人类的全体个人的私人经济，这种私人经济在自然状态下自我形成并发展，没有明显的国家、民族和国家利益之分，没有明显不同的政治制度或文明程度，彼此之间没有战争，不存在敌意。该体系只不过是一个价值理论，一个店主或商人个人的理论，而并非一门科学，它并没有指明一个国家为了国家的文明、福祉、力量和独立的特殊利益，如何使整个国家的生产能力得以产生、提升、保持和获得保护。

该体系从店主的角度考虑一切问题。根据该体系，任何事物的价值就是财富，因此人们的唯一目的就是获取价值；生产能力的建立要看机会、自然或上帝的旨意（随便怎么说），国家既与此毫无关系，政治力量也不能从中干预交换价值的积累。根据该体系，哪里的商品最便宜就应当去哪里购买，即使商品进口毁掉了本国的制造业也无关紧要。如果外国对制成品的出口给予补贴，那么多多益善，因为这样购买就更便宜。在这个体系看来，除了那些真正生产具有交换价值的物品的人们以外，其他阶级都不具有生产性。虽然该体系充分认识到了劳动分工是如何促进具体事业的成功的，但对于劳动分工对整个国家产生的影响却缺乏认识。这个体系懂得只有个人经济才能使国家资本获得增长，而只有在资本增长以后，个人贸易才能获得同比例的增长。但是，它不珍惜本国制造业的建立带来的生产能力的增强，或不珍惜这种增强带来的国外贸易力量或国家力量的增强。对于这个体系而言，只要个人能够获得财富，国家不管将来会变成什么样子，它都漠不关心。它只注意土地收取的地租，而毫不理会地产价值，它并没有认识到绝大多数国家的财富是由土地价值和固定资产价值构成的。至于对外贸易对地产价值和价格产生什么影响，以及由此产生的波动和带来的灾难，它都毫不在乎。总之，该体系是最严谨最连贯的"重商主义"，这样一个名称如何被用在了科尔伯特体系之内，的确莫名其妙，因为科尔伯特体系的主要倾向是"工业体系"，它仅仅考虑国家工业和国家贸易的建立，而不注重交换价值的一时得失。

尽管如此，我们还是不否认亚当·斯密的伟大功绩。他是第一个成功地将分析法应用于政治经济学的学者。他凭借该方法和他的远见卓识，使这门科学的原先一些晦涩难懂的重要概念显得清晰可见。在亚当·斯密之前只有实践而没有理论，他的著作使政治经济学成为一门科学变成可能，他对这门科学贡献的材料数量之巨大，前无古人，后无来者。

但是，他心智的独特性虽然使他在分析政治经济学的各个构成要素时得心应手并取得了重要成果，但同时也是造成这些问题的原因：他没有把社会作为一个整体进行综合考虑，没能把个人利益结合为一个和谐的整体，他不愿过多地考虑国家而是侧重个人，他对各个生产者的行为自由充满渴望，而却忽略了整个国家利益。他能清楚地意识到劳动分工给每个工厂带来的益处，但却没能意识到同样的原则也一样可以有效地适用于所有各省和整个国家。

斯图尔特对他的评价完全赞同这个观点。斯密对人的品行特征的判断异常准确，但是当人们需要一个关于整个人类或一本书的整体特征的观点时，就会惊讶地发现，他的观点存有偏见并隐晦难懂。不仅如此，即使对那些与他亲密无间、相处数载的人们的性格特征，他也缺乏正确评价的能力。他的传记作者这样说："如果单从某一观点出发，把他的形象与他本人原型进行对比，人们就会发现他的形象栩栩如生，富有表情，酷似原型本人。但如果在各种情形下全方位地进行观察，则他的形象永远表现不出其真实性和完美性的一面来。"

第32章 交换价值体系（续）

——让·巴普蒂斯特·萨伊及其学派

总体来说，萨伊仅仅努力把亚当·斯密以不规范方式搜集起来的材料加以阐述，使其系统化与普及化。他擅长阐述，具有进行系统化的天赋，所以我们可以说他在这方面取得了完全的成功。在他的著作中，除了发现他坚持了被亚当·斯密否认的精神劳动的生产能力外，再也找不到什么新的或原创之处。不过，虽然根据生产能力理论这一观点千真万确，但却与交换价值理论不一致，因此可见，斯密的理论显然要比萨伊的更完整。精神劳动者并不直接生产交换价值，不仅如此，他们还通过消费减少了物质生产与积蓄的总量，从而减少了物质财富的总量。还有，根据萨伊的观点，他之所以把精神劳动者定性为生产阶级，是因为他们的报酬是用交换价值支付的，其实这个理由毫无根据。因为那些交换价值支付到精神劳动者手里以前就已经被生产出来了，虽然价值的所有者发生了变化，但数量并没有因此而增加。只有当我们把国家的生产能力而不仅仅是把交换价值看成是国家财富时，才能把精神劳动者称为生产性的阶级。萨伊发现了自己在这一点上与斯密对立，正如斯密发现自己与重农主义者对立一样。

为了把制造商包含在生产阶级之中，斯密被迫扩大了构成财富的因素。萨伊在这方面并没有什么其他的选择，他要么接受亚当·斯密传给他的荒谬观点，即精神劳动者是非生产性的阶级，要么像亚当·斯密反对重农主义者那样，把生产能力纳入到财富构成的因素之内。需要证明，国家财富并不在于拥有交换价值，而在于拥有生产能力,这好比一个渔夫的财富的多少不在于他拥有多少鱼,而在于使他能够不断地捕鱼以满足自己需要的能力和手段。

至此,我们已经意识到但还没有众所周知,让·巴普蒂斯特·萨伊的一位兄弟,曾经靠自己的一般常识,清楚地意识到了价值理论存在的根本错误,萨伊本人也向这位提出疑问的兄弟表达了他对自己学说的合理性的怀疑。这一点是值得注意的。

路易·萨伊在南特时期写道,有一个术语已经在政治经济学中流行,这个术语引起出了许多错误的推论,他的兄弟(让·巴普蒂斯特·萨伊)也难脱干系。① 按照路易·萨伊的说法,国家的财富并不在于物质商品和商品交换价值的多少,而在于不断生产这些商品的能力。斯密和让·巴普蒂斯特·萨伊的交换价值理论用单个商人的狭隘观点看待财富,这一理论的本意是改造(所谓的)重商体系,而实际上不过是一个有限度的重商主义而已。② 针对这些疑问和异议,让·巴普蒂斯特·萨伊是这样答复他的兄弟的:"他的(让·巴普蒂斯特·萨伊的)方法(即交换价值理论)当然不是最好的,但难以找到一个更好的方法。"③

什么?难以找到一个更好的方法?他的兄弟路易不是已经找到一个了吗?是的,真正的困难是有些人缺乏必要的敏锐去抓住这位兄弟表达过的观点(当然只是一般来说)并贯彻下去,或者更进一步地讲,可能推翻一个早已确立的学派,并讲授与使之成名的学说完全相左的观点的做法的确令人不快。让·巴普蒂斯特·萨伊著作

---

① 路易·萨伊:《国家财富的研究》,序言,第 4 页。
② 下面是路易·萨伊的原话(第 10 页):"国家的财富并不在于物质商品和商品交换价值的多少,而在于不断生产这些商品的能力。"还有(第 14~15 页):"建立在贵金属财富之上的错误的重商主义体系,被另一个建立在可出售或可交换价值财富之上的体系所取代,这个体系只是像商人一样来衡量一国的财富。"以及(注释,第 14 页):"用以反驳重商主义体系的现代学派自身创立了一种体系,而这种体系本身又应该称为重商主义体系。"
③ 《国家财富的研究》,第 36 页(引用让·巴普蒂斯特·萨伊的话):"这个方法当然不是最好的,但是难以找到一个更好的方法。"

中的唯一的独创是其体系形式,即他把政治经济学定义为一门科学,展示了*物质财富的生产、分配与消费的过程*。正是由于这样的归类及其对这门科学内容的揭示,才使他及其学派获得了成功,不过这并不足为奇,因为一切都是现成的,他可以信手拈来。他懂得如何清晰理智地诠释生产的特殊过程以及参与生产的个人能力。他能够明晰地阐述(限定在极其狭小的范围内)劳动分工原则,详细论述个人行业。每一个陶工、每一个小商贩都能听懂他的话,让·巴普蒂斯特·萨伊告诉他们的新东西或尚未通晓的内容越少,这些人就越容易听懂。因为在陶器制作过程中,陶工必须把双手和技巧(劳动)同陶土(原料)相结合,然后通过转盘、火炉和燃料(资本),才能制出陶器(有价值的产品或交换价值)。这是陶器作坊里每一个令人尊敬的陶工都早已耳熟能详的事情,只不过他们还不懂得如何用科学的术语描述这些事情并在此基础上进行归纳罢了。也许在让·巴普蒂斯特·萨伊之前,没有几个小商贩不懂得这样的道理:通过交换,买卖双方可以获得交换价值。如果任何人出口了价值一千泰勒的商品,并从外国换回了价值一千五百泰勒的其他商品,那么他就可以赚到五百泰勒的钱。

　　人们以前也早就懂得:劳动致富,懒惰致穷。私人的个人利益是刺激积极勤奋最有力的因素。谁要想得到小鸡雏,谁就不能先把鸡蛋吃掉。当然,人们以前并不知道这一切是政治经济学,但是人们都喜欢毫不费神地深入了解这门科学的奥妙,从而可以去掉那些加在人人喜爱的奢侈品价格上的昂贵的令人讨厌的关税,不仅可以实现持久和平、普遍兄弟友情,而且可以带来太平盛世。所以,如此众多的博学之士和政府官员都力争把自己列为斯密和萨伊的推崇者也不足为奇。因为"不加管制、任其自由"的原则不需要什么聪明才智,除了那些首先引入和详细论述这一原则的人之外。他们之后的作者也只需重申、润色和解释这些论点就可以了,其他什么也不需要做。谁又不愿意并成为一位伟大的政治家呢,假如他需要做的仅仅是把两手交叉抱在胸前?一个人只要接受了这些理论的最初主张,然后让作者之手轻而易举地牵着自己一直走下去,那么,看过几章以后,就会迷失方向,这就是这些理论的奇异特点。所以,我们必须在开头时就和让·巴普蒂斯特·萨伊先生说，在我们看来，*政治*经济学并不是一门专门讲授交换价值如何由个人生产、如何在个人中进行分配以及个人如何消费的科学。除此之外，我们还要对他说，一位政治家要懂得而且必须懂得怎样才能唤醒整个国家的生产能力，并使其获得增强的同时得到保护，还要懂得生产能力在怎样的情况下会遭到削弱、消亡或彻底被破坏，懂得如何通过这些生产能力的手段，使国家资源得到最明智和最有效的利用，从而实现国家的生存、独立、繁荣、壮大、文明和具有远大的光明前途。

萨伊的体系从一个极端观点——政府能够并应该大包大揽——匆忙冲向了另一个极端观点——政府能够也应该无所事事并且什么也不管。个人是一切，政府无关紧要。萨伊先生关于个人全能和政府无能的见解，几乎达到了荒谬的程度。他禁不住对科尔伯特的法国工业教育举措产生的效果大加赞赏，其兴奋之情溢于言表："如此高度智慧难以归功于*某些个人*。"

如果我们把注意力从该体系转向其作者，那么我们看到的是这样一个人，他缺乏历史综合知识，缺乏对国家政策和国家治理的洞察力，缺乏政治与哲学眼光，他脑子里只有从别人那里得来的一个观点，为了发现可以支持其观点的独立证据和事实，他就在历史、政治、统计以及商业和工业关系中搜来查去。如果任何人读一读萨伊关于《航海法》、《麦修恩条约》、科尔伯特政策、《伊甸条约》等的见解，就会发现对萨伊的这种评价可以得到证实。连贯深入地探究各国商业和工业历史的做法不适合于他。他承认有些国家实行了保护性关税后实现了富强，但在他看来，尽管实行了保护性关税，但这并不是这一制度的直接结果。他还要求我们相信他所得出的结论。他宣称，荷兰人之所以同东印度群岛进行直接贸易，是因为腓力二世禁止他们进入葡萄牙港口，仿佛保护性制度能证明禁止行为的合法性一样，仿佛如果没有这种禁止行为，荷兰就不会找到通往东印度群岛的贸易航线。萨伊先生对统计学和政治学不满，如同他对历史不满一样。对于前者，因为这无疑会带来一系列令他烦扰的事实，他说，这些事实"所证明的总与他的体系相矛盾"；而对于后者，因为他一无所知，所以他不停地警告我们说，统计事实会误导我们落入陷阱，并提醒我们说政治与政治经济学毫无关系，听起来这种说法合情合理，如同有人这样说，在考虑一只锡蜡盘子时，不必考虑锡蜡这种材料一样。

先后做过商人、制造商、没有建树的政客的萨伊，最后才抓住了政治经济学，就像一个人无法维持旧行业时就改行一样。我们有他的自白记录，他最初拿不准是提倡（所谓的）重商体系还是自由贸易体系。出于对（拿破仑）大陆制度的仇视，因为这个制度毁掉了他的制造业；出于对该制度制定者的反对，因为该制度的制定者让他官场失意。因此，这些促使他最后决定拥护绝对自由贸易的事业。

在过去的五十多年内，无论"自由"这个词被用于哪些方面，都在法国产生过不可思议的影响。因为无论是在拿破仑统治下的法兰西第一帝国时代还是在王朝复辟时期，萨伊碰巧都是反对派，所以他不断提倡经济学。因此，他的著作名扬天下不是因为其内容本身，而是另有原因。否则在拿破仑倒台以后的一个时期，如果仍采用萨伊的学说，那么法国工业就必然毁灭，而他的著作那时依然受到欢迎，这岂不是令人费解吗？在那样的环境下他依然坚持世界主义原则，这说明此人的政治眼光是多么短浅。他执著于坎宁和赫斯基森的世界主义倾向，由此也可以看出他对世界局势所知是何其少。他声望上的唯一缺憾是，不论路易十八或查理十世，都没有任命他做商务和财政大臣；假如他真的被任命为那个职位的话，那他的大名将得以在历史上与科尔伯特齐名：一个是国家工业的缔造者，另一个则是破坏者。

从来不曾有一个学者会像萨伊那样，所具有的真材实料是那样少，而在学术上造成的威胁却是那样大——对于他的学说稍有质疑，就会被蒙上恶名，被视之为离经叛道，甚至像沙普塔尔那样的一些名人也害怕受到这位不啻于是政治经济学教皇的诅咒。沙普塔尔那部关于法国工业的书，自始至终所论述的都是法国保护制度的功效，这一点他阐释得明明白白；他说，处于目前世界形势下，只有保护制度才会为法国带来繁荣。但同时他又集中力量创作了一篇颂扬自由贸易的文章，此书的主旨与他论法国工业那部书的意向是直接对立的,目的说到底是因违背了萨伊学派的主张而乞求宽恕。萨伊的行事作风像极了罗马教皇,甚至连教皇公布"禁书目录"的做法,他也学会了。他虽没把"异端"著作逐一指名地加以禁止,但他所采取的做法更厉害,他对于异端和非异端的书是一概禁止的;他警告政治经济学的青年学生,读书不可太泛,因为那样很容易被导入歧途;他告诫他们说,读的书不宜过多,而是要读好书,这就等于是说,"你们不可读别的书,只应当读亚当·斯密和我的书"。但是这位斯密学说的后继者和阐述者又唯恐信徒们对于这位不朽的学派奠基人给予过多的拥戴,因此着实费了一番苦心;他说,亚当·斯密著述的内容极其混乱,缺点很多,而且充满着矛盾。这就显然是要我们懂得,只有从他那里学习"才能读好亚当·斯密的书"。

尽管如此,在萨伊的声望如日中天的时候,一些年轻的异端者却站了出来,对他的学说基础展开了攻势,他们的进攻是那样地有力和大胆,以至于他很谦和地避开了任何公开讨论,宁愿私下里给他们答复。这些反对派中最激进最有才华的要算沙忒尔了,他曾数次担任过国务大臣。

萨伊在给沙忒尔的一封私人信里说了这样一番话:"亲爱的批评者,按照您的看法,我的政治经济学中除了一些漫无边际的推论与空谈之外,简直一无是处,它是一系列首尾含混、重点不突出的报告。就像一位批评者说的那样,我也分担了亚当·斯密的不幸——使政治经济学退步了。"① 在这封信后他又非常天真地附加了一句:"从您发表的第二篇文章看来,这场辩论再继续下去非常不利,*因为这样很可能会使我们大家都受到困扰*。"

现在斯密和萨伊学派在法国已经被推翻,交换价值理论那种僵硬、无生气的影响已被种种变革与无政府状态所取代,这种混乱状态即使罗西先生和布朗基先生也无能为力。圣西门和傅立叶的空想社会主义学派聪明无比,不去对旧学说修改完善,而是完全丢到了一边重起炉灶,另行创立了一套乌托邦制度。最近,该学派中的一些最有才华的人,正在探求自己的学说与以前学说之间的关系,以

---

① 萨伊:《实用政治经济学完全教程》,第7章,第378页。

求他们的思想能与现实情况相适应。他们期盼他们的付出可以取得重大成就,尤其是才华横溢的米歇尔·歇伐利埃的努力。他们的学说中的可以同现在的实际情况相适应的那些真理,主要在于他们对*生产能力的联合与协调这一原则*的解释。抹杀个人自由与独立是他们的缺点之所在;在他们看来,个人已完全融入社会,这与交换价值理论认为个人举足轻重、国家无足轻重的思想恰恰相反。

也许世界潮流正朝着实现这些学派的设想或预言的目标发展,但是我认为,无论如何,这种目标的实现要经历数个世纪才有可能。预测未来几个世纪的新发现和社会进步,并非凡人所能及。即使柏拉图那样的贤哲也没能预想到数千年之后,人类社会使用的工具是用铁、钢和铜制造的,甚至即使西塞罗也未曾预料到,印刷机使代议制传遍一切国度,甚至传遍全世界和全人类都成为可能。同时,即使少数几位伟大贤哲能够预见到未来数千年取得的个别进步,但是每个时代总会有自己独特的任务。我们所处的时代的任务,似乎并不是把整个人类拆分成几个傅立叶学派所幻想的"法伦斯泰尔"(傅立叶幻想要建立的社会主义社会的基层组织。——中译者),以使每个人尽可能地获得均等的身心享受,而是在于不断完善所有国家的生产能力、思想文化、政治状况和国力,并通过使各国在这些方面尽量实现均等,为世界大同提前做好准备。因为即使我们承认在当前世界形势下,傅立叶主义的倡导者们以此为目标的直接目的可以通过每个"法伦斯泰尔"得以实现,但是将会对国力与国家独立产生什么影响呢?已被分成若干个"法伦斯泰尔"的国家,难道不会面临被相对落后、生活方式依旧古老的国家所征服,因而使成熟的政体连同整个国家遭到破坏的双重危险吗?目前,交换价值理论已经完全失去了影响,仅仅被用于探究地租的性质了,李嘉图在其《政治经济学及赋税原理》一书中写道:"政治经济学的主要目的是确定土地产品在土地所有者、农场主和劳动者之间如何进行分配。"

有些人坚信,这门科学很完善,再也没必要增添什么内容了,但是,那些用哲学和实际眼光阅读这些著作的人则认为,政治经济学根本就不存在,这门科学有待创立;在创立之前,这种叫法只能是占星学，不过从"占星学"中产生"天文学"既可能也可取。

最后，为了避免造成误解，我们必须申明，我们对于让·巴普蒂斯特·萨伊以及他的前辈与后继者的著作所提出的批评，仅涉及有关国家和国际两个方面的内容，我们承认对于那些从属教义的阐述有价值。显然，一个学者可能对某一学科的部分内容提出有价值的观点进而对它进行有价值的推理，虽然他所创立的体系的基础始终是错误百出的。

第四部分
国民经济政治学

第33章　英国的海岛优势与大陆强国——美国和法国

在各个时代，都曾出现过一些城市或国家，它们在工业、商业与海运等方面优势明显，超越了所有的其他城市或国家，但是像当今世界上的这样一个优势强国，有史以来还从未曾出现过。在各个时代，一些国家和强国曾不断奋斗，妄图获得世界支配权，但迄今为止，却没有哪个国家能够像英国那样，把自己的力量建立在一个如此广泛的基础之上。这些国家曾经企图凭借军事力量获得世界支配权，在我们看来，它们的这些努力同英国的企图相比是多么徒劳啊！英国企图把整个国家变成一个巨大的制造业、商业和海运业城市，使自己同地球上的其他国家和王国的关系如同一个大城市同它周边的地区的关系那样：自己拥有各种工业、艺术和科学，拥有各种大商业和巨大财富，拥有全部的海运业和海军力量——它想成为世界大都会，向世界各国供应制成品，然后用从这些国家换回来的原材料和有用的或可接受的农产品供应自己，每一个国家都命中注定对它有利。它是全部巨额资本的宝库，是为所有国家建立的银行，控制着整个世界的流通手段，通过贷款并收取贷款利息，使全球各族人民成了它的附庸。不过，我们也应该公正对待这个强国和它的努力。世界进步不但没有受到英国的阻碍，反而得到了它的大力帮助。它成了世界各国的榜样和模式——在国内外政策以及伟大发明和各种企业发展方面，在完善工业流程和交通工具以及未开垦之地的发现与垦殖方面，尤其在获得热带国家的自然财富和归化野蛮民族或归化退化回野蛮状态的民族等方面。假如没有英国的存在，谁能说清楚世界仍将处于一个什么状态？假使英国现在不复存在了，谁能估计到人类将退化到哪般地步？对这样一个国家取得的巨大进步我们应该深感庆幸，并祝愿它永世昌隆。但是，是不是出于这样的考虑，我们就应该祝愿它可以把对全世界的支配权建立在对他国的破坏之上呢？只有高深莫测的世界主义或店主的狭窄心胸才能对这个问题给出赞同的答案。在前面几个章节中我们已经指出了这种非民族性行为可能带来的后果，并已经说明了只有当众多国家的文明、财富和权力处于同等地位时，人类的文化和文明才能得以实现。就像英国使它自己摆脱了野蛮状态，达到了目前的崇高地位一样，同样一条道路摆在了其他国家的面前，它们应该效仿。目前不仅仅只有一个国家已经具备了资格和条件，能够努力实现文明、财富和权力的最高水平。下面让我们简明扼要地描述一下英国赖以获得目前强大地位的国家政策准则：

一贯支持生产能力的输入①胜于支持商品的输入。

精心培育并保护生产能力的发展。

仅仅进口原材料和农产品，只限于出口制成品。

把剩余生产能力用于开拓殖民地和臣服野蛮国家。

把向殖民地与附属国供应制成品的权利专门留给母国，但是作为回报，母国以优惠条件接收殖民地和附属国的原材料，尤其是殖民地的产品。

对海上航运、母国与殖民地之间的贸易给予特殊关注；通过补助鼓励海洋渔业；尽量积极地参与国际航运。

通过这些方法，建立海军优势，然后凭借海军优势，继而不断地扩大对殖民地的占有。

同意殖民地贸易与海运自由，只要它的得大于失。

---

① 即使部分羊毛生产也奉行这一准则。爱德华四世以优惠条件从西班牙进口了三千只绵羊（西班牙禁止绵羊出口），并分配给了几个教区，要求在七年之内不许宰杀或阉割一只羊（《英国商业文集》，第378页）。这些措施的目的达到之后，英国通过禁止进口西班牙羊毛进口，迫使西班牙政府取消了这些优惠政策。这种禁止措施（虽然可以认为是不公正的）取得的功效，并不能因为查尔斯二世采取的禁止羊毛进口的措施（1672~1674年）而受到否认。

第33章　英国的海岛优势与大陆强国——美国和法国

只要对英国有利，或者这样做会制约外国为了自己的利益而采取限制海运措施，就同意实行海运互利政策。

在农产品的进口上，给予外国独立国家一些特许，只要因此它自己的制成品的出口也能得到特许。

如果上述特许权不能通过条约获得，就用非法贸易达到目的。

仅仅为了自己的制造业、商业和海运业和殖民地利益，可以发动战争和订立盟约。通过诸如此类的手段，可以从朋友或敌人那里获得利益：对于后者，破坏它们的海上贸易；对前者，通过用英国制成品补助的方式，使它们的制造业破产。①

对这些准则，以前的英国大臣们和议会议长们直言不讳。1721年，在禁止印度制成品进口的时候，乔治一世的大臣们公开宣称：显然，一个国家只有通过进口原材料、出口制成品才能实现富强。甚至到了查坦勋爵和诺思勋爵的时代，他们在公开议会上也直截了当地宣称，在北美殖民地，连一只马掌钉也不应当允许制造。在亚当·斯密时代，在我们前面谈及的各项准则的基础上，又首次增加了一个新的准则，即把英国的真正政策隐蔽在亚当·斯密所发现的世界主义的表述与论证之下，为的是劝导外国不要效仿英国的政策。

这是一个极其平常的巧妙手法，当任何一个人到达强大顶峰的时候，他就一脚把用过的梯子踢开，以免他人借助同样的手段跟着他爬上来。亚当·斯密的世界主义学说的秘诀，与他同时代的伟人威廉·庇特的世界主义倾向的秘诀，以及他在英国的所有后继者们的秘诀，大都相同。

任何凭借保护性关税与海运限制政策使本国制造业能力和航海业实现了高度发展，并使其他国家承受不了同它自由竞争的国家，这时最明智的做法莫过于把它赖以实现伟大目标的梯子扔掉，然后极力向别国鼓吹自由贸易的好处，以悔过的语气宣称迄今为止它曾经在错误的道路上徘徊，直到现在，它才第一次成功地发现了这一真理。

威廉·庇特是第一个清楚地意识到如何适当运用亚当·斯密的

---

① 见附录一。

世界主义理论的英国政治家,他郑重其事地随身带着一本《国富论》。在1786年,他发表了一次演说,这个演说既不是讲给议会听的,也不是讲给全国人民听的,而显然是讲给那些毫无经验政治的眼光短浅的法国政治家们听的,意在影响他们,使他们缔结《伊甸条约》。他的这个演说是斯密推论方式的一个绝妙标本。他讲道,法国天生适合农业和酒类生产,就像英国天生适合制造业生产一样。这两个国家应当相互作用,就像从事着不同贸易行业但又可以通过商品交换实现共同富裕的两个大商人那样去做。① 他在这里只字不提英国那个古老的准则,即一个国家只有在对外贸易中以制成品换取农产品与原材料,才能实现高度富强。这一准则自此以后成了并且一直是英国的国家秘密。虽然再也没有人公开宣称过,但比以往执行得更坚决。但是,若是英国自威廉·庇特时代以来就果真把保护性政策当做无用的拐杖抛弃了的话,那么它该占据的地位要比现在高得多,离垄断全世界制造能力的目标也就更近了。实现这个目标的有利时机,显然是在普遍和平刚刚恢复之后。出于对拿破仑大陆制度的憎恨,所有大陆国家牢牢地接受了世界主义理论的学说。

---

① 庇特说,法国在气候和其他自然条件方面优势明显,因此原产品超过了英国,但是英国却在手工制品方面超过了法国。法国的葡萄酒、白兰地、油类和食用醋,尤其是前两种商品的重要性和价值非常大,我们的天然产品的价值远远无法于其相比。但是,另一方面,同样确定的是,英国是某些制成品的专门生产者,即使在其他商品方面,它的优势也非常大,可以毫无疑问地抵御任何来自法国方面的竞争。这是两国之间缔结互利商贸条约的互补条件和基础。既然各国都有自己的主打商品,而一方的商品又是另一方所缺乏的,因此双方应像两个从事不同贸易的商人那样,通过商品交换,立刻可使双方受益。让我们只记住这一点:我们邻国的财富、众多的人口、地理位置上的便利,以及由此产生的频频交换,使我们双方都可获利。这样,谁不会刻不容缓地赞同自由贸易的制度?谁又不会迫不及待地希望尽快与这样的国家建立贸易关系呢?拥有如此广大和可靠的市场,必将为我们的贸易注入异常强大的推动力,由此从走私分子那里获取的进入国库的海关收入将有利于我们的财政,因而将使英国的两种主要原动力——财富和国力——具有更大的生产力。

第 33 章 英国的海岛优势与大陆强国——美国和法国 275

俄罗斯、整个北欧、德国、西班牙半岛和美国可能会认为自己能用原材料同英国交换制成品是幸运的。法国考虑到它在酒类和丝绸织造业方面获得的既得利益,也很可能不再采取禁止性制度。

普里斯特利在谈及英国的《航海法》时曾说,*取消英国保护性制度就像当初采用这个制度一样明智*。同样,取消保护性制度的时机也成熟了。

这样一个政策的结果必然是两个半球的所有剩余原材料和农产品都将源源不断地运到英国,全世界人民都将穿上用英国纺织品制成的衣服。一切都朝着增加英国的财富和增强英国的国力的方向发展。在这种情况下,美国或俄罗斯几乎不可能在本世纪想到采取保护性制度,或者德国也不会建立关税同盟。人们很难下定决心牺牲眼前的利益去追求那遥远的希望。

但是,天意难违,树木不应该长得太快而直冲云霄。卡斯尔雷勋爵把英国的商业政策交到了拥有土地的贵族手中,这些贵族把这些曾经下过金蛋的鸡杀了。假如他们允许英国的制造业垄断世界各国的市场,那么大不列颠在世界上占据的地位,就如同一个制造业发达的城市在全国所处的地位那样。英国这个岛国将厂房林立,工厂遍布全国,或者被开发成赏心悦目的花园、菜园和果园,土地将用来生产奶类和肉类或种植经济作物,或专门用来种植一般只能在大城市周边种植的作物。这些作物的生产同玉米的单一生产相比,使英国农业有利可图。相应地,经过一段时间以后,拥有土地的贵族获得的地租,极有可能比把外国谷物排除在本国市场之外获得的利益要高得多。只是这些仅仅注重眼前利益的贵族们更喜欢通过《谷物法》,把他们在战争期间因外国原材料和农产品被迫退出英国市场而得到提高的地租继续维持在较高的水平上。因此,他们迫使欧洲大陆国家寻找其他方法提高自己的福祉,即通过建立自己的制造业能力,而不是像以前那样用农产品自由交换英国的制成品。由此可以看到,英国限制性法律发挥作用的方式,完全与拿破仑的大陆制度一样,只不过发挥作用的时间稍晚一些而已。

在坎宁和赫斯基森执政时期,拥有土地的贵族们早已尝到了禁果的甜头,这时想要凭借一些常识性的理由劝说他们放弃他们已经享受到的东西,那简直毫无可能。这两个政治家发现他们处在解决一个不可能解决的问题的困境中:他们既要使大陆国家相信自由贸易的好处,同时又要为了英国贵族的利益而坚持限制外国农产品的进口。因此,要想在本国制度发展的同时公正地对待两个大陆上的自由贸易的拥护者的期望,那简直是不可能的。在泛泛讨论英国和其他国家的商贸制度时,他们慷慨陈词,高谈阔论博爱主义和世界主义,而当涉及英国某种特殊关税的交替时,他们却从保护原则出发,从不考虑这种做法是否和他们的夸夸其谈相一致。

的确,赫斯基森降低了几种商品的关税,但是他从不疏忽大意,即使关税较低,英国本国的制造业仍然得到了充分保护。因此,他基本上就是遵循了荷兰治水的原则。哪里的海水涨得高,聪明的政府管理当局就修筑高坝;哪里涨得低,它就只修筑低坝。经过一番折腾,被标榜的如此华丽的英国商贸政策改革尘埃落定,变成了一套政治—经济上的把戏。有些人可能援引英国降低了丝织品的关税来说明英国的慷慨大方,但没有考虑到英国采取的这一措施仅仅是为了不鼓励这类商品的非法贸易,从而使财政不受损失,以避免损害自己的丝织业。通过降低关税,它的目的也达到了。假如 50% ~ 70% 的保护性关税(这是现在外国丝织品织造商在英国必须支付的,包括附加税①)可以被当做慷慨大方的证据的话,那么,多数国家

---

① 李斯特在写完这些话之后的不长时间,外国丝织品织造商在向英国进口这些产品时必须支付的关税已经完全取消了。关税取消后的结果可以从沃尔多先生关于英国丝织品贸易的报告中了解到:在 1825 年,伦敦共有 24 000 台织机和 60 000 名技工从事丝织业,到今天已经分别下降到了 1 200 台织机和不到 4 000 名技工。在 1861 年,考文垂一地的绸缎贸易就为 40 600 人提供了谋生的手段,而今天可能不超过 10 000 人在受益,而且考文垂仍在使用中的动力织机的数量已由原来的 1 800 台下降到了 600 台。在德比,从事丝织业的技工人数从(1850 年的)6 650 人,下降到了目前的 2 400 人。在康乐敦区,技工人数从 5 186 人(1860 年)下降到了 1 530 人(1884 年)。那个地区最多曾有 40 家捻丝工厂,现在只有 12 家了,大约"3/4 的机器在运转"。在曼彻斯特,这一行业几乎完全消失了。而在米德尔敦,这一工业"几乎破产了"。这

可能宣称,他们在这方面早已走在了英国的前列,而不是跟随其后。

因为坎宁和赫斯基森所展示的一切,是特意要在法国和美国产生影响,因此现在回想一下他们在这两个国家是如何碰得头破血流的,倒也别有一番趣味。就像此前的1786年一样,英国这次也得到了理论家们的大力支持。法国自由党被普遍的贸易自由的宏伟设想和萨伊的肤浅理论冲昏了头脑,反对令人生厌的政府,它们得到了沿海城市、葡萄园种植主和丝织业织造商的有力支持,在这种情况下,自由党振臂呐喊,要求像他们在1786年时的做法那样,扩大对英贸易,作为提高国家福祉的正确方法。

不论人们怎样指责复辟王朝所犯的错误,但它对法国做出过的无可否认的贡献,甚至连后人都没有异议。这就是,在商业政策方面,复辟王朝既没被英国人的计谋也没被自由党的喧嚣所迷惑并误入歧途。坎宁先生对这件事非常上心,他亲临巴黎,试图劝说维莱耳先生相信他提出的这些措施的优越性,劝他效仿英国的做法。然而,维莱耳先生非常务实,他彻底看穿了英国人的计谋。据说,他是这样答复坎宁先生的:"如果工业高度发达的英国允许比以前更强大的外国与它进行竞争,那么那样的政策是适合英国自己的利益的,

---

些结果(沃尔多先生指出)应归咎于英国进口生丝数量的下降,从8 000 000磅(1871年)下降到了不足3 000 000磅。

但是,自从李斯特的著作面世以来,美国提高了外国丝制品的进口关税,并一直稳定地维持在相当高的水平上。(美国关税委员会委员)罗伯特·波特先生曾在1883年的一次演讲中公开陈述了该政策产生的结果,现摘录如下:

在《莫里关税法》(1861年)之前,美国丝织业雇用了5 000人。到了1880年,已经增长到了30 000人。美国生产的丝织品的价值,由1860年的1 200 000英镑,增加到了1880年的8 000 000英镑。"是的,消费者用于制成品的费用,如果以黄金计算,那么同用于原材料的费用相比,已经有了大幅下降"。在提及陶器和平板玻璃生产时,波特先生补充说:"关税委员会的听证表明,毫无疑问,*在*美国的竞争,已经大大降低了美国消费者的费用。这样,先生们,我坚持认为,并且我将用统计数字予以证明,保护制度,就美国而言,已经*在各个方面*最终*让消费者受益了*,以此为理由,我将为之辩护并相信它。"——英译者注。

而法国目前最重大的利益是为自己尚未完全实现高度发展的制造业提供保障；为实现这一目标，我们对制造业实行保护是不可或缺的。不过，一旦同英国竞争的时机成熟，并且同外国进行竞争比限制竞争更能有效地促进法国制造工业的发展，那么，他（维莱耳先生）会毫不犹豫地以坎宁先生为榜样并从中受益的。"

坎宁被这一明确答复激怒了，回国后他在议会里公开夸耀自己是如何利用西班牙的干涉给法国政府套上沉重的负担的。从这些言论中我们可以看出，坎宁先生所讲的世界主义与欧洲自由主义的观点，并不像欧洲大陆那些好心的自由主义者可能愿意相信的那样真诚。假如坎宁先生对欧洲大陆的自由主义事业有丝毫兴趣的话，那么他又怎么会仅仅为了给法国政府套上沉重的负担而牺牲西班牙的宪政使其受到法国的干涉呢？事实的真相是，坎宁先生是个地道的英国人，只有当博爱主义或世界主义被证明在加强和进一步扩大英国的工商业优势方面对他有利时，或者有助于迷惑英国的工商业对手时，他才容许自己考虑这些主义。

实际上，维莱耳先生不需要多大的聪明才智就能认清坎宁先生给他设下的圈套。大陆制度取消以后，德国工业不断衰退，维莱耳先生从邻邦德国的经验中找到了证明英国所理解的自由贸易原则的真正价值的显著证明。同样，法国在1815年以来实施的制度的指引下不断取得的进步，不至于像寓言中的那条狗那样，丢掉嘴中的东西而朝着影子狂吠。对工业状况洞察极深的人，如沙普塔尔与查尔斯·杜平等，都曾以最明确的方式表达自己对这个制度所产生的结果的看法。

沙普塔尔关于法国工业的著作，仅仅是为了法国商业政策所进行的辩护，介绍商业政策带来的全部成果和每个阶段取得的成就。从下面的引文中可以看出他这部著作的倾向："为避免使自己陷入深奥的抽象概念中而不能自拔，我们首先坚持已经存在的东西并首先使其完善。健全的关税立法是制造工业的保障。立法可以随着形势的变化而增减进口关税，可以补偿因劳动力工资过高或燃料价格过高而带来的不便，可以保护年幼的艺术和工业，直到它们最终壮大到足以承受来自外国的竞争，可以建立法国的工业独立，通过劳动使国家实现富裕,这就像我常常提到的那样,劳动是财富的主要源泉。"①

查尔斯·杜平在他的著作《论法国的生产能力与1814年至1847年间的法国的工业进步》中,阐述了法国从复辟以来所遵循的商贸政策的成就,指出法国的执政者不可能仅仅为了《麦修恩条约》的诱惑而考虑牺牲半个世纪的努力,因为这是付出了巨大牺牲的、成果丰硕的、前途充满希望的半个世纪。

美国1828年采取的关税税则是英国商贸政策的必然结果,这一政策把美国的木材、谷物,面粉以及其他农产品拒之于英国国境之外,英国只允许收取那些用于交换英国制成品的原棉。在这种制度下进行的对英贸易,仅仅有助于促进美国奴隶的农业劳动,而美国那些最自由、最开明、最强大的州的经济发展却裹足不前,陷于了停滞状态,而不得不通过向西部荒芜之地移民,处置每年剩余的人口和资本。赫斯基森先生对此事态了如指掌。众所周知,英国驻华盛顿大使曾多次向他准确汇报过英国政策所必然造成的后果。假如赫斯基森先生果真是他国人民所想象的那样一个人,那么他就会把美国公布税则这件事当做一个宝贵机会,使英国贵族们明白《谷物法》的愚蠢之处以及废除《谷物法》的必要性。但是赫斯基森先生又做了些什么呢?他对美国人大发雷霆,情急之下,他进行了一番辩解,而这番辩解的不准确性就连美国的种植园主都知道;他还使用威胁手段,结果使自己显得滑稽可笑、贻笑大方。赫斯基森先生说,英国对美国的出口只占英国全部出口总额的六分之一,而美国对英国的出口总额却占到了美国出口总额的一半以上。他这样说的目的是为了证明,美国受制于英国的程度大于英国受制于美国的程度。同美国相比,英国没有过多的理由担心由于战争、交往中断等造成的贸易风险。如果人们只看进出口总值,赫斯基森的观点似乎足有道理,但是,如果再考虑一下双方相互进出口的性质,就很难理解他怎么会用一个事实证明与他期望得出的结论完全相反的观点来论证自己的观点呢?美国对英国的出口,全部或绝大部分是原材

---

① 沙普塔尔:《论法国工业》,第二卷,第147页。

料，英国可以使这些原材料升值到原来的十倍，英国既离不开这些原材料，又无论以什么价格都无法从其他地方获得，甚至数量也不能满足它们的需求。而美国从英国的进口则全部是制成品，这些商品它既可以自己制造，也可以很容易地从别国购买。如果根据价值理论，考虑一下假如两国贸易中断会出现什么局面？似乎必定不利于美国一方。但是如果我们按照生产能力的理论再来看，这必定对英国造成无可挽回的损失。因为如果这样，大约三分之二的英国棉纺厂将停产甚至破产，到那时，英国财富的生产资源将神奇般地失去，其每年损失的价值将远远地大于它的全部出口总价值，这些损失给和平、财富、信用、商业和英国的实力带来的后果无法估量。然而，同样的事情又会给美国造成什么样的后果呢？被迫自己生产那些它们以前从英国获得的制成品，用不了几年的时间，它们就会得到英国所失去的东西。无疑，这一举措必将导致生死冲突，就像从前的《航海法》曾引发的英荷两国之间的冲突一样。但是，冲突可能会以从前发生在英吉利海峡的那种方式而宣告结束。尽管在我们看来，似乎事态的发展必然导致这种冲突的迟早发生，但我们没有必要在此探究冲突造成的后果。我们前面谈过的已经足以清楚地说明赫斯基森先生观点的无益和危险，并证明了英国（通过其《谷物法》）迫使美国自己进行生产的行为是多么不明智，同时也证明，假如赫斯基森先生不轻视这个问题，不进行无谓而又危险的辩论，而是想方设法地消除那些导致美国采用1828年税则的起因，那将多么明智啊！

为了向美国人证明同英国进行贸易对他们多么有利，赫斯基森先生指出，英国进口美国原棉增长迅猛。但是，美国人知道如何从真正价值的角度估量这一观点。因为十多年来，美国棉花产量年年都超过对它的消费需求，进而直接导致了棉花价格的不断下跌，跌幅几乎同出口量的增幅持平。从一些数字中可以清楚地看清这一切：1816 年，美国用 80 000 000 磅棉花换回了 24 000 000 美元，而在 1826 年，则用 204 000 000 磅棉花换回了 25 000 000 美元。

最后，赫斯基森先生还威胁美国说，英国要经由加拿大组织大规模的非法贸易。的确，在当时形势下，能够威胁美国保护制度的

第 33 章 英国的海岛优势与大陆强国——美国和法国

手段中,唯有赫斯基森先生声言的这种情形最为严重。但是,接下来的后果又将如何呢?是不是美国人会心甘情愿地任由英国议会控制他们的制度,年复一年地在屈辱中等待后者任意决定他们的工业,而不管效果如何?多么荒谬。唯一的后果将是美国侵占加拿大并把它纳入自己同盟的版图中,或者一旦加拿大的走私贸易发展到了无法容忍的地步,那么美国将协助加拿大获得独立。不管怎么说,如果一个已经获得工业和商业优势地位的国家,先是迫使一个与自己在种族、语言与利益等方面都与自己息息相关的农业国成为一个有制造能力的国家,然后为了使它不能继续利用这种强力给予它的地位,而又迫使它帮助这个国家自己的殖民地获得独立,是不是我们不得不认为其愚蠢程度是非常高的?

赫斯基森去世之后,波利特·汤普森先生接手了指导英国商贸事务的工作。这位政治家接过了被人称颂的前任的职位,并继续贯彻他的政策。与此同时,关于美国问题,他可以无所事事,因为在那个国家,无需英国的特别的努力,在棉花种植园主和进口商的影响下,以及在民主党尤其是在 1832 年通过的所谓的"折中方案"的帮助下,以前的关税税则已经作了修改,尽管的确只是对原税则的过分和错误之处进行了修改,但依然能够为美国的粗棉和毛织物织造提供一定程度的保护,并且这样的修改也依然给了英国期待已久的一切让步,而英国则没有作出相应的让步。

自从"折中方案"通过以后,英国对美国的出口出现了大幅的增加,并且对美国的出口量大大超过了从美国的进口量,这样英国就具备了随时抽走美国流通贵金属的能力,并且可以根据需要尽量随意多抽,因此,每当英国缺钱时就常给美国造成商业危机。最令人惊讶的现象是,这一方案的制定者亨利·克莱却是最负盛名、最有远见的美国制造业利益的保护者。人们一定记得,1828 年实行的税则使美国制造商实现了富裕,这极大地引起了棉花种植园主的妒忌,以至于南部各州威胁说,如果不重新修订 1828 年的税则,他们就让联邦土崩瓦解。民主党领导的联邦政府纯粹出于党派利益和拉选票的动机,站在了南部各州农场主的一边,而且还成功地让同属于民主党的中西部各州的农业经营者采纳同样的观点。

这些中西部各州的农业经营者由于产品价格上涨而且居高不下的缘故,失去了先前对制造业利益的同情,而物价上涨主要是因为国内制造业实现了繁荣,开凿了多条运河和修建了众多铁路。他们可能的确很担心南部各州坚持反对意见,使联邦真正出现分裂局面,甚至造成内战。因此,不疏远南部各州的热情成了中西部各州民主党的利益。这些政治环境使得公众舆论转而支持同英国进行自由贸易。人们有理由担心,如果选择了同英国进行自由竞争,那么整个国家的制造业利益将会因此而全部牺牲。在这种情形下,亨利·克莱的"折中方案"似乎至少是保留部分保护制度的唯一手段。根据这个方案,部分美国制造业,即那些生产精致贵重商品的制造业,在同外国进行竞争的过程中即使被打垮了,但另一类制造业,即生产粗劣、廉价商品的制造业将得以保留。而与此同时,所有的现象似乎表明,美国的保护制度在随后的几年内将东山再起,并重新获得发展。无论英国多么期望减轻和缓解美国商业危机,无论以购买股票或贷款的方式还是通过移民的方式从英国流入美国的资本量多么巨大,而依然存在的并不断扩大的进出口值比例失调的现象不可能通过这些手段最终实现平衡。进出口值的比例失调的幅度规模不断增大,令人惊恐的商业危机就必定发生,美国人最终必将认识到并下定决心铲除罪恶的根源。

保护制度的拥护者一定会再次增多,自由贸易的拥护者一定会再次减少,这是事物的根本之所在。大规模公共建设事业的发展,棉花的大量增产引起的对生活必需品的需求的增长,农产品歉收等原因造成的前一时期的制造业的繁荣,导致了农产品的价格的异常,且到目前为止一直居高不下。然而,人们可以有把握地预见到,在随后的几年内,如此高的价格必将下降到平均水平以下,其下降幅度与其超过幅度相仿。自从折中方案通过以来,美国把资本增加的大部分都用于了农业,并且现在已初具生产力规模。农业生产因此获得异常增长的同时,对农产品的需求也必将异常下降。第一,公共事业建设已经无法达到同以往相同的规模。第二,由于国外竞争,从事制造业的人口数量不会再有大规模的增长。第三,因为棉花产量已经大大超过了消费量,因而棉花价格较低,以至于种植园主们被迫自己生产那些原先从中西部各州购买的生活必需品。另外，如果西部农业大丰收，则中西部各州就将再度承受生产过剩带来的痛苦，就像1828年税则以前的情形那样。但是，同样的原因必然再次产生同样的结果，这就是说，中西部各州的农业经营者必将再次坚信，只有当国内制造业人口有了增长时，人们对农产品的需求才能相应地增长，而人口的增长只有靠坚持保护制度才能实现。在这种形势下，坚决支持保护制度的人数和所产生的影响将日益增加，而反对派的人数将同比例地下降。接着，棉花种植园主们如果对自己的切身利益认识准确，那么他们终将坚信，国内制造业人口的增加和人们对农产品与原材料的需求的增长，均与他们的切身利益相关。

我们前面说过，因为美国的棉花种植园主们和民主党正心甘情愿地朝着有利于英国商业利益的方向努力，这就没有为汤普森先生提供展示商业外交才能的机会。

法国的情形却完全与此相反。那里的人仍然牢固坚持禁止制度。的确有许多政府官员是价值理论的追随者，也有许多政府官员支持扩大英法之间的商贸关系，鉴于法国同英国的同盟关系，使得这种观点广受欢迎。但是关于如何实现这一目标，意见很不统一。看来比较明显和毋庸置疑的是，对外国生活必需品和原材料课以重税以及排挤英国的煤和生铁对法国工业非常不利，而葡萄酒、白兰地和丝织品的出口增长对法国却极为有利。

总之，人们慷慨陈词的目的，是普遍反对禁止制度的不利一面。但要在特殊条件下攻击该制度，选择这个时候似乎不是什么明智之举。因为七月党政府最强有力的支持者来自于富裕的中产阶级，它们往往对大型制造业情有独钟。

在这些情况下，汤普森先生制订了一个行动计划，充分彰显出了其渊博的思想和精明的外交才干。他把鲍林博士派往法国，此人精通商业、工业，对法国的商业政策了如指掌，谙熟在心，他以其自由主义思想而著称，学识渊博，是一位卓有成就的学者。他周游法国，随后又去了瑞士，为支持自由贸易、反对禁止制度进行辩护，在现场搜集资料。凭借其超凡的能力与精明强干，鲍林博士顺利地完成了任务。尤其是他非常清晰地指出了前面提及的两国之间在煤、生铁、葡萄酒与白兰地等领域进行自由贸易带来的好处。在他撰写的报告中，他的论述主要集中在上述这几种商品上，在谈到其他工业部门时，他只提供了一些统计数据，至于这些工业部门如何通过对英国的自由贸易得到改进，他则没有进行专门的论证或提出具体的建议。

鲍林博士严格按照汤普森先生给他的指示行动，他用超凡的技巧和娴熟的笔法对这些指示进行了概述，并写在了报告的开头部分。汤普森先生使用了最为慷慨陈词的表达方式。他说自己充分考虑到了法国制造业的利益，并表示，他未必期望从法英谈判中获得什么重大成果。这时，法国的棉纺业和毛纺业已经非常发达，它们对英国的观点心存疑虑，汤普森先生的这番说明对这种恐惧心理起到了镇静作用。在汤普森先生看来，要求法国在这些领域作出重大让步，这是愚蠢之举。

但是，关于如何轻易实现"*次重要商品*"的目标，汤普森先生给出了暗示。说明中的确没有——列举这些"次重要商品"，但后来法国的经历却暴露出了汤普森先生的真正意图，因为他在撰写这个报告的时候，英国出口法国的麻纱和麻织品都被归到了"次重要商品"之列。

法国政府被英国政府及其代言人的一番陈述和解释所打动，打算向英国作出相对次要的让步，以为最终将证明这种让步对法国有利，于是就把麻纱与麻织品的进口税降到了相当低的程度，结果在面对英国这些行业的制造业有了重大改进的时候，它们就不能提供任何性质的保护了，因此，在随后的几年时间内，英国这些商品对法国出口急剧增长（1838 年高达 32 000 000 法郎），同时由于英国下手较早，已经抢占了先机，除非法国能够找到其他高招通过提高关税抑制英国的竞争，否则法国将面临失去整个麻纺织业的危险，而法国麻纺织业的价值高达数百万法郎，对农业和整个农业人口的福祉至关重要。

法国分明被汤普森先生愚弄了。他在 1834 年就早已清楚地看到，英国的新发明在以后的几年时间内将对英国的麻纺工业产生很大的推动力，并且在同法国的谈判中，他预见到法国政府对这些发明以及由此产生的必然后果尚不知晓。那些低关税政策的拥护者们正在不遗余力地想让全世界相信,他们这样做仅仅是希望向比利时的麻纺织业让步。但是,难道他们这样做就能把对英国在这方面取得的进步缺乏了解,以及他们对由此产生的必然后果缺乏远见所造成的损失弥补上吗?

事情可能就该如此,这已清楚地表明,法国既然已经失去了大部分的麻纺织业,为了英国的利益而遭受了重大损失,那么法国就必然更加保护自己。英法之间第一次也是最近一次扩大自由贸易的尝试,将永远成为人们关于英国玩弄铁腕和法国缺乏经验的深刻记忆,这次扩大自由贸易可以看做是一个新的《麦修恩条约》和第二个《伊甸条约》。当汤普森先生察觉到了法国麻纺织业制造商的抱怨,以及法国政府有意将功补过,准备改正自己所犯错误的时候,他又做了些什么呢?他的做法和赫斯基森先生从前的做法一样,他一味地进行威胁,他威胁说英国将排除法国的酒和丝织品。这就是典型的英国式世界主义手法。法国为了换取多向英国出口价值只有区区几百万法郎的葡萄酒和丝织品的特权,就必须放弃这个已有一千多年历史的制造工业,这个工业已经同法国社会下层阶级的整个经济,尤其是它的农业紧密地联系在了一起,必须承认其产品是各个阶级的主要生活必需品,总价值高达三四亿法郎。除了在价值上比例失调之外,我们还应该同时考虑到,如果战争导致两国之间的贸易关系中断,法国再也不能向英国出口剩余部分的丝织品和葡萄酒,而法国国内却极度缺乏像麻织品这样的重要的社会必需品,那么法国将被置于何种境地呢?

任何人如果对这个问题进行深思熟虑,那他就会明白,麻织品问题不单单是一个经济福祉的问题,而是像所有涉及国家制造能力的问题一样,更是一个国家独立和国力的问题。

它看起来的确是这样,好像发明创造精神已为自己布置了一项新任务,那就是在不断完善麻纺织业的进程中,使国家能够理解制造业利益的本质、制造业利益与农业的关系及其对国家独立和国力的影响,从而揭露流行理论的错误论点。流行学派已闻名于世,认为每个国家在各个生产部门都有特殊优势,各有所长,这些长处要么是先天所有，要么是在自己的发展过程中部分获得的，这些长处在自由贸易的环境下可以相互补偿。我们在前面的一章中已经举证说明，这个论点对农业是正确的，因为农业生产主要依赖气候条件和土壤的肥沃程度，但是对制造业却是不正确的，因为只要所有温带国家具备了必要的物质、精神、社会和政治等先决条件，那么它们就会有同样的能力。当今的英国就是一个最为显著的例子，它充分地证明了这一点。从过去的经验、努力程度以及天然的先决条件等方面来看，特别适合发展麻纺织业的国家当属德国、比利时、荷兰，以及已经从事这种织造业长达一千多年的法国北部的居民。但是，尽人皆知，英国直到上个世纪中期在这类工业方面所取得的进步仍然很小，以至于它们所需的大部分麻布要靠从国外进口。如果它们不是凭借关税制度对麻织业不断提供保护，它们甚至永远也不可能用自己生产的麻织品供应本国市场与殖民地。众所周知，卡斯尔雷和利物浦两位勋爵是如何在议会举证说明，要是没有保护，爱尔兰的麻纺织业就不可能承受得住与德国的竞争。然而现在我们却看到，尽管一个世纪以来英国的麻织品织造商在全欧洲一直是最糟糕的，但是由于英国有了新的发明创造，现在它竟然威胁说要垄断整个欧洲的麻纺织业，如同它最近五十年垄断了东印度的棉织品市场一样，尽管在此之前的一百年内它甚至不能在本国市场同印度的棉织品织造商进行竞争。当前在法国，这是一个引起广泛争论的问题：虽然拿破仑是第一个重赏棉纺机发明的人，虽然法国的机器操作工和织造商早于英国人从事麻纺织业，但英国最近怎么会在这一行业取得如此巨大的进步呢？人们不禁要问，究竟是英国人还是法国人更具有机械方面的才能？人们提供的解释五花八门，但没有一个是正确的、合理的。把更高的机械才能或更高的工业技能与锲而不舍的精神归到英国人身上，而不是德国人或法国人身上，简直荒诞无稽。在爱德华三世之前，英国人在欧洲最无赖、最无能，他们当然绝不会想到可以在机械才能或工业技能方面把自己与意大利人和比利时人或德国人相提并论。但自此以后，英国政府就开始开办教育，并逐渐取得了如此巨大的进步，使它具备了在工业技能上同老师一争高下的能力。如果英国人在最近二十年来在麻纺织机械方面比其他国家尤其是法国进步更大,是因为:第一,它在机械技能方面取得了更加卓越的进步。第二,它在棉纺织机械方面更先进,而这些机械同麻纺织机械非常相似。第三,由于它以前的商贸政策的缘故,使它拥有了比法国还多的资本。第四,由于以前的商贸政策的缘故,它的麻织品国内市场比法国的更广大。第五,它的保护性关税连同上述种种因素,为国家的机械力量提供了强有力的动力,为使其致力于改进这一工业行业提供了更多的手段。

因此,英国人明显地证实了那些我们在其他部分里提出的并阐述过的观点——各工业部门之间的相互作用最密切;一个行业的改进为其他各行业的改进做好了准备,并加以促进;任何一个行业被忽视,所有行业都能感受到被忽视的行业所造成的影响。总之,国家的全部制造业构成了一个不可分割的整体。它通过麻纺织业的最新成就,显著地证明了这个观点。

第34章 英国的海岛优势与德国商业联盟

最近二十年德国才认识到，自己现在已经成为了一个大国，却没一个强有力的商业政策，也认识到了采取强有力的商业政策会变成什么样。借用富兰克林在谈及新泽西州时说过的话，德国"是一只被邻居们从四周凿了孔的酒桶，里面装的酒已经被他们喝光了"。英国已经毁掉了德国大部分的制造业，并且用大量棉麻织品供应德国市场，但它还不满足，还要把德国的谷物和木材，甚至还时不时地把德国的羊毛排斥在它们的港口之外，不允许这些商品进口。曾有一个时期，英国出口到德国的制成品的数量，是其出口到它高度称颂的东印度帝国的十几倍。但是即使这样，这个垄断一切的岛国对德国一点也不大方，它甚至不给予可怜的德国人与被它征服的印度人同样的条件，即不允许德国人用农产品支付他们所需的制成品。德国人低声下气，徒劳地成了英国人劈柴挑水的奴隶，它对待德国人还不如对待附庸国的人民。国家如同个人一样，如果一开始就让他人欺辱，不久就会遭所有人唾弃，最终将成为孩童们嘲笑的对象。法国并不满足于向德国出口大量的葡萄酒、食用油、丝绸品和女帽等，还嫉妒德国出口牲畜、谷物和亚麻。是的，一个沿海小省，原属德国并且居民全是德国人，过去通过德国实现了富强，一向只能靠德国才能和德国保持在一起，就是这样一个小省，却能凭借一些卑鄙无耻的诡辩，就把德国一条最重要的河流封锁了长达十五年之久。为改变这种受辱状态，一百多个教授级的大家讲授了这样一个教义，即国家只有通过普遍的自由贸易，才能实现富强。这是以前的德国，而现状又如何呢？德国在过去的十年内有如走过了一个世纪的历程,在国家繁荣、国家工业、国家自尊和国家力量等方面取得了需要一个世纪才能取得的进步。这一切成就是怎样获得的?废除曾经把德国人自己隔离开来的国内关税当然不错而且有利,但是,如果它的本国工业因此而始终毫无限制地暴露在外国的竞争之下,那么,这个国家从中得到的利益将微不足道。关税联盟实行的税则保证了日常制成品的生产,正是这种保护措施,才促成了奇迹的发生。让我们公开承认这一点吧,因为鲍林博士①已经明确指出,关税联盟实行的税则并不像以前宣称的那样仅仅是为了增加岁入而征税,也并不像赫斯基森认为的那样税率被限定在了 15%～20% 之间,让我们公开接受这一事实吧,关税联盟对日常制成品征收 20%～60% 的保护性关税。

但是,这些保护性关税到底发挥了什么作用呢?是不是消费者在购买德国制造的商品时比以前他们购买外国商品时多支付了 20%～60% 的费用呢(如果流行理论正确的话,那势必如此),或者这些商品不如外国商品好呢?事实恰恰相反。鲍林博士自己也旁征博引,证明在高关税下生产的此类商品与外国的同类商品相比,既好又便宜。② 国内竞争以及保障免受外国人破坏性竞争的影响,创造了这一奇迹,对此流行学派一无所知,而且也决定了它们不会知道。因此,流行学派认为保护性关税将使国内生产的商品价格上涨,上涨幅度与所收税额的幅度同样的说法是不正确的。在短期内,关税也许会使商品的价格上涨,但是任何有条件从事制造工业的国家,保护措施的结果将是,国内竞争很快将会使商品价格回落,降到自由进口时期的价格水平以下。

但是,在高额关税下,农业遭受损失了吗?毫发未损。农业收成颇丰,德国最近十年翻了十番。农产品的需求增长了,各地农产品的价格提高了。尽人皆知,仅仅由于制造业的发展,各地的土地都已经升值,从 50% 升到了 100%,各地的工资水平也提高了,交通

---

① 约翰·鲍林:《致维斯康特·帕默斯顿阁下关于德国关税同盟的报告》,1840 年。
② 参见 R. B. 波特的陈述,第 299 页的注释。

运输条件正在得到全面改善,有些已经开始发挥作用,有的已经列入了议会的议程。

这些如此辉煌的成就必将鼓励我们沿着我们已经开始遵循的制度继续前进。联盟中的其他成员国也已打算采取同样的措施,但尚未付诸实施;然而,看来另一些成员国仅仅希望通过取消英国征收的谷物和木材的关税实现富裕。同时还有另一些有影响的人物,他们坚信世界主义,而不相信他们自己国家的经历。鲍林博士的报告对这些观点、德国商业联盟的处境和英国政府采取的策略进行了精辟论述,让我们尝试着细看一下这个报告。

首先,我们必须考虑撰写这个报告的出发点。墨尔本内阁贸易委员会主席拉布谢尔先生把鲍林博士派往德国,目的与1834年汤普森先生派拉布谢尔先生前往法国相同。如同访问法国意在通过在进口法国葡萄酒和白兰地上作出让步,误导法国对英产品开放国内市场那样,出访德国意在通过在进口德国谷物和木材上作出让步,达到与出访法国同样的目的。不过在让步方面,这两次使命有着很大的区别,那就是,不用担心对法国的让步会受到英国国内的反对,而对德国的让步必须在英国国内通过一番唇枪舌剑才能争取到。

因此,这两个报告的倾向性必然存在着本质区别。那个关于英法之间商业关系的报告是专门为法国人写的,有必要向法国人说明,科尔伯特通过实施保护制度并没有取得令人满意的成就,有必要使人们相信,《伊甸条约》对法国有利,拿破仑的大陆制度以及现行的法国禁止性制度对法国贻害无穷。总之,在这种情况下,有必要坚决坚持亚当·斯密的理论,必须完全彻底地断然否定保护制度产生的一切好的结果。但是,另一个报告的任务就不那么简单了,因为在这个报告中,必须同时讲给英国的土地所有者和德国政府听。必须对前者这么说:看,有这么一个国家,由于实行了保护性制度,工业已经取得了巨大进步,它拥有发展工业的一切必要手段,正在加快垄断自己本国市场以及加快在国外市场上同英国进行竞争的步伐。上议院的保守分子们,下议院的乡绅们,这都是你们作的孽,这都是你们那些不明智的《谷物法》造成的后果。《谷物法》使德国粮食和原材料的价格以及劳动力的工资都保持在低水平上。《谷物法》把德国的制造业推上了一个比英国更加有利的地位。因此,你们这些蠢货,赶紧废除这些《谷物法》吧,这样,你们就可以用两到三倍的力量破坏德国的制造业。第一,因为德国的粮食和原材料价格会上涨,而英国的会下降。第二,因为通过德国的谷物出口到英国,可以促进英国制成品对德国的出口。第三,因为德国商业联盟已经宣布,它有意降低普通棉毛织品的关税,所降比例同英国为德国谷物和木材进口提供的便利条件持平,届时,我们英国人挤垮德国制造业的行动再也不会失败了。但问题已迫在眉睫。制造业利益集团在德国商业联盟中的影响每年都在与日俱增,如果你们推迟行动,那么到时再废除《谷物法》就为时已晚。眼前这种平衡局面很快就会发生变化。德国制造业不久将会带来对农产品的巨大需求,那样德国将不会再有多余的谷物供出口了。到那时,你们愿意向德国政府作出哪些让步才能诱导它们干预自己本国的制造业,以及阻止它们自己的纺棉织品侵占你们的外国市场呢?

  报告的作者不得不向议会中的土地所有者们讲清楚这一切。英国政体不允许秘密政府报告,鲍林博士的报告一定要对外公布,报告的译文和摘要必将被德国人看到。因此,任何可能会导致德国人对自己的真正利益有所察觉的表达方式和措辞都不能用。因此,为使德国政府使用该报告,因而对每个用来影响议会的方法都要加上一个矫正法。这个报告必须断言,由于实行保护制度,德国的很多资本被拨到了其他渠道,用途不当。保护制度将破坏德国的农业利益,农业利益应该把注意力转向国外市场。当时,农业已成为德国最重要的生产性产业,因为德国有四分之三的人口从事农业。谈论为生产者提供保护纯属胡闹,制造业利益只有在同外国竞争中才能实现繁荣,德国舆论期望自由贸易。德国人民才智非凡,决不会希望实行高额税率。*假如英国降低谷物与木材的进口关税,那么这个国家中的开明之士必将支持降低普通棉毛织品的关税。*

  总之,在这个报告里有两种完全不同的声音,像两个对立面那样相互矛盾。两者中的哪一个声音表达了其真正的意图:是说给议会听的那个,还是讲给德国政府听的哪个?作出抉择并不难,因为鲍林博士在说服议会降低谷物和木材进口税时引用的所有证据,都辅助以统计数据、计算结果和物证,而那些用来劝阻德国政府实行保护制度的所谓证据,都是一些空洞肤浅的说教。

让我们仔细探究一番鲍林博士向议会提出的观点,即如果不按照他提出的方式阻止德国在保护制度下取得的进步,那么英国将无可挽回地失去德国制成品的市场。

鲍林博士说,德国人民以节制、节俭、勤劳、聪颖而著称,享有普遍教育制。优秀的技校把技术技能知识传播到了全国各地。

设计艺术尤其在德国得到了更好的培育,胜过了英国。每年人口数量和家畜尤其是羊的数量的大量增加,证明德国农业已经取得了很大的进步(报告只字未提财产价值的增加,尽管这是一个很重要的方面;也没提产品价值的增加)。在制造业地区,劳动工资增长了30%。该国拥有大量尚未得到利用的水力,这在所有动力中是最便宜的。矿产工业到处呈现出一派欣欣向荣的景象,超过了以往的任何一个时期。从1832年到1837年,原棉进口量从118 000生丁纳上升到了240 000生丁纳,棉纱进口量从172 000生丁纳扩大到了322 000生丁纳,棉织品出口从26 000生丁纳增加到了75 000生丁纳。普鲁士的织布机从1825年的22 000台增加到了1834年的32 000台,生羊毛进口从99 000生丁纳增加到了195 000生丁纳,而同一商品的出口从100 000生丁纳增加到了120 000生丁纳,毛织品进口从15 000生丁纳增加到了18 000生丁纳,而同一商品的出口从49 000生丁纳增加到了69 000生丁纳。

一方面,麻布织造业由于艰难地同英国、法国和意大利的高关税进行抗争,因而没有得到什么增长。另一方面,麻纱的进口则从1832年的30 000生丁纳增加到了1835年的86 000生丁纳,主要是通过从英国进口,而且还在持续增长。靛蓝染料的消费量从1831年的12 000生丁纳增加到了1837年的24 000生丁纳,这是德国工业进步的一个显著例证。在1832年到1836年期间,陶器出口翻了一番多,粗陶器进口从5 000生丁纳减到了2 000生丁纳,出口则从4 000生丁纳增加到了18 000生丁纳;瓷器进口从4 000生丁纳减到了1 000生丁纳,而出口则从700生丁纳增加到了4 000生丁纳。煤的产量从1832年的6 000 000普鲁士吨增加到了1836年的9 000 000普鲁士吨。1816年,普鲁士共有8 000 000只羊,到1837年,增加到了15 000 000只。

在萨克森地区,1831年只有14 000台织袜机,到1836年,达到了20 000台。从1881年到1837年间,这个地区毛纺厂的数量和生产的锭数都增加到了一倍以上。各地都建起了许多机器制造厂,大多数的事业都很红火。

总之,德国的各个工业行业都由于保护制度取得了巨大进步,尤其是在毛棉日常用品方面,已经完全停止从英国进口此类商品。同时,鲍林博士听到那些令人信服的观点之后,承认"普鲁士的毛织品明显比英国货便宜;尽管,有些织品的花色无法同英国最漂亮的相媲美,但是其他的花色几乎达到了至善至美的程度,实在无法超越;在纺织品和所有预备性加工过程方面,德国商品的生产水平已经完全赶上了英国,只是在最后修整阶段难免发现一些瑕疵,但是这类缺陷很快就不复存在了。"

很好理解这些陈述是如何劝使英国议会最终废除《谷物法》,在此之前,《谷物法》对德国起到了保护制度的作用。但是,我们似乎完全不能理解的是,德国商业联盟在实行保护制度之后取得了巨大进步,而它怎么会在这个报告的诱劝下就轻易地背离了一个曾经给它创造了辉煌成就的制度呢?

鲍林博士让我们确信,德国工业得到保护是以牺牲农民的利益为代价的,但是,我们在各地看到对农产品的需求、产品价格、劳动工资、地租以及财产价值都得到了增长,而农民却无需像以前那样,为他需要的制成品多花更多的钱,这一切与他的说法却恰恰相反,这时,我们又怎能相信他说的一切呢?

不错,鲍林博士是给了我们一个估计数,说德国农业从业人数与制造业从业人数之比是三比一。但那个说明使我们相信,德国从事制造业的人数与从事农业的人数的比例失调。除了加大对这些制造业部门的保护力度之外,我们还看不到一个更好的办法可以平衡这种失调,现在一些人一直在英国经营这些制造业部门,产品供应德国市场,他们消费的是英国农产品而非德国农产品。鲍林博士这样断言,如果德国希望扩大农产品销路,就必须把注意力转向外国市场。但是，对农产品的巨大需求只有靠繁荣的本国制造业能力才能得以实现，不但英国的经验已经告诉了我们，而且鲍林博士自己也对这一点表示承认。他在报告里表示忧虑，如果英国再拖延一段时间废弃《谷物法》的话，那么届时德国将既没有剩余的谷物又没有剩余的木材卖给外国了。

　　鲍林博士还断言，德国的农业利益仍然主导一切。但正是由于农业占据主导地位这个原因（像我们在前几章里所提到的），所以必须通过扩大制造业的利益使两者的利益比例均衡，因为农业的繁荣取决于同制造业的利益均衡，而不是取决于对制造业的优势地位。

　　看来报告的作者已经深陷错误的泥潭之中了，因为他认为，对德国制造业利益本身而言，德国市场上存在外国竞争很有必要，因为德国制造业在满足了德国市场的供应之后，要想解决剩余产品的问题，就得同其他国家的制造商进行竞争，而要想在竞争中获胜，就必须生产廉价产品。但是，廉价产品的生产将违背保护制度的初衷，因为该制度的目的就是要确保制造商能够维持高价位。

　　这种陈词滥调漏洞百出，错误连篇。鲍林博士也不能否认，一个制造商生产的产品越多，他所提供的产品的价格就越低，因此，一个独享本国市场的制造业发达的强国，用于外贸交易的产品就更便宜了。鲍林博士可以在他业已发表的关于德国工业进步的一览表中找到这样的证据，因为随着德国逐步获得了本国市场，德国制成品的出口就有了同比的增长。因此，就像英国古老的经验那样，德国最近的经验告诉我们，制成品的高价绝对不是保护制度的必然结果。

　　最后，德国工业还远远不能满足自己的国内市场需求。要做到这一点，它必须首先为自己生产 13 000 生丁纳的棉织品、18 000 生丁纳的毛织品、500 000 生丁纳的棉纱、棉线、麻纱，而这些产品目前全靠从英国进口。但是，如果要实现这一切，它将比以前多进口 500 000 生丁纳的原棉，这样，它同热带国家的直接贸易就会增多，就能够用自己的制产品支付大部分或全部所需原棉的货款了。

　　该报告的作者指出，自从德国商业联盟建立以来，德国人民对英国通常理解的"自由贸易"这个词就有了深刻的认识，因为如他所言,"自此以后,德国人民已经不再充满希望与幻想了,而是开始着眼于他们自己的真正的物质利益",据此他得出了德国舆论拥护自由贸易的结论,我们对于这个观点必须予以纠正。报告的作者说得很对,德国人民普遍智力超群,但正是由于这个原因,德国人民早已不再沉溺于世界主义的幻想之中了。这里的人民现在开始为自己着想了,他们相信自己的结论、自己的经验、自己的合理常识,而不是相信那些与一切经验相左的片面的制度。他们开始明白为什么当初伯克私下对亚当·斯密说:"治理国家绝对不能根据世界主义制度,而应当依照通过深入研究得出的关于国家特殊利益的知识。"德国人不信任那些顾问们,这些人信口雌黄,出尔反尔。德国人也懂得了如何评估本国的工业竞争对手提出的利益和建议的真正价值了。最后,每当讨论英国提议的时候,德国人就会想起那个著名的希腊人赠送木马的故事。

根据这些具体原因,我们就可以怀疑下面这种说法了,说什么德国有影响力的政治家已经认可了报告作者提出的美好愿望,即德国愿意为了英国的利益而放弃保护政策,以换取英国的可怜的让步,允许其对英国出口少量的谷物和木材。无论如何,德国舆论绝不认为这样的政治家有什么思想。在德国,要想匹配一个有思想的政治家的称号,仅仅精通世界主义学派的那些华丽辞藻和论点是不够的,人民期望的是,一个政治家要谙熟国家的权力和需求,不要陷于学说和制度当中而自讨没趣,要发展前者,满足后者。假如一个人不懂得要想使国家工业达到德国工业早已达到的发展阶段需要付出很大的艰辛和努力,假如他心中不能预见国家的伟大前途,而只会严重打击德国工业阶级对政府的信心,只会挫伤国家的企业精神,假如他不能区分出一个制造业发达的一流国家享有崇高的地位,而一个仅仅出口谷物和木材的国家处于卑贱地位之上,假如他不够精明,无法估计到即使在平时国外的谷物和木材市场也是极不稳定的,而这方面的让步是极易被改变的,那么一旦这种贸易因为爆发战争或敌对商业政策出台而被迫中断,那又会引起多大的动乱啊!最后,假如他没有从其他强国的发展经历中了解到,一个国家的存在、独立和权力是在多大程度上依赖自己各行各业得到了全面发展的制造能力，那就表明这个人对这些权力和需求一无所知。

如果有人像报告的作者那样（第26页），相信商业联盟的政策追求的只是普鲁士自己的利益，因为普鲁士人口已占到了整个联盟国人口的三分之二，那么，这个人可能真的严重低估了德国自1830年以来所形成的民族精神和团结精神。按普鲁士的利益要求来说它是要对英国出口谷物和木材，但它用于制造业的资本总量却无足轻重，因此普鲁士将反对任何妨碍外国制成品进口的制度，并且所有政府部门的头头脑脑都持有同样的看法。然而，报告的作者却在报告的开头开宗明义地阐述道："德国关税联盟是蔓延全国的国家团结思想的化身。如果领导有方，将把德国的各种利益融合起来，凝聚成一个整体，由此带来的好处使联盟深受欢迎。这是德国人民朝着实现民族统一迈出的第一步。在商业问题上的共同利益，已经为政治民族统一铺平了道路。原先那种狭隘的观念、偏见和陈规陋习已被一种广泛而有强烈的德国民族情节取而代之了。"有人认为普鲁士会为了（无论如何都是暂时的）一己私利而牺牲整个国家的独立的和伟大的前途，因为普鲁士不理解德国凭借商业政策必定要么强盛要么衰落，而普鲁士自己依靠德国必定不是发展起来就是衰落下去。现在这种看法怎么会符合我们前面观察到的事实真相呢？

报告的作者说普鲁士政府部门的头头脑脑们反对保护制度，而实际上对日常用的毛棉织品征收高额关税却发源于普鲁士，这种说法怎么能与事实相符呢？我们不得不根据这些矛盾和事实猜测，报告的作者把萨克森的工业形势和取得的进步描述得如此红红火火，无非就是想挑逗起普鲁士的嫉妒心理。

事情必然如此，鲍林博士如此重视这些部门的头头脑脑的个人说法，的确令人感到奇怪。他作为一个英国学者，本应清楚地认识到舆论的力量，他应该知道在当今社会，即使在非宪政国家，政府部门的头头脑脑的个人看法如果与舆论相反，尤其是同整个国家的物质利益背道而驰，如果支持危及整个民族统一的倒行逆施的行为，那么，这样的看法是不作数的。报告的作者已经清楚地感觉到了这一切。他在报告的第98页指出，普鲁士政府的经历充分说明，并不是每个地方的政府官员的看法都能产生效果，如同英国政府在废除

《谷物法》时的经历一样,因此,也许有必要考虑,即使德国联盟事先没有作出让步,英国是否也应该允许德国的谷物和木材进入到英国市场,因为通过这些手段,可以打通英国制成品进入德国市场的渠道。这个看法在任何情况下都是正确的。鲍林博士清楚地看到,要是没有《谷物法》,德国工业将永远得不到加强。废除《谷物法》,同时假如德国的关税立法依然保持不变,那么将不但阻止德国工业的继续发展,而且还会使其倒退一大步。只可惜,二十年前英国人没能意识到这个论点的合理性。英国的立法使德国农业脱离了英国工业,德国追求工业的完美之路已走过了二十年,为实现这一目标付出了巨大牺牲,如果这时德国因为英国废除了《谷物法》就打算不同程度地放弃国家伟大事业的追求,那就预示着它在政治上的盲从。的确,我们确信,在这种情况下,德国有必要对照英国工业由于取消《谷物法》与德国工业现时条件下所获得的同等利益程度来提高它的保护性关税。在一个很长的时期内,德国对英国不能实行其他政策,只能采取一个制造业欠发达的国家在全力追赶世界上制造业最发达的国家并力争与它平起平坐时所采取的那种政策,任何其他政策或措施都会危及德国的民族统一。如果英国需要外国的谷物或木材,它就可以从德国或其他地区获得。德国不会因此放松对它二十年来业已取得的工业进步的保护,追求未来进步的努力也不会因此而松懈。如果英国与德国的谷物和木材毫无关系,那就再好不过了,这样,德国工业、海运业与国外贸易将很快崭露头角,德国的国内交通设施将很快完工并投入使用,德国的国家统一将必然更加依赖自然基础。可能通过这样的方式,普鲁士不可能很快就能做到高价出售波罗的海沿岸各省的谷物和木材,假如英国突然向它开放市场的话。但是,随着国内交通设施的不断完善,随着制造业促使农产品需求的不断增长,这些省份向德国内地的销售将很快有增长趋势。国内对农产品的需求增长带给这些省份的好处,它们可以在将来获得。它们再也不用担心像以前那样灾害和繁荣交替出现了,每隔十年就反复一次。另外,通过采取这样的政策,普鲁士作为一种政治力量将在德国内地获得超过百倍的力量,远远超过了它当时在沿海省份所牺牲的物质价值,甚至可以把获得的力量用于投资，以期以后获得回报。

在这个报告中，英国的目的显然是希望获得让英国的日用棉毛织品进入德国市场，要达到这个目的，部分地是通过取消或至少修正按重量课税的做法，部分地通过降低关税，部分地是准许德国谷物和木材进入英国市场。通过这些做法，可以打开德国保护制度的第一道缺口。这类日用商品是迄今为止最为重要的（像我们在前面某一章中提到的那样），因为它们是一国工业的基本要素。百分之十的从价税率，这显然是英国追求的目标，加上玩弄低报价的伎俩，就会使大部分德国工业在同英国进行竞争的过程中付出代价，尤其是如果发生了商业危机的话，那么英国制造商就会不惜一切代价地大量抛售存货。因此，如果我们这样认为也毫不夸张：英国政府的提议，真正的意图是摧毁德国的整个保护制度，降低其现有地位，使其成为自己的一个农业殖民地。明确了这一点，普鲁士会产生这样的深刻印象，英国降低谷物和木材进口关税的做法，有可能使普鲁士的农业受益匪浅，但它的制造业却将因此变得无足轻重。出于同样目的，它又向普鲁士许诺了一个美好前景，说是要把普鲁士的白兰地的关税降低百分之五。同时为了不让其他各邦空手而归，英国承诺对纽伦堡的产品、玩具、古龙香水以及其他小商品减税百分之五。这样，德国一些小邦会心满意足，而对英国来说代价也不大。

下一步的尝试就是通过这个报告使德国政府坚信，让英国为它纺棉纱和麻纱对德国多有利啊！我们不能怀疑这种做法有什么不对，迄今为止，商业联盟采取的政策先是鼓励与保护棉布印染，继而是织布，再就是进口中高档纱线。但即便这样，也不能说这个政策将一成不变和永远正确。如果关税要想出色地完成使命，就必须随着国家工业的进步而不断进步。我们曾经指出，纺纱厂的重要性不在于自身，而在于它是国家无数利益的来源，因为它把我们摆在了同热带地区国家进行直接贸易往来的位置上，因此，它对我们的海运与制成品的出口产生着巨大影响，它对机械制造业的有利程度胜过了任何其他制造业。毋庸置疑，德国不会因水力资源缺乏与技工的短缺、缺少物质资本和人力资本，而妨碍自己从事一项伟大而硕果丰硕的产业，因此，我们就不明白为什么我们不应该逐步保护我们的纺纱业，从一种产品到另一种产品，这样，在五到十年之内，我们就可能有能力自己生产大部分我们需要的产品。的确，我们会毫不犹豫地相信，通过计算纺纱业能够创造的农产品和木材的消费量，将无可争辩地证明，这一制造业给德国土地所有者到来的好处，将远远胜过国外市场将向德国或者能够提供给德国的好处。

鲍林博士怀疑，如果德国商业联盟愿意大幅度降低进口关税，那么汉诺威、布劳恩施威克、两个梅克伦堡、奥登堡以及汉萨同盟就会加盟。然而，我们不能严肃考虑后面这个提议，因为它产生的后果无比糟糕，其糟糕程度要比希望消除的弊端本身更严重。

然而，我们对德国未来的繁荣充满信心，一点也不像报告的作者那样悲观失望。就像七月革命已被证明有利于德国商业联盟一样，下一场规模广泛的大变动将使那些小邦不再犹豫，它们将乐于服从德国民族大同的更大要求。当法国公然表示要占领莱茵河边境的时候，除了物质利益之外，商业的一致联盟对国家价值到底有多大，以及现在对德国政府的价值到底有多大，最近才首次强有力地彰显出来。

德国政府和人民应该更加坚信，国家的统一是构筑他们的福祉、他们的荣誉、他们的力量、他们目前的安全和生存以及他们的伟大前途这一高楼大厦的牢固基石，这很有必要。因此，这些沿海地区的小邦的背离行为不但在联盟国看来，就连这些小邦自己也看来，已经成为了国家的耻辱，必须不惜任何代价予以打击。同样，若明智地考虑这个问题，这些小邦加入联盟后获得的物质利益，要远远大于它们所作出的牺牲。德国制造工业、国内运输方式、海运业与国外贸易越是获得发展，越是能够达到其在英明的商业政策指导下以及国家具备的资源力量的情况下所达到的程度，那么，这些小邦直接参与分享这些利益的愿望就越强烈，就越有可能远离它们向国外寻求庇佑和致富的恶习。特别是关于汉萨同盟，汉堡教区崇高的市民精神一点也没有使我们失去希望。根据这位报告者自己提出的证言，这些城市里居住着许多人，他们懂得汉堡、不来梅与律贝克现在属于而且必须属于德国这个国家，如同伦敦与利物浦之于英国，纽约、波士顿与费城之于美国一样，他们清楚地看到，商业同盟能为他们在世界贸易上带来的益处,远远地超过了他们服从同盟规章的所失,一种持续性没有保障的繁荣根本就是一个幻想。

如果那些性情中的海港居民意识到,来自赫里格兰的两艘战船可以开进威悉河与易北河口,那么不消二十四个小时就可以把他们通过四分之一个世纪的艰辛才创建起来的事业破坏殆尽,那样,他们对商船吨位的不断增加和商业往来的持续扩大还有什么值得沾沾自喜的呢?但是,商业同盟可以为这些海港的永远繁荣和不断进步提供长期保障,部分地通过创建自己的舰队,部分地通过结盟。通过有效的领事关系的建立和订立条约,联盟可以促进他们的渔业的发展,为他们的航船保驾护航,促进和保护对外贸易的关系。部分地通过这些手段,联盟可以建立新的殖民地,并通过这些手段从事自己的殖民地贸易。对于一个拥有三百五十万人口(在联盟完全建立起来后至少是这个数)的国家联盟而言,由于人口增长率为百分之一点五,每年很容易多增加二三十万人口,这些地区的居民消息灵通,思想开放,有着跨越千山万水前往遥远的国度碰运气的特性,这样的人们可以在任何有着可开垦前景的自由之地上安家落户,创造新的生活,本性使他们与一流的国家的人民一样,开拓殖民地,传播文明。

在德国,成立一个至善至美的商业联盟的想法是如此受欢迎,以至于报告的作者情不自禁地评价说:"更长的海岸线、更多的港口、更强大的航运业、统一的联盟旗帜、拥有海军和商船,是普遍受商业联盟支持者欢迎的美好愿望。但就目前的条件而言,前景不容乐观,联盟很难战胜日益壮大的俄罗斯舰队以及荷兰和汉萨同盟的商船。"当然不能与它们作对,但要常常和它们站在一起,充分依靠它们。要想统治,就要把每个国家隔开,这是每个强国的本性。这位报告的作者在说明了为什么沿海各邦加入同盟是愚昧之举之后,接着还期望把那些重要海港永远地从德国的整体中隔离开来,因为他告诉我们说,亚尔多纳的仓库一定会对汉堡的仓库构成威胁,好像这样一个伟大的商业帝国找不到什么好办法,使亚尔多纳仓库能够为自己的目的服务的。我们不会追究作者对这点的深刻推论,我们只想说,如果把这种观点运用到英国,那将会证明,假如伦敦和利物浦被从英国的整体中分离了出来,那么,它们的商业繁荣将达到令人瞠目的程度。英国驻鹿特丹领事在他的报告中准确无误地表达了用来强调这些论点的精神实质。"看来,为了英国的商业利益,"亚历山大·费里尔先生在他报告的结尾说:"不遗余力,想尽各种办法,防止前面提及的各邦和比利时加入德国关税同盟,是生死攸关的头等大事。个中理由不言自明,无须赘言。"谁又能去怪罪费里尔先生这样说,怪罪鲍林博士这样说,怪罪英国当局照着这些说法去做呢?英国的本性通过他们在讲话、在行动。但是,期望从出自于这种动机的提议中获得德国的繁荣和幸福,看起来似乎超出国家的善良本质的宽容度了。"不管可能发生什么事情,"费里尔先生接着前面说过的话又补充道:"荷兰必须被永远当作德国南部与其他国家商业关系的主要渠道。"显然,费里尔先生明白"别的国家"这个词仅仅指英国;显然,他的意思是说,假如英国的制造优势失去了进入德国或北海与波罗的海的手段,那么荷兰仍将是进入德国的一个重要渠道,通过荷兰,它可以轻而易举地控制德国的南部市场,以用于销售制成品和殖民地的产品。

但是,如果从国家的角度看,那么,根据荷兰的地理位置、商业和工业环境及其居民的血缘和语言,我们可以说并认为荷兰是德国分裂时期从德国脱离出去的一个省,如果荷兰不加入德国商业联盟的话,那么德国就如同一座房子,而其大门却属于陌生人:荷兰属于德国之于布里塔尼亚和诺曼底属于法国,只要荷兰执意建立自己的独立王国,那么德国就很难获得独立自主和富强,就如同假如那几个省控制在英国的手中而使法国无法实现独立自主和富强一样。荷兰的商业实力下降,是由于国家微不足道的地位,尽管它的殖民地很富裕,但是荷兰将来必定要继续衰落下去,因为这个国家国力过于弱小,以至于难以维持规模庞大的军队和海军的巨额经费。要是荷兰坚持维护国家的独立地位,那么必将债务缠身、负债累累。尽管殖民地众多,比较富裕,但无论如何荷兰仍是一个依赖欧洲的国家,它的表面独立,只会加强英国的优势地位。这也是英国为什么在维也纳会议上坚持在它的保护下恢复荷兰这种表面独立地位的一个不可告人的秘密。这种情形恰如汉萨同盟的情形一样。同英国站在一起，荷兰是英国舰队的一个卫星国，而与德国统一，那它就是德国海军力量的佼佼者。就其目前地位而言，荷兰从其拥有的殖民地那里获得的利益，几乎很难大于它成为德国商业联盟的一个合法成员后所能够获得的利益，尤其是因为它缺乏开拓殖民地所需的必要因素——人口和精神力量。除此之外，荷兰在殖民地的有利发展，就其迄今为止受到的影响而言，主要有赖于德国人的善良本性，或更进一步地讲有赖于德国人对自己的商业利益缺乏足够的认识，因为其他所有国家都把自己的殖民地产品市场留给自己的殖民地附属国，而只有德国市场对荷兰的殖民地剩余产品开放。一旦德国人清楚地认识到，那些德国从其手中购买殖民地产品的国家也必须懂得，它们必须以对等的优惠条件从德国购买制成品，到那时，德国人也就会清楚地看到，它们有力量迫使荷兰加入关税联盟。这种联盟对两国都极为有利，德国不但将给予荷兰从殖民地获取比现在更多利益的手段，而且将给予它们攫取更多殖民地的方法。德国将给予荷兰与汉萨同盟同样的航运业特殊优惠政策，给予荷兰殖民地产品在德国市场上销售的特殊优惠条件。作为回报，荷兰与汉萨城市同盟将优先出口德国制成品，优先把自己的剩余资本用于德国内陆的制造业和农业。

荷兰之所以由一个商业强国变成衰落的国家，是因为它作为一个国家的组成部分，却想着把自己当成一个完整的国家继续存在；是因为它企图靠压制和削弱德国的生产能力而获利，而不是把它的强大建立在站立在其背后的一些国家的繁荣之上，任何一个沿海国家要是同这样的一些国家联合在一起，不是崛起就是覆没；是因为它选择了通过从德国分离出来实现强大，而不是同德国统一起来，荷兰只能通过同德国联盟并保持最紧密的联系，才能重新实现往昔的繁荣富强。只有通过联盟，荷兰才有可能建设成为一个一流的农业兼制造业兼商业的国家。

鲍林博士在他的统计表中分门别类地把德国关税联盟同汉萨同盟、荷兰和比利时的进出口额进行了汇总，归类清楚地表明，所有这些国家高度依赖英国的工业，通过联盟，这些国家可以获得很大的生产能力。他估计，这些国家从英国进口的商品，按官方价值计算为 19 842 121 英镑，或者按申报价值计算为 8 550 347 英镑，但是，（另一方面）这些国家的对英出口只有 4 804 491 英镑；顺便提一下，其中也包括英国从荷兰进口的大量爪哇咖啡、奶酪和黄油。这些总数寓意深刻。我们感谢这位博士的统计分类汇总，预示着一个政治组织正在迅速崛起。

第35章 大陆政治学

我们已经在本书的第二部分中指出合理政治的最终目标是把所有的国家统一在一个共同权力的法律之下，只有当世界上的最重要的国家在文明、繁荣、工业和权力等最大可能地实现均衡时，只有当这些国家之间消除猜忌、抛弃前嫌、化干戈为玉帛，把目前依然存在的仇恨变为同情，把冲突变成和谐时，这个目标才能得以实现。但是，解决这个问题是一项旷日持久的工作。由于种种原因，现在各国彼此分裂、相互排斥，其中最主要的原因是领土纠纷。是的，现在欧洲各国的领土分配并不合情理。的确，即使在理论上，人们也尚未就如何按自然比例合理分配领土的基本条件达成一致。有些人希望他们国家的领土应该根据大城市的需求来确定，而无需考虑语言、商业、种族等其他因素，这样就可以把大城市置于中心地带，并最大限度地加以保护，以防止外国的进攻。他们希望以大江大河作为他们的边界。另一些人则认为，并且好像理由更充足，用海岸线、山脉、语言和种族作为边界胜过大江大河。有些国家到目前为止还没有河流的入海口和港口，而这些都是它们发展自己的世界贸易和海军力量不可或缺的。

任何国家，如果已拥有了实现国内发展与维持政治、工业和商业独立所需的途径，那么，任何征服他国领土的行为都有悖于合理的原则；因为以非自然的方式扩大领土，必将激起被侵占国家的仇视，结果使侵略国为保有这些被侵占的领土付出巨大的代价，其代价之大远远胜过它们拥有这些领土所产生的利益。然而，现在不应去考虑如何公正地按比例分配领土这个问题，因为各种利益和其他条件使这个问题复杂化了。同时不能忽视,现在必须把修正领土的问题列为各国最大的需求之一。不懈努力获得领土固然合法,但在多数情况下这是引发战争的正当理由。

目前,导致国家之间相互仇视的另外一些原因,是各国在制造业、商业、航运业、海军力量与殖民地占有等方面的利益冲突,在文明程度、宗教状况与政治条件这些方面存在差异。各个王朝与政权的不同利益,加剧了前面提到的那些利益冲突的复杂化程度。

但是,仇视的起因同样也是同情的起因。较弱的国家会相互产生同情心一致反对强大的国家,那些独立地位受到威胁的国家会一致反对侵略者,陆路国家会一致反对海上强国,工业和商业不健全的国家会一致反对企图垄断工业和商业的国家,半文明国家会一致地反对文明国家,君主国家会共同反对完全民主或部分民主政体的国家。

这时,国家通过同那些和它们有着共同愿望和共同利益的国家的结盟,以对抗那些与它们的利益和潮流冲突的国家,追求它们自己的利益和同情。然而,因为这些利益和潮流的冲突方式五花八门,所以这些联盟也会随之变化。只要某些重大利益或原则也在不断变化,使有些国家感到受到了排斥或者吸引,那么,今天是盟友的国家,明天可能就会变为敌对国;反之亦然。

很久以前政治家们就已经感觉到,各国之间的势力均衡必须成为他们的最终目标。但是,人们所谓的*维持欧洲势力均衡*,其真正的目的无非是弱势国家不断努力,阻止强势国家侵占它们而已。政治甚至常常混淆它们的近期目标和最终目标;反之亦然。

政治的近期目标在于清楚地预见到目前不同利益的结盟和均衡在哪些方面更紧迫,并为之努力,直至实现均衡,所有其他问题便可以束之高阁,留在最后处理。

当欧洲所有王室、君主与贵族势力联合起来,一致反对1789年革命潮流的时候,它们并没有考虑权力和商业问题,它们的政策是正确的。

法兰西帝国采用征服而不是革命的做法,同样是正确的。

拿破仑试图通过其大陆制度成立大陆联盟,反抗英国占优势的海军和商业力量。但是要想取得成功，他首先必须想方设法打消大陆国家担心法国要征服它们的顾虑。但他失败了，因为其他国家对拿破仑的法国成为大陆优势的担忧，大大超过了英国的海军优势带来的不利影响。

随着法兰西帝国的瓦解，成立大陆联盟的目标也就终止了。从此以后，大陆各国就既不受革命潮流也不受法国征服欲望的威胁了。在反对革命和法国征服的冲突期间，英国在制造业、航海业、商业、攫取殖民地和发展海军力量等方面的优势迅猛增强，从这时起，与法国联合，抵制英国强大的商业海军势力成了大陆各国休戚相关的头等大事。它们以前只顾得害怕死狮子的皮毛，却毫不留意躺在自己身边与它们并肩作战、伺机出手的豹子。神圣同盟是一个政治错误。

通过意大利革命，这个错误惩罚了欧洲各国。神圣同盟毫无必要地唤醒了一个本已不存在或者至少在长期内不会东山再起的反对力量。对大陆各国来说幸运的是，法国七月王朝设法平息了法国革命的浪潮。法国为了七月王朝的利益，为了巩固君主立宪政体，同英国达成了同盟。英国与法国结盟，是为了维持它的商业优势。

当法国七月王朝和立宪政体感到自己的根基已经稳固无比的时候，就终止了英法联盟；但是，法国的海军力量、航海业、商业、工业和拥有外国殖民地等问题又重新摆到了欧洲大陆各国的面前。显然，法国同欧洲大陆国家在这些问题上的利益再次让它们处在了同一条起跑线上，假使七月王朝能够成功地协调好国家内部的利益问题，使全国团结起来，假使能够把革命潮流引起的领土争议搁置不议，完全消除欧洲其他君主立宪制国家对法国爆发革命和侵略他国的恐惧，那么成立大陆联盟反对英国海军优势，就又成了当务之急。

然而，实际的情况却是，欧洲大陆的中心——法国却从未担负起上苍赋予给它的使命，严重地阻碍了一个关系更加密切的欧洲大陆联盟的形成。本来法国依靠自己的地理位置，依靠可以消除邻邦恐惧侵犯心理的中央宪章，依靠宗教信仰自由和世界主义的倾向，最后依靠其文明和所拥有的各种力量要素，已经具备了成为东西方国家之间所有问题调解者的各种条件,如解决领土纠纷、政体原则、国家独立和权力等问题,但是,这个欧洲中心却成了东西部各国争来夺去、引起倾轧的中心,每一方都希望把这个中心拉拢到自己一方,但这个中心因缺乏国家国内凝聚力而始终举棋不定、忽左忽右。

但是,如果德国能够把自己的领土同它所有的沿海地区、荷兰、比利时和瑞士整合起来,形成一个强大的商业和政治统一体——如果这个强大的国体能够把代议制政体与现行的王室、君主与贵族利益融为一体,只要它们之间能够相容——那么,德国就可以使欧洲大陆的和平长期得到保障,与此同时,便可使自己成为一个持久的大陆联盟的中心。

如果不按战舰数量而按战斗力计算的话,那么英国的海军力量已经大大超过了其他各国的总和,因此,海上力量薄弱的各国,要想在海上同英国抗衡,只有把它们自己的海军力量联合起来才可行。由此可见,任何海上力量相对薄弱的国家与其他和自己情况不相上下的国家,它们在维持与壮大海军力量方面均是利益休戚相关的。而且,那些由于分裂而处于分散状态的国家,要么一点海军力量都没有,要么即使有也无足轻重,它们应该整合成一个统一的海军力量。关于英国,如果俄罗斯海军力量削弱,那么,法国和美国就要蒙受损失;反之亦然。如果德国、荷兰和比利时三国联合起来,组成统一的海军力量,那么这对它们都有益。因为如果这些国家各自为政,那它们就只能跟在英国强大的势力后边,但是如果它们团结起来,一致对敌,那么,它们在海上抵御强权的力量就会得到加强。

在这些海上力量相对薄弱的国家中,没有一个国家拥有的商船能够满足自己的国际贸易需要,没有一个国家的制造业能力能够对其他国家保持绝对的优势。因此,它们中的任何一个国家都没有任何理由害怕来自其他国家的竞争。但是,它们在保护自己免受英国破坏性的竞争方面却利益相关。这样,它们的共同利益必将是设法使英国具有绝对优势的制造业失去进入荷兰、比利时和汉萨同盟的全部市场,英国以前就是通过这三个国家控制欧洲大陆市场的。

因为热带地区的产品主要是用温带地区生产的制成品支付的,所以前者的消费就是后者的销售,因此,每一个制造业国家都应努力建立同热带国家的直接贸易关系。因此，如果所有二流的制造业国家都能认识到自己的利益，并且采取相应的对策，那么，没有一个国家能够在热带地区拥有绝对多数的殖民地。例如，如果英国为之追求的目标能够成功实现的话，即在印度生产它所需要的殖民地的产品，那么在这种情况下，英国同西印度群岛之间的贸易规模，只能维持在它向其他国家转售它用制成品换回的殖民地产品的规模。然而，如果它不能把这些殖民地产品销往他国，那么，它拥有西印度群岛就变得毫无意义了。到那时，它将没有其他选择，要么让其自由，要么把同它进行的贸易拱手让给其他制造业国家。由此可见，所有海上力量稍弱的制造业国家的共同利益，都是遵循这一政策的，并在执行的过程中相互支持。进一步地讲，如果荷兰加入德国商业联盟，并使荷属殖民地同德国建立更加密切的关系，那么哪个国家也不会蒙受损失。

自从西班牙和葡萄牙在南美洲和西印度群岛的殖民地获得独立以来，制造业国家应该在热带地区拥有自己的殖民地，以便能够直接用制成品交换殖民地产品，但现在这种贸易方式已经不是不可或缺的了。既然这些获得解放的热带国家的市场已经自由开放，那么，任何一个有能力在这些自由市场竞争的制造业国家，都可以同它们进行直接的贸易。但是，只有在繁荣与道德、和平与安宁、法律秩序与宗教自由的前提下，这些自由的热带国家才能生产大量的殖民地产品，才能消费大量的制成品。海上力量不强大的国家，尤其是那些没有殖民地或者只有少量殖民地的国家的共同利益，就是把它们的力量联合起来并促使这一局面的出现。对英国来说，有商业优势作后盾，那么这些国家的情况对英国来说就无所谓，因为它在东印度群岛独有的或附属于它的市场已经为它充分提供了殖民地产品。关于极其重要的奴隶制问题，我们也必须部分地从这个观点出发加以评价。首先，我们绝不忽视英国在追求解放黑奴这一目标过程中的充满热情的、慈善的动机，这种热情和慈善的确给英国的国民性格带来了荣誉。但是，如果我们同时考虑到英国在这个问题上采取的措施所产生的直接效果，那么我们就不能放弃这样的看法：在这一过程中，也夹杂着许多政治和商业的利益。这些效果是：

第一，黑奴突然获得解放，从野兽般的无序和散漫状态迅速转变为高度个人自由的状态，南美洲和西印度群岛的热带产品产量将急剧下降，最终将降至颗粒无收，圣多明哥这个例子无可争辩地证明，自从法国人和西班牙人被逐出殖民地以后，那里的年产量逐年急剧下降，而且还在继续下降。第二，自由黑人不断寻求增加工资，却只想把自己的劳动限定在满足自己的最基本生活需求上，因此，这种自由只会使他们变懒。第三，但是，英国在东印度群岛拥有足以供应全世界的殖民地产品。众所周知，因为印度人非常勤劳，在饮食与其他需求方面力求节制，尤其是由于清规戒律或者宗教信仰禁止食用动物食品，所以他们生活都极为简朴。除此之外，还应该提一下这些原因，当地人资金匮乏，土地盛产蔬菜，种姓等级森严，找工作的人的竞争异常激烈。

上述情况导致的直接结果是，印度的工资非常低，同西印度群岛和南美洲的工资简直无法比，不论在后两个地区从事种植业的是自由黑人还是奴隶。因此，在印度实行自由贸易，全面实行明智的治理政策之后，该国的产量一定会大幅增长，到时候英国既能用印度的殖民地产品实现自给自足，又能大量出口自己国家的制成品。由此可见，即使西印度群岛和南美洲产量降低，英国也不会蒙受损失，因为其他国家同样向这两个地区出口制成品，不过，如果印度的殖民地产品具有绝对优势，那么英国仍然是赢家，因为它是印度市场制成品的独家供应商。第四，还可以断言，通过黑奴的解放运动，英国希望在实行奴隶制的美国南部各州的头上悬上一把剑，这就是解放运动扩展得越广，南部各州的黑奴争取自由的愿望就越受到激发，美国受到的威胁就越大。如果正确地看待这个问题，这个慈善性的实验是否有利于那些出于实现普遍慈善动机而进行实验的国家，仍值得怀疑，但无论如何，看来这个实验对任何依赖同南美洲和西印度群岛进行贸易的国家都并非有利。人们可能理直气壮地质问，突然把黑奴从奴隶转化成自由人，这是否比维持从前的状况对他们更为有害呢？要教育已经习惯于近乎于动物般的服从状态的黑奴，使他们养成自愿劳动和简朴的习惯，是不是一项需要几代人的努力才能完成的任务？是不是这样达到目的的方式更好一些，即如果在从奴隶制转化到自由人的过程中，先采取温和的农奴制的过渡形式，首先保障耕种土地的农奴获得一些利益，公平地分享自己的劳动成果，允许土地所有者有充分的权利，约束农奴养成辛勤劳动、遵守秩序的好习惯？比其在奴隶状态到自由身份的过渡期间，如果首先实行一种温和的农奴制形式，对农奴所耕种的土地给予一定的利益，使他对于他的劳动成果能享有应得的份额，同时保证地主享有充分的权利，这样就可迫使黑奴保持着勤恳工作与遵守秩序的习惯，这样做是不是可以更好地达到目的？这种状况是不是比黑奴的状况更令人向往？那些所谓的自由的黑奴其生活悲惨、酗酒、懒惰、堕落、游手好闲，状如乞丐，不过与爱尔兰的最糟糕的悲惨时期相比，这些黑奴算是生活在繁荣文明状态了。但是，如果要我们相信，英国人对让世间万物都像他们那样享有自由充满热望，如此难以控制，以至于即使他们忘记了事物的自然进程不是飞跃式的这个道理，我们也应该原谅他们。倘若果真如此，那么我们就要冒昧地问一句：印度人种姓中最底层的生活境遇是不是比美国黑奴的更悲惨，更令人难以忍受？英国人怎么会从来没有替这些最悲惨的人着想并发过慈悲和动过恻隐之心呢？英国立法为什么从来不干预这些人的利益呢？英国人总是只顾自己，从别人的悲惨中积极寻找致富的办法，从不考虑改善这种状况，这又作何解释呢？

  英国对印度的政策把我们引向了东方问题。即使暂时不考虑当今政治涉及的各个方面，即领土纷争、王朝、君主、贵族、宗教利益、各国形势等，我们也不应该忽视，欧洲大陆强国在东方问题上有着巨大的国家经济的共同利益。不管当前各国的努力能成功地将这个问题隐藏多久，它将以全新的力量重现，令人瞩目。这是所有有识之士早已得出的结论：一个国家如果像土耳其那样，宗教、道德、社会和政治基础已经被彻底摧毁，那么，这个国家就会变得形如僵尸，虽然在活人的支持下还能支撑一会儿，但终将倒下。波斯、中国、印度以及亚洲其他民族的情形也不过如此。亚洲的腐朽文化一旦接触到欧洲的新鲜空气，就立刻化为乌有。欧洲迟早会发现有必要关心亚洲并把整个亚洲置于它们的监护之下，就像英国早已把印度照顾起来了一样。在这种国家和民族的极度混乱中，没有一个国家值得或有能力得以维持或实现新生。因此，整个亚洲国家的瓦解看来在所难免，只有注入欧洲的活力，才能使亚洲重获新生——普遍引进基督教、欧洲的道德准则与秩序、欧洲移民、采用欧洲式的政体。

如果我们认真思考重获新生可能的轨迹，首先引起我们注意的是，东方大多数国家天然资源丰富，可以向欧洲制造业国家提供大量的原材料和各种必需品，尤其是热带产品，为交换这些产品，为欧洲的制造商开辟了无限的市场。从这种情况中可以看出，上苍似乎指出，这样的新生如同教化那些野蛮民族的进程，必须走农产品同制成品自由交换的道路才能实现。出于这个原因，欧洲各国首先必须牢固坚持这样的原则：任何一个欧洲国家在亚洲的任何地方都不能保留任何商业特权，任何一个国家的待遇一点儿也不能高于其他国家。如果东方的主要商业中心由自由城市和欧洲人组成，那么那些欧洲人每年都要向当地统治者缴税，作为回报，他们可享有自治权，那么，这对扩大这种贸易是非常有利的。但是，欧洲国家还应当任命自己的使者，派往当地与当地的统治者一同执政，就像英国在印度的政策那样，当地统治者必须听从欧洲官员关于促进公共安全、秩序与文明的建议。

所有欧洲大陆国家都有着特别的共同利益，那就是由地中海通往红海和波斯湾的两条航线，既不能由英国一国独自控制，也不能由于亚洲的野蛮而一直无法通航。所以把保护这些要地的责任交给奥地利，这对所有欧洲国家都能提供最好的保障。

另外，大体上讲，出于欧洲大陆各国的共同利益，如果它们其中的一方和美国坚持中立，那么中立方应该尊重这样的原则："自由船只运送自由商品"，它们只能实际封锁个别口岸而不是宣布对整个海岸线实行封锁。最后，为了欧洲大陆各国的共同利益，关于吞并荒无人烟的土地的原则，似乎应当加以修正。当今的人嘲笑这个事实：以前上帝可以随意把一些岛屿或地球上的某些部分作为礼物，甚至用笔一划，就可以把世界一分为二，把一部分送给一个人，把另一部分送给另一个人。然而，如果一个人在地球上任何地方都随意立起一根杆子，在上面绑上一块绸子，然后宣称他对地球的四分之一的土地都拥有了所有权,难道可以认为这样更在理吗?如果岛屿的面积适中,那么可以尊重发现者的权利,并合乎情理。但当一个岛国的面积(如新西兰)和一个欧洲的王国一般大的时候,或当一个大陆的面积(如澳大利亚)超过整个欧洲的时候,这就是问题了。在这种情况下,除了通过殖民化达到占领的目的,别无他法。然后因为有了真正的殖民土地,就可以宣称独自占有这片土地,难道这就合乎情理了吗?人们不明白,为什么德国和法国不应该拥有在世界上那些离英国遥远的地区建立殖民地的权利?

如果我们仅仅考虑同英国的海上优势相比,欧洲大陆各国之间的利益休戚相关,那么我们就会深信,对大陆各国而言,没有什么比团结更加迫切了,也没有什么比大陆爆发战争更具有破坏性的了。近一个世纪的历史还告诉我们,大陆各国之间每每自相残杀爆发战争的时候,都一定会使这个岛国的工业、财富、海运和殖民地占领等方面获得增长。

因此不能否认,一个关于欧洲大陆需求和利益的正确观点衬托了拿破仑的大陆制度,尽管不能忽视,但拿破仑却希望通过一种违背其他大陆各国的独立和利益的方式对这一(本身正确的)观点付诸实施。拿破仑的大陆制度存在三大缺陷:首先,它企图建立法国的大陆优势以取代英国的海上优势;为了法国的利益,它对其他大陆国家进行羞辱、破坏甚至解体,而不是建立在共同提高彼此势力均衡的基础之上。其次,法国自己实行排斥其他大陆国家的商业政策,却要求在这些国家间进行自由竞争。最后,这一制度几乎完全破坏了大陆各制造业国家与热带国家之间的贸易,被迫使用替代品对遭到破坏的这一国际贸易进行补救。①

这个大陆制度的观点将被重新提出,随着英国工业、财富与权力优势的继续扩大,大陆各国将越来越认识到实现这个制度的必要性,这是一目了然的,并将变得更加明显。但这并不是不明确的,如果法国足够明智,能避免犯拿破仑的错误,那么欧洲大陆各国的联盟就能取得更好的效果。因此,如果法国(违背公正与当时的实

---

① 墨德·居诺特在《荷兰商人史》中证实了这一事实。——英译者注

际情况）公然牺牲德国的利益，扬言要扩大自己的边界，因而迫使其他欧洲大陆国家同英国结盟，这是愚蠢之举。

如果法国把地中海说成是法国的一个湖，并企图成为地中海东部沿岸各国和南美洲地区的惟一势力，那么这也是愚蠢之举。

一个有效的大陆制度只能起源于大陆国家的自由联合，只有当这个制度的目标是平等地分享由此带来的利益时，这个制度才能取得成功；因为也只有这样，而不是其他方式，二流的海上国家才能赢得英国这个强势国家的尊重；也只有这样，那些力量稍弱的国家才无须诉诸任何武力，就能使英国承认它们的一切合法要求；也只有通过这样的联盟，大陆制造业国家才能维持同热带国家之间的关系，才能坚持并保证它们在东西方的利益。

无论如何，当一直渴望获得优势地位的英国意识到，这些欧洲大陆国家通过建立联盟，通过互惠的商业政策和订立条约，它们的制造业能力均将得到很大程度的增强，它们的海运业和海军力量也将得到大力加强，它们将坚持上苍赋予它们的教化和开拓野蛮、未开化地区的使命，以及同热带国家保持通商并获得应有的份额。这时，英国将会感到，要想获得优势地位将难上加难。然而，看一眼未来，足以安慰英国人不要担心这些预期的不利条件。

把英国提升到现在这样崇高地位的同一些原因，将可能在下一个世纪的进程中使美国的工业、财富、权力发展水平超过英国目前的水平，就像现在英国超过小小的荷兰那样。在事物的自然发展过程中，在此期间，美国的人口将大幅增长，达到数亿；它的人口、制度、文明以及精神将遍及整个中美和南美，就像已经传播到了邻近的墨西哥地区一样。这个联邦将由所有这些地区组成，数以亿计的人民将开发这个大陆上的资源，这个大陆在面积上和自然财富上都远远超过了整个欧洲大陆。这个西方世界的海军力量将超过英国，就像其海岸线之长、河流之多，都大大超过了英国那样。

现在，法国和德国有必要建立大陆联盟，以对抗英国的优势地位；在不久的将来，这种必然性将落在英国人的肩上，建立欧洲联盟，以对抗美国的优势地位。到那时，英国将被迫在其领导下的欧洲联盟中寻求保护、安全和对抗美国优势的均衡力量，寻求与它已失去的优势同等的位置。

因此,英国应该及时让位,通过及时放弃以赢得欧洲大陆国家的友谊,应该及时使自己习惯于一种看法,自己只是平等国家中的先行者,这对英国来说实为明智之举。

第36章 德国关税同盟的商业政策

如果说哪个国家具备条件建立国家制造业能力的话，那么，这个国家就是德国。德国科学艺术、文学教育、公共管理和公共事业高度发达，德国人民道德高尚、尊崇宗教、勤俭简朴、厉行节约，发展事业锲而不舍、意念坚定，富有创新精神，人口众多，充满活力，幅员辽阔，资源丰富，农业尤为发达，物质、社会和精神资源尤为丰富。

采取适合本国国情的保护制度，德国国内制造业可以取得进步，国外贸易和海运可以获得增长，国内交通条件得到改善，农业实现繁荣，实现国家独立，海外力量得到增强，如果说哪个国家有权利预期这样的效果，那么这个国家就是德国。

是的，我们敢断言，德国国家的存亡、独立和民族的前途，依赖于德国保护制度的发展。只有在普遍繁荣的土壤里，民族精神才能生根发芽，开出绚丽的花朵，结出丰硕的果实。精神力量产生于物质利益的统一之中，国家力量来源于物质和精神力量之中。如果没有*祖国的统一*，没有我们国家持续发展的保障，不管我们是统治者还是臣民，是贵族还是平民，是学者、士兵还是市民，是制造商、农业从业者还是商人，我们的一切努力又有什么价值呢？

然而，只要德国不是自己纺织自己需要的棉纱和麻纱，只要不是直接地从热带地区进口自己需要的殖民地产品，并用自己制造业生产的产品支付；只要不是用自己的商船从事这一贸易；只要它没有办法保护它自己的国旗；只要没有完善的河流、运河和铁路运输系统；只要德国关税同盟没有把所有德国沿海地区以及荷兰与比利时全部都包括在内,那么,德国的保护制度就没有充分发挥作用并达到预期的目的。关于这里列举的各项内容,我们已在本书的其他章节中论述过了,我们在这里只需提纲挈领地概述一番。

如果我们从埃及、巴西和美国进口原棉,这样我们就可以用自己生产的制成品支付;但是,如果从英国输入棉纱,我们就必须用原材料和食品支付货款,而我们自己消耗这些原材料和消费这些食品对我们更有利,要不我们就得用从其他地方获得的贵金属支付货款,而用这些贵金属可从其他地方购买原材料用于自己的生产对我们更有利,或可用来购买殖民地的产品以供我们自己消费。

同样,如果我们引进麻纱纺织机器,不但能够提高麻布的国内消费量,改善农业状况,而且还能够极大地扩大它们同热带地区的贸易。

就上述棉麻两种工业和毛纺织业而言,我们和其他地区一样具有得天独厚的条件,我们有大量的闲置水力资源,生活必需品便宜,工人工资低。我们目前唯一缺乏的是我们的资本家和技术工人免遭亏本或失业损失的保障没有。在此后五年内实行百分之二十五左右的适度保护性关税,把这个税率维持数年,然后再降到百分之十五到百分之二十,这样应该达到这个目标。我们在前面已——驳斥了价值理论支持者提出的反对观点。但是,我们还可以补充一个支持采取这一措施的论点,即这几个重要的工业部门,为我们建立大规模的机械制造业和培养一批合格的技师和实用型的技工创造了条件。

关于殖民地产品贸易,德国应当像英国和法国那样,遵循这个原则——在购买我们需要的殖民地产品时,应当优先选择那些从我们那儿购买制成品的热带地区;简而言之,*我们应当从购买我们产品的那些地区购买。*我们同西印度群岛和南北美洲的贸易情形就是这样。

但是,我们同荷兰的贸易情形却并非如此,这个国家为我们提供了大量的殖民地产品,反过来从我们手中购买的制产品却少得可怜。

与此同时,荷兰在出售大部分殖民地产品方面却与德国市场有着天然的直接联系,因为英国和法国都是从自己的殖民地和附庸国获取自己所需的大部分殖民地产品的(它们独占这些殖民地和附庸国的制成品市场),因此它们只少量进口荷兰的殖民地产品。

荷兰没有什么自己的重要的制造工业,但是,它却在自己的殖民地拥有重大的生产性工业,而且近几年来获得了巨额增长,并有可能继续迅猛增长。因为荷兰希望把大部分殖民地产品卖给德国,同时希望从它最喜欢的地区购买能够满足自己制造业需要的殖民地产品,如果能够正确地认识到自己的利益之所在,那么荷兰的这种愿望既对德国不公平,同时又与自己的利益背道而驰。因此,这一政策显然只对荷兰一时有利,而且是短视的。因为,如果荷兰能够在本国及其殖民地给予德国制成品的优惠待遇,那么德国对于荷兰殖民地产品的需求,也将随着德国向荷兰及其殖民地出售的制成品的增多而同比增加,或者,换言之,德国出售给荷兰的制成品越多,那么它就能够同比购买更多的荷兰殖民地产品;反之,随着荷兰从德国购买的制成品的增多,它就能够卖给德国更多的殖民地产品。如果荷兰把殖民地产品出售给德国,而同时从英国购买它所需要的制成品,那么,荷兰将不会使这种互惠式交换模式成为现实,因为英国(不论它出售给荷兰的制成品是多少)总是用自己的殖民地产品或附庸国的产品满足自己的大部分需求。

因此,为满足德国利益的需要,德国应该要么要求荷兰实行有利于德国制成品的级差税率,这样德国可以保证独自占有荷兰及其殖民地的制成品市场;要么如果这一要求遭到拒绝,那么德国应对进口荷兰殖民地产品征收有利于中南美洲和西印度群岛自由市场的级差关税。

上述政策将是诱使荷兰加入德国关税同盟的最有效的手段。

照目前的情况,德国没有理由为了荷兰的贸易而牺牲自己的甜菜制糖业,因为只有当德国可以用自己的制成品支付这种商品时,以及通过同热带地区的交换贸易满足自己对糖的需求时,才能比自己在国内生产这种商品对自己更有利。

因此,德国应当立即把主要注意力转移到扩大同北美、中美、南美和西印度群岛自由市场之间的贸易上。与此相关,除了前面提到的措施以外,以下这几项措施比较可取:在德国海港和这些地区的主要海港之间建立定期航线,提倡向那些地区移民,巩固与扩大这些地区同德国关税同盟之间的友好关系,尤其要促进这些地区的文明。

最近的经验充分告诉我们,定期航线能够大力促进大规模的贸易。法国和比利时早已步英国后尘着手这方面的工作了,因为它们深信,任何国家如果在这种比较完善的运输工具上依然落后,其外贸必将倒退。德国的海港同样也已经认识到了这一点,为此,德国在不来梅创建了一家公司,负责建造两到三艘蒸汽轮船,用于对美国的贸易。显然,这远远还不能满足需求。德国的商业利益要求德国不仅应与美国建立定期航线,尤其是同纽约、波士顿、查尔斯顿和新奥尔良之间的定期航线,而且还应建立同古巴、圣多明哥、中南美洲之间的定期航线。在建立后面提到的航线上,德国不应该落后于其他任何地区。当然更不应忽视,为实现这些目标,只有事业心和德国港口自身的力量还是远远不够的,在我们看来,只有依靠关税同盟的各邦慷慨解囊提供援助,才能产生实效。这种援助和有利于德国海运事业的级差税率将带来的美好前景,将很快成为吸引这些港口城市加入关税同盟的强大动力。当人们考虑到通过实行这一措施,关税同盟各邦的制成品的出口和殖民地产品的进口,以及关税收入将有多么大的增长的时候,人民就不会怀疑,看来为实现这个目标,即使耗资巨大,也仅仅是资本的生产性再投资,有望从中获得高额回报。

随着德国同上述各国交往手段的不断增多,极大地鼓舞了德国人移民到了这些地区,并定居下来成了当地公民,这样,就奠定了同这些地区扩大贸易的基础。为此目的,关税同盟各邦应在那些地方设立领事馆或外交机构,通过采取这些措施,德国公民的定居事务和事业发展将会得到促进,尤其可以采用切实可行的办法帮助所在国稳定政局,提高它们的文明程度。

我们绝并不赞同一些人的看法,他们认为,美洲的热带地区在德国开拓殖民地方面提供的好处,不及北美的温带地区。正如前面我们所公认的那样,不管我们对最后提到的那个地区有多么依恋,不管我们是否承认，一个资本不多的德国移民在美国西部创业，他实现发财梦想的希望都很大。不过尽管如此，我们必须在这里表明我们的观点，德国公民移民到中南美洲，若引导有方，并形成规模，那么，从*国家利益*的角度考虑，比向北美移民带来的好处更大。若在北美的德国移民发财了，那么对德国有什么益处？或许就其个人而言，他将永远失去同德国的关系；且就其物质生产而言，德国能够期待的收获也无足轻重。如果有人认为，生活在美国内陆的德国移民会保留德国语言，或者经过一段时期之后，有可能在那里建立完整的德语州，这纯粹是痴心妄想。我们曾经抱有这种幻想，但是通过对美国进行了十年的实地观察之后，我们已经完全打消了这一念头。每一个国家，尤其是美国，内心都有同化语言、文学、行政与立法的倾向；真出现这种情况倒也不错。不管现在有多少德国人居住在美国，可以肯定的是，没有一个人的子孙后代将更愿意讲德语而不喜欢讲英语，并且英语自然而然地是这个国家受过教育的人、文学、行政、立法、司法、贸易和商业的通用语言。发生在居住在德国的法国的胡格诺派教徒和发生在居住在路易斯安那的法国人身上的情形，能够也必将发生在居住在美国的德国人身上。他们自然必须并且将会同主流人群融合在一起，视他们与这些国人住的远近程度，有些人融合得稍微早些，有些人则融合得稍微晚些。

德国同美国西部的德国移民之间的交往不会很活跃。第一代定居者往往为生活所迫，自己制作大部分衣物和用具；这种迫于生计而养成的习惯，在很大程度上会延续到第二代和第三代。因此，美国就是一个不惜一切致力于发展制造业的国家，并将再接再厉，为使自己的工业占领本国制成品市场而不懈努力。

但是，我们绝不因此就认为，美国的制成品市场并不很重要，不值得考虑，尤其是对德国；相反，我们的看法却是，就许多奢侈品和那些便于运输、工资所占产品价格比例较大的制成品而言，美国市场是最重要的市场之一，就这些商品而言，这个市场对德国的重要性将逐年增大。我们只坚持这一点，那些移民到北美西部的德国人，对于扩大对德国制成品的需求并无多大助益，就此目的而言，向中南美洲移民需要并值得大力鼓励。

上面提及的这些地区,包括得克萨斯,多半适宜种植殖民地产品,它们在制造业方面不能而且也不会取得巨大进步。这里是一个值得努力争取的、全新的和丰富的制成品市场,谁在这里建立了牢固的商贸关系,谁就可能得以永久保持这些商贸关系。这些地区缺乏足够的道德力量,难以提升自己的文明程度,难以引入有序的政治制度,难以使这些制度具有稳定性,它们必将越来越坚信,它们必须得到外部力量的帮助,即通过移民。在这些地区,英国人和法国人由于他们的傲慢和对国家独立的戒备而遭憎恨,而德国人却由于相反的原因而受到欢迎,因而德国关税同盟的各邦应该密切关注这些地区。

德国应该在这些地区建立一个充满活力的领事馆和外交系统,各机构之间应该建立相互联系。应鼓励年轻探险家到这些地区探险,并写出不带有任何偏见的报告。应鼓励年轻商人前往考察,鼓励年轻的医务工作者前往行医问药。应该创立公司,实际认购这些公司的股权,支持它们的发展,并给予特殊保护,这些公司应建在德国的口岸,这样可以在上述这些地区成片地大量购置土地,用来安置德国的殖民者;从事商业和海运业务的公司的目标应该是为德国的制造商开辟新的制成品市场,建立新的航线;矿业公司的目标是运用德国的知识和勤劳,在这些地区赢得更多的矿产财富。德国关税同盟应尽其所能,使尽浑身解数,争取这些地区的人民和政府的善意,尤其要借此改善这些地区的治安状况,改善交通条件,规范公共秩序。的确,如果通过这些措施能使这些地区的政府对我们感恩图报,那么,我们应当毫不犹豫地派遣强大的辅助部队前去帮助它们。

应该在东部一带——欧属土耳其和多瑙河下游地区——采取同样的政策。在这些地区牢固建立安全和秩序,对德国具有不可估量的意义。对德国的个人而言,没有比向这些地区移民更为便捷的了或者对国家更有利的了。居住在多瑙河上游的一个人,可以移居到摩尔多瓦、瓦拉几亚、塞尔维亚或黑海西南沿岸一带,所花费的金钱和所耗的时间只占移居到伊利湖沿岸地区的五分之一。把这个人吸引到后者而不是前者的原因,是后者高度自由、治安良好、秩序井然。但是在土耳其当前的形势下，德国各邦与奥地利共同施加的影响，改善这些地区的公共条件，让德国的殖民者再也不受排挤，这不是没有可能的，尤其是如果各邦政府为了开拓殖民地自己能够创立公司、参与发展，并持续给予它们特殊保护，事情就更简单了。

与此同时，很显然，只有当德国制成品与殖民者的农产品交换不存在任何障碍时，低廉的产品价格和快捷的运输便会促进这种交换的发展，这种形式的定居才会对关税同盟各邦的工业发生尤为有利的影响。因此，奥地利应该为多瑙河上的运输畅通提供便利，使多瑙河上的航运发达，符合关税同盟各邦的利益，所以德国政府应该在行动之初就给予实际的补贴。

尤其是待到关税同盟各邦的工业有了长足发展，几乎可以与奥地利平起平坐时，关税同盟和奥地利就应该订立合约，对双方的制成品相互做些让步，没有比出现这样的局面更令人向往的了。

订立合约以后，奥地利同关税同盟的各邦就有了共同的利益，就可以利用土耳其各邦，为自己的制造工业和外贸发展创造有利条件。

在期待德国各口岸和荷兰加入关税同盟的同时，普鲁士现在应该着手准备，通过打起德国商业大旗，为将来的德国舰队打下基础，它应该尝试是否可以以及如何在澳大利亚、新西兰或大洋洲其他岛屿建立更多的德国殖民地，这是可取的。

要想进行这类尝试并付诸行动，从事我们前面力荐并认为可行的各项事业且得到政府的补助，必须获得必要的手段，为此，可以采取和英法两国相同的方式，它们通过对殖民地产品征收关税，获得了支持外贸、支持殖民开拓和维持自己强大舰队的必要手段。如果关税同盟各邦将把涉及北方与海外事务的方针交给普鲁士，把涉及多瑙河与东方事务的方针交给巴伐利亚，那么，关税同盟在落实这些措施的过程中必然行动统一、有序并充满活力。把现有制成品和殖民地产品税率提高百分之十，在现有条件下每年可供关税同盟支配的经费将达到一百五十万。并且有把握期望，随着制成品出口的不断增长，关税同盟各邦的殖民地产品的消费量也将随之增长，达到现在数量的两倍或三倍，因而它们的关税收入也将同比增长，如果关税同盟各邦坚持这样的原则,除了增加的百分之十的进口关税以外,今后所有*新增关税收入中的一部分*应供普鲁士政府支配,用于实现这些目标的各项开支,那么,这就具备了满足前面提到的各项需求的充分条件了。

  关于建立德国交通运输系统尤其是德国的铁路系统,我们请大家参考论述这个专题的论著。总之,这一伟大事业将自己支付所有的费用,我们对政府的全部要求可以用一个词来表达:活力。

附 录

附录一

　　李斯特关于英国政府对欧洲大陆盟国给予金钱补贴所产生影响的主张，看来有些事实根据：任何从一个国家移转到另一国家的资本（不同于富裕国家之间流通证券的单一转移），从长远来看，一定主要受到各种商品的影响。很有可能英国资本家借给外国的大量贷款（从1850年到1870年期间比较明显），导致在短期内对英国制成品的需求大量增加，促成了我国繁荣的"飞跃"发展。就其发挥作用的程度而言，正如李斯特所认为的补贴应该起到的作用那样，这些贷款起到了给英国制造商"奖金"的作用。但是这种补贴如同赠给参战服役人员的礼品，随后借与那些拒绝履行还款义务或行将破产的国家的那些贷款，实际上也是赠品（虽然并非自愿），以后不会产生利息。李斯特抱怨的这种"奖金"使英国制造商一时受益，但英国的付出却很沉重（国债增加）。由于贷款的原因，英国的外国证券的持有者为英国制造业最近取得的暂时"飞跃"所付出的代价一点也不轻。——英译者。

附录二

　　在已故法官拜尔斯先生列举的下列情形下，经公众一致同意，国家有权干预个人行为自由：

国家建立国防，抵御外来侵略。

它与外国缔结条约。

它维持国内和平与秩序。

它制定并执行婚姻法，是家庭关系、家庭责任、家庭情感和家庭教育的基础。

它创造并保护财产。

它管理财产并转移财产。

它强制公路经过或使用公路的那些地区养护高速公路。

它责成各郡县自行修建和维护桥梁。

它维持口岸和港湾。

它负责测绘国家海岸线并负责用灯塔导航。

它铸造货币，禁止对这种垄断进行干涉。

它管理凭票付款期票的发行。

它规定统一的度量衡制度，禁止使用任何其他度量衡。

它承担通过邮政发送信息。

通过制定《专利法》与《版权法》，采用一定时期内允许*垄断*的形式，对发明人员的努力给予奖励。

通过要求公开说明并解释每一项专利的发现或发明，它关注不公开专利的秘密或随着发明人的去世而丢失的秘密。

它约束法人实体的财产获得。

它保护公众健康，禁止各种危害，并为消除危害提供保障。

通过制定《检疫法》，防止各种传染病的传入。

它规定城镇整洁卫生。

它规定出租车的收费标准并管理驾驶员。

它阻止天花传播，推广疫苗接种。

它负责破产者财产的分配。

它维持穷人的生计。

它使冻结财产超过财产生命周期或超过二十一年的所有企图无效，禁止永久占有财产。

虽然它容许各种宗教，但也没有不顾大众的品德和幸福而对某个国教信仰和崇拜给予支持与指导。

在以上各种情形下，政府以公众的名义进行干预。但还有一类情形是为了保护无助或经验不丰富的个人所进行的干预：

它保护未成年人，使他们的契约无效，并保护他们的人身和财产安全。

保护已婚妇女；

保护心理不健全者；

并以各种方式保护无助的贫困劳动者。

它禁止实物工资制。

它控制厂矿雇用妇女和童工。

它管理典当行老板——痛恨高利贷，保证赎当便利。

如我们已经看到的，它禁止并惩罚不公平度量衡的使用，以及禁止出售不卫生的食品，并严禁在咖啡、烟草、鼻烟、啤酒、茶叶、可可、巧克力和胡椒中掺假。

为防止欺诈行为，它指导执行遗嘱的形式与办法。

如果给一个人的欠条附有违约处罚条款而到期后却无力偿还借款，那么国家禁止执行处罚。

一个人购买了金银制品却无法辨别是不是纯金或纯银，或无法判断所含贵金属的比重以及有多少合金，这时，国家介入，为他提供帮助，并要求提供由政府官员出具的检验报告。

一个人购买了一袋啤酒花，购买者不能打开包装检查是否是标准的产品或是否质量统一，国家进行干预，对标识错误或包装错误进行处罚。

一个律师送达一份收费单，当事人无法断定收费是否正常、是否公平，国家进行干预，并提供一个政府官员，不但负责纠正，而且处罚多收费行为。

国家强制医务人员和律师必须接受职业教育。

以上仅仅是一些国家进行干预的方式，几乎所有政府都发现采取这些方式有利于社会。

什么是政府干预呢？

简单地讲，就是出于某一目的集中整个社会的智慧与力量统一进行的行动。是为了整个社会的广大利益，就哪些事情可以做，哪些事情不可以做所达成的共识。——摘自一位大律师（已故法官拜尔斯先生）所著的《剖析自由贸易之诡辩》，1870年。

附录三

　　李斯特否认对谷物和农产品征收保护性关税对像德国这样的国家毫无裨益，这很容易理解。因为在他写这本书的时候（1841年），德国的农业不但完全满足了本国的需求，而且长期以来一直有大量的节余出口他国。当时没有任何其他欧洲国家可以通过向它出口这类产品而获利，运费普遍昂贵，以及尚不具备海上蒸汽轮船的运输条件，遥远地区几乎不可能向德国出口这类产品。

　　作为一个纯政策问题，且不论他是否赞同农产品的自由进口，单就他把显然是基于当时自己国家的情形而得出的论点断言为一种普遍原则这一做法来看，就很难说这一论点与他的国家经济学一般理论所依据的其他的一些论点相一致。也很难确信（该论点）能够为英国目前面临的问题找到根本的解决方案，英国目前的情形是，实行非限制性农产品输入政策，是否必然导致国内大部分的耕地无人耕种，使耕种这些土地的从业者失去早已习惯了的职业，进而使国家绝大部分的食品要依赖国外供应，是这样的政策能够最有效地促进国家利益，还是对农产品采取一种适度保护性政策更为有效，从而既能继续维持国内土地的耕种，又能大大减轻国家对外国食品输入的依赖。他的论点更引出了这样的结论：对某一国家有利的，可能不适合条件完全不同的另一个国家；更需要说明的是，对某一历史时期的人民有利的，在另一个时期可能有害。本届德国政府似乎赞同这一观点，因为它最近重又对农产品进口采取了保护主义政策。

　　看来有些人拥护采取适度的保护性政策，他们之所以支持这一政策，是因为他们认为该政策可以为本国勤劳的制造商在本国市场上抵御外国制造商的竞争提供双重保障。该政策受到拥护的另一个原因，还有一部分人赞成完全保护政策，因为他们把这种对外国生产性竞争者征收的税，看做是为征税国财政收入所作的贡献，并以此作为条件，允许外国竞争者在征税国的国内市场同该国的制造商进行竞争，因为国内制造商应缴纳好多税，要是不对外国竞争者征收关税的话，那他们就不会对征税国的税收有所贡献。值得注意的是，亚当·斯密本人表示，如果确信国外进口产品应缴纳的税低于国内同类产品，那么他赞同为了后一个目的所采取的保护性关税政策（《国富论》，第四篇，第2章。）

如果认为这些观点运用于制造业方面有道理的话，那么，我们的作者似乎并没有清楚地说明，为什么那种他所承认的最为重要的所用资本和从业人数最多的产业，（如果事业的顺利经营需要的话）不应该像制造业那样受到保护。

但是，无论保护性关税原则（不管是普遍地还是有限地仅仅应用于制造业）是否被接受，似乎可以从亚当·斯密的学说中推论出两个结论，并且李斯特也不反对：第一，如果（为了国家利益）需要本国农业从业者在本国市场上与国外人进行自由竞争，那么，那些压迫他们的苛捐杂税，无论是地方性的还是帝国性的，都应当全部免除；第二，有些国家对我们向它们出口进行限制，而对我们从它们那里进口却不加限制，对于限制我们出口的那些国家，有针对性地征收级差进口关税是名正言顺的。——英译者。

附录四

许多人可能认为，最近几年英国的例子足以辩驳李斯特的观点。英国有记录的进出口差额，由 1869 年的 58 000 000 英镑增加到了 1883 年的 121 000 000 英镑。

主要由于两种考虑，使得对这种状况对国家福祉有利还是有害的准确结论，以及能否证明李斯特的观点的正与误进行归纳变得困难了：第一，英国早在几年前，而且现在一直在海外有大量投资，由此产生的巨额红利或利息，如果不用于再投资，势必使英国的进口记录增长；第二，我们没有英国制成品生产或消费的统计数字，就是农业生产的统计数字也不全，因此，英国目前的巨额入超，究竟在多大程度上体现的是原有资本每年所得的利息收入，或者在多大程度上体现的是外国劳动产品在其国内市场上对其本国产品的替代，这根本无法作出准确判断。

如果在一定程度上可以证明前这两个因素中的前一个的确存在，那么，这样解释的入超（对英国来说）是特殊且不正常的，同时证明没有什么与李斯特论断的真实性相悖。

但是，即使我们进口价值的（带来较少利润）入超可以完全解释为海外投资的收益（以进口商品的形式到我们手中）的说法是正确的（很难相信会是这样），但这一点也将表现为，如果以这种形式输入的收益产生的直接影响，是代替或削减国内生产，那么它将减轻这种入超给国家造成的损失，进而抵消这种进口给国家带来的所谓的收益。

假设全国在海外的各种投资总计 1 000 000 000 英镑，可以实现年收入 50 000 000 英镑，那么，这些利润，如果不用于海外再投资，无疑将以进口商品的形式回到我们手中，并充斥整个社会；但是，当这些商品主要由各种可以替代的国内生产的商品或农产品组成时，我们就在很大程度上成了受损者。

假如到达我们手中的这些利润，仅仅是我们不能生产的商品，或者是制造业所需的原材料，那么或许可以认为是国家收益；但是，如果以食品或其他一些国内可以生产的物品的形式回到我们手中，仅仅把我们的顾客从国内生产者转为了国外生产者，那么这种收益即使在眼前来说，也是值得怀疑的，因为从长远来看，它将使整个人类社会陷入绝对危险的境地。——英译者。

图书在版编目（CIP）数据

政治经济学的国民体系/（德）李斯特（List, F.）著；邱伟立译. —北京：华夏出版社，2013.7
（西方经济学圣经译丛：超值白金版）
ISBN 978-7-5080-7652-2

Ⅰ. ①政… Ⅱ. ①李… ②邱… Ⅲ. ①历史学派－研究
Ⅳ. ①F091.342

中国版本图书馆 CIP 数据核字（2013）第 123623 号

政治经济学的国民体系

作　　者	［德］弗里德里希·李斯特
译　　者	邱伟立
策划编辑	陈小兰
责任编辑	罗　云
出版发行	华夏出版社
经　　销	新华书店
印　　刷	北京世知印务有限公司
装　　订	三河市李旗庄少明印装厂
版　　次	2013 年 7 月北京第 1 版 2013 年 7 月北京第 1 次印刷
开　　本	880×1230　1/32 开
印　　张	11
字　　数	316 千字
定　　价	29.00 元

华夏出版社　地址：北京市东直门外香河园北里 4 号　邮编：100028
网址：http://www.hxph.com.cn　电话：（010）64663331（转）
若发现本版图书有印装质量问题，请与我社营销中心联系调换。